适合教育的
实践探索

王维静 主 编

天津社会科学院出版社

图书在版编目（ＣＩＰ）数据

适合教育的实践探索 / 王维静主编. -- 天津 ： 天津社会科学院出版社，2019.11（2023.12重印）

ISBN 978-7-5563-0587-2

Ⅰ．①适… Ⅱ．①王… Ⅲ．①小学－课程体系－课程建设－研究 Ⅳ．①G622.3

中国版本图书馆 CIP 数据核字(2019)第 256635 号

适合教育的实践探索
SHIHE JIAOYU DE SHIJIAN TANSUO

出版发行：天津社会科学院出版社
出 版 人：张博
地　　　址：天津市南开区迎水道 7 号
邮　　　编：300191
电话/传真：（022）23360165（总编室）
　　　　　　（022）23075303（发行科）
网　　　址：www.tass-tj.org.cn
印　　　刷：北京建宏印刷有限公司

开　　　本：787×1092　毫米　　1/16
印　　　张：18.25
字　　　数：400 千字
版　　　次：2019 年 11 月第 1 版　2023 年 12 月第 2 次印刷
定　　　价：58.00 元

著名教育家、中国教育学会会长顾明远

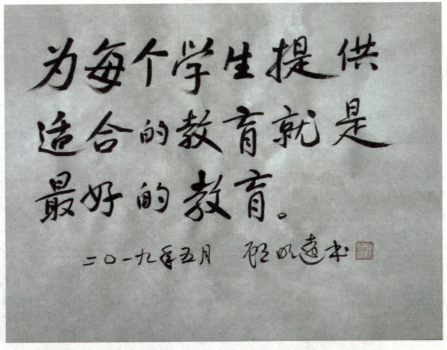

为每个学生提供适合的教育就是最好的教育。

二〇一九年五月　顾明远书

著名教育家、中国教育学会会长顾明远为"适合教育"提词

2016 年 12 月,天津市教育科学研究院副院长刘金明在开题论证会上做总结发言

北辰区教育领导和专家出席课题开题论证会

课题开题论证会上,北辰区实验小学校长王维静发言

北辰区实验小学召开市级"十三五"规划课题中期报告会上专家组成员发言

中期报告会专家组成员合影

2017 年 4 月,北辰区实验小学举办适合教育论坛活动暨读书节教师分享会

在"全面"上布局 在"个性"上突破(代序)

刘金明

2018 年 9 月召开的《全国教育大会》和中共中央、国务院印发的《中国教育现代化 2035》以及《加快推进教育现代化实施方案(2018—2022 年)》对我国教育现代化的战略布局和目标任务做了全面部署,为加快推进教育现代化、建设教育强国、办好人民满意的教育指明了方向。学懂弄通做实大会精神和文件要求,是广大教育工作者当前和今后一个时期的主要任务。

习近平同志在全国教育大会上的讲话中,针对目前基础教育存在的问题,他指出,"现在,教育最突出的问题是,中小学生太苦太累,办学中的一些做法太短视、太功利,严重的是大家都知道这种状况是不对的,但又在沿着这条道路走,越陷越深,越深越陷。素质教育已经提出 20 多年了,取得了一定进展,但总的看各地区成效不平衡。说到底是立德树人的要求还没有完全落实到体制机制上,教育的指挥棒在中小学实际上是考试分数和升学率"。习近平总书记要求我们"要努力构建德智体美劳全面培养的教育体系,形成更高水平人才培养体系。培养社会主义建设者和接班人,要在坚定理想信念上下功夫,要在厚植爱国主义情怀上下功夫,要在加强品德修养上下功夫,要在增长知识见识上下功夫,要在培养奋斗精神上下功夫,要在增强综合素质上下功夫"。习近平同志的讲话高屋建瓴,既有对现实的准确判断,又有对未来的明确要求,是中小学提高办学质量,办人民满意优质教育的根本遵循。

天津市北辰区实验小学多年前就提出并践行"适合教育"的办学思想,以构建适合学生全面而有个性发展的课程体系和综合素质评价体系作为抓手,培育"适合教育"的办学文化,形成了具有自己特色的德智体美劳全面培养的教育体系。"实验人"的改革创新精神和办学质量多年来受到社会各界的广泛好评,其经验探索对当前义务教育阶段学校全面贯彻落实全国教育大会精神,构建德智体美劳全面培养的教育体系具有重要示范意义。

仔细阅读《适合教育的实践探索》一书,有如下探索经验和特色值得借鉴:

一、在"全面"上布局

实现学生全面发展是党的教育方针要求。全面发展就是使学生通过系统的学校教育,在德智体美劳各方面获得相对完整、和谐的发展。全面发展是个性发展的前提和基础。全面发展的对立面是片面发展。多年来,实验小学除了加强学生课堂文化知识学习外,在学生德育、家庭教育、劳动教育、心理健康教育、美育、体育等各个方面都不留弱项,均得到全面加强。

二、在"个性"上突破

实现学生个性发展是破解当前素质教育难题的突破口,也是学校适合教育办学理念的必然选择。学生个性发展指个体在发展需求、能力禀赋、兴趣、爱好等方面形成的不同于他人的稳定的特殊性。个性的对立面是共性、千篇一律。个性发展是因材施教在新时代下的另外一种表述,是"以人为本""以生为本"思想的具体体现。个性发展要求教育要顾及每个学生身心发展特点,因材施教,使学生的不同能力禀赋、不同兴趣、不同特长得到最适合的教育,适合的教育才是最好的教育。个性发展是全面发展基础上的选择性发展,全面而有个性发展的教育就是适合的教育。

学生有哪些特殊能力倾向、有哪些兴趣、特长、爱好,只有尝试了才能知道。要给学生提供充分选择、尝试、感受、体验的实践机会。适合教育的关键是实践,满足选择是保障。实验小学在课程设置上注重开设各种选修课,以满足学生多元发展需求,在学生评价上注重评价内容和方式的多元标准,目的是让学生在广泛的学习、生活、社会实践中发现不同的自己,在自己的特长兴趣上得到适合的、充分的发展。

三、以课程体系建设为载体

王维静校长认为,课程是实现教育目标的基础和载体。为学生提供适合的教育,应首先构建起学生全面而有个性发展的适合教育课程体系。实验小学以学生发展核心素养为理念框架,构建了三大类、六方面、"5个一百""12个一"的课程体系,实现了将适合教育理念课程化,将适合教育课程落实到学生素质教育具体要求上的课程建设体系,真正将素质教育落细、落小、落实。

四、以多元评价为导向

习近平同志指出,"有什么样的评价指挥棒,就有什么样的办学导向。要坚决克服唯分数、唯升学、唯文凭、唯论文、唯帽子的顽瘴痼疾,从根本上解决教育评价的指挥棒问题,扭转教育功利化倾向,促进学生身心健康全面发展"。实验小学在适合教育实践探索活动中,始终将评价指挥棒改革作为改革的"抓手",针对不同发展领域实行分类多元评价。学生品德发展评价采用个人、小组、教师、家长多元主体评价和表现性评价方式。学科评价采用笔试、口试、操作等评价方式。体艺评价采用单项测试和学生成长记录方式。实现了学生综合素质评价,改变了过去单一评价、一把尺子衡量造成的学生禀赋、才能、爱好、特长被忽视、被遗忘的状况,使广大学生体会到了学习的成就感和成长的快乐,让学生越学越有自信。

　　总之实验小学的"适合教育"探索,在"全面"上布局,在"个性"上突破,以课程为载体,以评价为导向,走出了一条符合教育现代化要求、以生为本,实现学生德智体美劳全面而有个性发展的优质化教育办学之路。其创新精神难能可贵,其探索经验具有系统性、科学性、可操作性,研究成果具有较高的实践推广价值和借鉴意义。

　　是为序。

2019 年 5 月

(刘金明　天津市教育科学研究院副院长、研究员)

前　言

　　适合教育视域下学校课程体系建设的实践研究，是在《小学生适合教育模式的研究》基础上开展的，目的是解决适合教育的载体问题。开展适合教育课程体系的实践研究，关键要搞清"适合教育"与课程体系建设的关系。什么是"适合教育"，适合教育就是面向全体学生，使每一个学生都得到全面而有个性的，主动、健康的可持续发展。我们的课程体系要满足"适合教育"的要求，必须在课程目标、课程结构、课程内容、课程形态上适合学生的全面而有个性的，主动、健康的可持续发展。

　　首先，为学生提供适合教育，必须为学生提供适合的课程，课程是实现教育目标的基本途径和载体。构建适合学生发展的课程，要从人的发展出发，研究如何根据人才培养目标设置课程，如何将不同内容、形式、形态的课程相结合，以达到最佳的教育效果。适合学生发展的课程要将国家课程、地方课程与校本课程统一起来，通过课程拓展、课程融合以满足学生发展的需要；通过开发选修课程，满足学生个性发展、自主发展的需要。

　　其次，课程体系是实现人才培养目标的重要手段，要想实现人才培养目标，就必须构建与其相匹配的课程体系。根据中国学生核心素养总体框架，我们将课程分为文化基础课程、自主发展课程、社会参与课程；同时，以六大学生核心素养为依据，制定出六个方面的课程目标，从课程设计上实现学科课程、活动课程整合，使教育教学活动在课程框架下指向学生核心素养，完成课程体系与培养目标统一。

　　第三，为了保证课程的实施，我们按课程的形态将课程分为理想课程、开发课程、实施课程和习得课程四个层次。第一层是理想课程，即我们制定的课程方案和课程标准，它是一个最高的要求；第二层是开发课程，具体说就是体现在教材中的课程；第三层是实施课程，是落实在课堂中的课程；第四层是习得课程，这是立足于学生的，也就是学生能够学到的课程。课程的实施就是由理想课程，经过中间两种课程，最终落实到习得课程。在制定理想课程目标,编制开发课程教材,深化实施课程改革基础上,我们通过制定"五个100"和"十二个1"具体课程任务目标,保证学生核心素养落到实处。

第四,课程评价是落实核心素养关键所在,必须制定与培养人相统一的评价标准。通过文化基础课程、自主发展课程、社会参与课程的有效实施,学生是否成为我们所希望的人,是否具有我们着力培养的核心素养,是我们评价的出发点和落脚点。"受教育后学生能表现什么"是我们制定标准重要尺度,围绕三类课程实施制定不同学段能达到的程度要求,把学习的内容要求和质量要求结合起来,有力推动核心素养的落实。

我们从培养"全面发展的人"这一教育根本任务出发,构建三类课程;围绕六大目标整合不同内容、形式、形态的课程形成以学生发展为中心的课程体系。这一课程体系更强调课程目标与人的发展目标一致,课程内容、课程形态与学生身心发展要求一致,课程评价与学生综合素质评价一致,从而培养更加适合学生全面而有个性的,主动、健康的持续发展。

编 者
2019 年 8 月

目 录

自主发展篇

社会参与篇

 总 论

适合的教育才是最好的教育

王维静

《国家中长期教育改革和发展规划纲要（2010—2020年）》明确指出："关心每个学生，促进每个学生主动地、生动活泼地发展，尊重教育规律和学生身心发展规律，为每个学生提供适合的教育。"

"适合的教育"是国家教育意志的新表达，也是以学生为本这个理念的具体化。顾明远先生说："为每个学生提供适合的教育就是最好的教育。"由此，我们提出"适合教育"的办学目标。适合教育是让教育适合学生，而不是让学生适合教育。社会在发展，时代在进步。习近平同志在党的十九大报告中也说："世界每时每刻都在发生变化，中国也每时每刻在发生变化……"，人也是随着时代而变化的，但无论何时，教育都应指向学生，遵循学生的成长规律，满足学生的成长需要，最终达成学生的成长目标，永远不变的就是"适合"。

现阶段，我们理解的"适合教育"就是面向全体学生，促进每一个学生全面而有个性的，主动、健康、持续发展的教育。适合教育要落实到课程之中，学校教育的核心在课程，"让每一个学生成为最好的自己"是学校课程实施的总目标。我校构建适合教育视域下的学校课程体系3.0版立足于学生核心素养的培养，以补短板的方式将课程分为文化基础课程、自主发展课程和社会参与课程三大类，重点开发自主发展课程和社会参与课程。

比如，为了让自主发展课程落地，学校开发了"成长树"综合实践课程。我们在校园内开辟了"留园""念园"，让每个年级的学生栽种一棵"年级成长树"。一年级学生一入学就在教师的指导下，了解不同的树种属性并选择一种栽种，栽种后了解种植知识，为小树起名字，用电脑为小树设计树牌，用笔为小树画画，观察小树的生长情况写成长记录，与小树合影，分享收获，品尝年级树果实等。一棵小树让学生们自主学习的成果有了用武之地，围绕着"成长树"，学校也不断地开发新的活动，这就是我们所说的课程载体。未来学校的课程需要越来越鲜活、越来越能引起学生兴趣的课程载体,让学生在不知不觉中学习才是最高超的教育。

课程结构变化促使教师结构发生变化。教师不只是学校在编在册的教师,而是我们所有社会人才资源都能成为学校的师资,比如和学校有联系的单位——医院、公安、消防、法院等。我们的校友、优秀毕业生资源,我们各行各业的学生家长,包括各具特色的兄弟学校都能成为学校的教师资源。

学校坚持多年的"魅力家长进课堂"活动就是对此方面有益的尝试。一次,我偶然在学校里碰到了一位体育局的工作人员,他也是我们的学生家长,他还带着两个运动员模样的人。我问他怎么到学校来了。他说他被班主任邀请成为这期"魅力家长进课堂"的教师,同时他还邀请了前不久在第13届全运会中担任火炬手的两位运动员。他们穿上火炬手的服装,带着火炬,为学生们讲解全运会和火炬传递,让学生们亲手摸摸火炬,感受一下热烈的全运会氛围。这次的活动特别成功,学生们感受到全运会离自己很近。后来我听说,在学生们的强烈要求下,这位家长又来为孩子们讲解怎样点燃火炬。家长来自各行各业,他们各怀绝技,已经成为学校教育资源的重要组成部分:做牙医的家长带着牙齿的模型为学生讲解口腔卫生;做外科医生的家长为学生讲解心脏复苏的方法;家庭主妇妈妈带领孩子们做蛋糕等。这样不仅使孩子获取了更多样的知识,也让家长体验到教师工作的不易。他们也更加理解老师,理解教育工作。

一、适合教育的主阵地在课堂

实施适合教育课程的主阵地是课堂。课堂是教师与学生的对话空间,教师是直接实施适合教育的主导者。适合教育指向未来,它更加关注学生个体。因此,教师的课堂教学要变传统的"齐步走"方式为有层次的个性化教育:在备课的时候有层次;在提问的时候有层次;在分组练习的时候有层次;课后作业有层次。要让学生在课堂上学会听讲、学会表达、学会思考,要给学生更多表达的机会,给学生平等对话的机会,才能真正为学生提供适合的教育。

在适合教育的课堂,能让教师时常感到惊喜。现在我们能在各个学科的课堂上看到学生站在教室前为同学讲解的情景。很多学生都能充满自信、落落大方、语言流畅、系统完整地给大家讲解知识,并适当地穿插着与同学互动交流,俨然小老师的模样;而老师们则居于幕后,观看或参与讨论,享受着孩子们带来的智慧小火花。

我们可以看到,"适合教育"的课堂上,学生是鲜活的、具体的。他们乐于自主探究、自由互动、自然生成、自信展示、自我反思。"五自"课堂将以知识为中心的课堂变为以学生发展为中心的课堂。

根据课堂需求,学校根据不同学科的不同内容,摸索出不少具有实验小学特色的教学模式和教学方法。这是结合学校多年的教学经验,结合学生学习中出现的重点和难点总结归纳提升而来的。比如,语文学科的"四读八步"阅读教学法,突破学生的阅读难点;英语学科的"单元主题情境阅读"教学模式,充分挖掘教材优势,增强阅读教学效果;数学学科的"对话文本自主学习"教学模式,培养学生的数学思维;体育学科的"程序三导"教学模式提升教学实效等。这些课堂教学模式打破了教材和知识的局限性,真正从学生的学习方式出发,注重学生学的过程,突出了可操作性。

二、适合教育推进的关键在评价

评价是教育发展的指挥棒。我们用什么样的尺子衡量教育,教育最终就会变成什么样子。适合教育的评价同样也应该体现针对个体的个性特点,让学生有选择地且能真实地反映每个学生的学习情况。学校对学生的评价分为长期评价、阶段评价、德育评价、学科评价。

长期评价具有任务导向性,让学生知道该干什么,目标在哪儿。学校要求学生在六年中做到会背诵 100 首(段篇)经典古诗文,读 100 本好书;积累 100 幅美术作品,会唱 100 首歌曲,会掌握一种乐器;完成 100 项科学(数学)操作实验和科学制作。学生可以根据自身的情况去安排这些任务的完成时间,给予学生充分的自主权,每个学生都可以在对某个内容最感兴趣的时间段完成该任务。

阶段评价项目几乎都只给出时间和数量的要求,具体内容和呈现方式都由学生自己来决定。学生可以根据该阶段各个学期的学习情况,选择自己感兴趣并擅长的方式完成任务。学校每年举办艺术节,要求每个学生必须参加一项艺术节活动,每学年参演一出课本剧;每年开展一次信息技术类比赛,每人上交一幅作品(或一项设计);每人每年参加一次关于"年级树"的活动,上交一份作品;每年举办学校全员运动会,每个学生至少掌握一项伴随终身的体育专项技能,每年必须参加一个比赛项目;每年会讲一位北辰区的名人故事或了解一个村镇地名的由来(写一份当地社会调查报告),每月参加一次社区公益实践活动;在校每人至少一个劳动岗,在家每周至少做一件家务劳动;每学期举办一次科技创新大赛(每人参加一项比赛)。

品德德育评价采用及时性、激励性评价方式,指导孩子走向成功。以学生能理解、能做到的显性行为作为评价项目,通过及时评价、反思,强化自律意识,进而养成良好的行为习惯。德育教育从认知开始,最终落实到德育行为,起到了推进器、催化剂的作用。

学科评价重在诊断而非鉴别或选拔,让学生知道自己短板在哪,多视角、多维度地促进学生综合素质发展。增加学生学习过程与行为表现评价,包括学习态度、学习方法、交流合作、实践活动和完成作业五个方面。

学校正在研究"综合评价",向着跨学科、跨领域方向发展。比如,学校现在每年都会举办课本剧大赛,通过戏剧表演的形式测试学生的语言表达能力、艺术表现力等。我们可以在戏剧表演中融入更多学科知识。比如,让学生自己创作剧本,展现他们的写作能力;为戏剧配乐,展现音乐天赋;选演员安排角色,考验统筹组织能力;为演出设计、制作布景,测试学生美术功底、电脑绘图能力和动手制作能力;上台表演,展现语言能力、临场表现力等。一场戏剧表演就可以将对学生多方面的评价融为一体,同时也选择了一种学生更加喜欢的评价载体。

再比如对社会公益实践活动的考察,现在的评价只是"做"与"不做"两个选项。但学生的具体参与情况和参与效果却无从知晓。未来,实践活动的评价可以与研究性学习相结合,在参与的过程中加入学生自己的思考。比如,小区内的清扫工作,每个学生可以选择一个题目进行研究,为小区物业人员设计一条清扫线路,最大程度提高清扫效率;调查一下小区地面上哪类垃圾最多,如何避免这类垃圾的产生;小区内不同植物落叶时间与数量有什么不同……这都是能在做公益实践活动的过程中进行的研究,从学生的研究报告中就能看出学生是否真的去劳动了,更锻炼了他们的思维能力。

在适合教育之下,学校的运动会不再只是少数运动健将的赛场,而是全体学生人人都参与的运动场;学校艺术节也不再是少数艺术特长生的舞台,而是全体学生的展示园。时代在进步,技术在更新,教育的本质不会变,我们会为了给学生提供最适合的教育而不断努力。

(作者单位:天津市北辰区实验小学)

加强课程建设，为学生提供适合教育

——北辰区教学研究基地校特色建设活动汇报

天津市北辰区实验小学

北辰区实验小学是北辰区教学研究基地学校。在北辰区教研室的指导下,学校抓住"课程建设",构建适合学生发展的学校课程体系,开设特色课程,创建适合教学模式,探索适合评价方式,以促进学生全面而有个性的,主动、健康、持续发展。

一、构建适合学生发展的学校课程体系

课程是教育思想、教育目标和教育内容的主要载体,是学校教育教学活动的基本依据。学校的一切教育教学活动,唯有纳入课程,通过课程落实内容、时间、人员、评价等,才能保证教育目标的实现。我们通过梳理现有学科课程内容,围绕"六项核心素养"设置三类课程:文化基础课程、自主发展课程、社会参与课程。

（一）文化基础课程

1. 以增加学生人文积淀,培养学生人文情怀为目标,构建以语文、英语为主体的语言基础教学与拓展阅读课程。通过推行语文"四读八步"阅读教学法、英语"单元主题情境阅读"教学模式,强化语言基础知识和听读说写基本技能的学习。在此基础上,开发阅读拓展课程《快乐阅读》和《Fan English》(快乐英语),提升学生读写能力和人文素养。开发校本课程《经典诵读》《我爱读书》《写字》和课本剧(包括汉语、英语),做到会背诵100首(段篇)古诗文,读100本好书,写一笔好字,每学年参演一出课本剧。

以培养学生审美情趣为目标,构建以音乐、美术为主体的审美情趣培养与艺术表达课程。学习感受美、欣赏美、创造美的知识,突出声乐、器乐、舞蹈、国画特色,要求学生初步掌握一两种绘画方法,学会一两种乐器演奏。开设艺术选修课,每年学校举办艺术节,每个学生必须参加一项艺术节活动。通过六年学习,积累100幅美术作品,会唱100首歌曲。

2. 以培养学生科学精神为目标,构建以数学、科学为主体的科学思维训练与实验操作课程。通过完善"对话文本自主学习"数学教学模式,培养学生自主学习能力和数学思维能力;开发《生活化数学》课程,培养学生利用数学知识解决实际问题的能力。实行数学、科学考法改革,增加操作考核,提高学生动手操作能力和科学思维、表达能力。开设科学、数学选修课和综合实践课,六年完成100项科学(数学)操作实验和科技制作。

(二)自主发展课程

1. 以学会学习为目标,构建语文、数学、英语学科学法指导课程,每年选修一门学法指导课程。构建以信息技术课为主体的信息意识培养与数字化生存课程。通过学习简单的信息技术,能完成文字输入、表格制作、电脑绘画等操作,学会网上学习、网上沟通、网上生存,做到依法、安全、健康、文明上网。开设信息技术选修课,每年开展一次电脑绘画比赛,每人上交一幅参赛作品。学校开发"成长树"综合实践课程,每人每年参加一次关于"年级树"的活动,上交一份作品。

2. 以培养学生健康生活能力为目标,构建以体育、健康为主体的运动习惯培养与专项技能课程。开展心理健康教育,培养学生健全人格和自我管理能力;推行"程序三导"体育教学模式,提高体育教学的实效。开发跳绳、乒乓球专项技能训练课程,形成普及、提高相结合的梯队培养模式。开设体育专项选修课,组织专业训练队,每学期举办年级趣味运动比赛,每年举办学校趣味运动会,每个学生每年必须参加一项比赛项目。

(三)社会参与课程

1. 以培养学生责任担当素养为目标,构建以品生、品社、班队会为主体的常规养成教育与主题活动课程。重点培养学生的礼仪习惯、卫生习惯、安全习惯和学习习惯;整合校内外、课内外的各种德育资源,开展爱国主义、公民意识、生态文明以及节日主题教育活动,力求做到规范化、程序化。开发校本课程《我爱北辰》,要求学生做到每年会讲一位北辰区的名人故事,了解一个村镇地名的由来,写一份当地社会调查报告,每月参加一次社区公益活动。

2. 以培养学生实践创新能力为目标,构建以劳动课、实践活动为主体的劳动意识和创新能力培养课程。编制学校劳动教育纲要,制定学生自理劳动、家务劳动、学校劳动、社会劳动以及创造性劳动的要求和细则,使学生具有积极的劳动态度和良好劳动习惯。丰富劳动课内容,引进科技制作(机器人)内容,设置具有真实性、情境性的创新实践场景,开展创新实践活动,培养学生利用所学知识和个人原有知识解决问题的能力。整合劳动技能、科技创新的课程内容,培养学生实践创新能力,在校每人至少一个劳动岗,在家每周至少做一次家务劳动,每月参加一次社会实践活动,每学期举办一次科技创新大赛(每人参加一项比赛)

通过"三类"课程的校本化实施以及开发选修课和综合实践课程,构建适合学生发展的课程体系,培养学生六个方面的核心素养。北辰区教研室非常重视我校的课程体系建设工作,给予我们充分的指导和大力支持,并推荐参评天津市首届"美丽津城 可爱家园"中小学优秀地方课程和校本课程评选,我校的《课程建设方案》获得天津市一等奖,校本课程《快乐阅读》获得天津市二等奖。

二、开设特色课程

为了提升课程的整体质量,学校打造了一批品牌课程,让品牌课程发挥引领作用,形成比较系统的备课、上课、反馈、评价系统,为其他课程做以参考。像语文学科拓展课程——"快乐阅读";体育学科专项延伸课程——"悦享乒乓";德育融合课程——"我与小树共成长",在教师精心设计和不断实践的基础上,逐渐形成了学校的特色课程。下面简单介绍一下体育学科专项延伸课程——"悦享乒乓"。

"悦享乒乓"课程的实践探索包括体育理念更新、乒乓球校本教材编写、乒乓球课进课表、开展特色乒乓球活动、乒乓球教学专题教研、乒乓球人才梯级培养等内容。这些内容共同融合,形成有机联系的整体,构成我校特色体育文化。

全校上下树立"健康第一"思想,"全员体育、人人体育"落实到每天的教学之中。每天上、下午两个大课间,不仅是学生锻炼时间,也是教师锻炼时间,班主任带班,副班主任跟班,行政后勤参与,形成大课间活动的靓丽风景。

为提高乒乓球教学的科学化、专业化水平,学校积极开发乒乓球校本教材,制定不同年级教学要求和训练标准。2014 年乒乓球校本教材——《悦享乒乓》刊印使用,教材在编写上以乒乓技能训练为主线,以学生的年龄特征和身体发展规律为依据,体现教材编写的科学性和针对性。遵循循序渐进的原则,一、二年级以点球和步伐练习为主;三、四年级以对墙打和发球练习为主;五、六年级以推挡和进攻为主,教学内容的层次化增强了训练的针对性,激发了学生兴趣,提高了教学实效。

乒乓球课进课表,专门固定一节体育课学习乒乓球,每班每周一节,上课地点在乒乓球馆,保证了乒乓球训练的时间。乒乓球课程要求课堂有标准,教学有专任教师,阶段有教学研讨,学期有检查和评估。乒乓球课在教学、评价、考核上的规范管理,保证了课程的质量。

多样的乒乓球特色活动,激发了学生乒乓运动兴趣。体育教师先后自编 2 套乒乓球操和花样颠球,托球跑以及"春种秋收"等乒乓球游戏在大课间进行推广,编排音乐时尚,运动量科学,形式富有美感,学生兴趣浓厚。各班级广泛开展乒乓知识竞赛、乒乓小报制作、球星卡搜集展览、队标队名设计、乒乓摄影绘画、乒乓小专题研究活动,通过班级"乒乓角"墙报,介绍乒乓球知识,乒乓运动名人逸事等,让整个校园洋溢着浓郁的乒乓文化氛围。学校利用升旗、班会、广播、专栏等宣传优秀运动员事迹,表彰在市区比赛中取得优异成绩的运动员。学校各年级都有乒乓班,每个班级有乒乓队,每学期进行一次乒乓球比赛。班级间的比赛活动,增强了班级的凝聚力和集体荣誉感。

体育教师、乒乓球教练每周一次的教研活动是雷打不动的,随时切磋交流成为常态。一是"研技术"。我校体育教师都未经过乒乓球专业训练,他们虚心向专业教练学习,每一个技术动作都要从头学起,甚至从拿拍儿开始;二是"研教法"。如何让学生爱学、会学,技术动作掌握规范是老师们交流最多的话题;三是"研作业"。每天完成体育作业是实验小学的一大特色,老师们会根据不同年级学生的不同情况为学生布置乒乓运动作业;四是"研评价"。体育组研究制定了各年级学生乒乓球的考核标准,及时进行阶段评价。采用个人"过关"式评价和班级集体评价相结合的方式,鼓励突出个人和先进集体。

按照普及与提高结合的要求,学校采取定向、重点培养方式,促进特长学生快速提高。为建立乒乓球人才梯队,在一年级设立乒乓球特长班,在其他年级开设乒乓球兴趣班,组织有乒乓球基础的学生成立乒乓球社团,选拔优秀队员成立学校乒乓球专业队和后备人才队,按照兴趣培养、基本训练、技能指导、实战演练分层次实施教学,形成乒乓球后备人才金字塔形梯队培养模式,促进学校乒乓球教育的持续发展。

三、创建"适合"教学模式

教学模式是将教学方法、教学手段、教学组织形式融为一体的综合体系。学科教学基本模式可以使教师明确教学应先做什么,后做什么;先怎样做,后怎样做等一系列具体问题,把比较抽象的理论化为具体的操作性策略。学校坚持以学生为中心、以课堂为中心进行教学改革,探索高效低负课堂教学模式。在教研员的指导下,语文学科"四读八步"阅读教学模式、数学学科"对话文本,自主学习"教学模式、英语学科"主题情境助读教学"模式和体育学科"程序三导"教学模式已初步成型并进行展示。

2014年4月底,我校承办了"天津市小学语文课外阅读指导研讨活动"。活动安排了汇报课(8节)、教师论坛、学校经验汇报等丰富的内容。"四读八步"既是学法又是教法,它既指导学生学会运用基本阅读方法,也指明教师教学的基本操作程序,它成了沟通课内外阅读活动的桥梁。"语文四读八步教学法"在本次活动中,进行了课堂展示,得到了全市同行和市教研室的肯定。四读包括:

一读能"知",疏通文句,初知旨要——预习要在课上呈现;
二读能"悟",感悟文情,感知文理——读书要有时间保障;
三读能"析",品析语言,深入体会——交流要具有针对性;
四读能"用",读用结合,拓展延伸——效益要可持续发展。

这"四读"的确立是基于满足阅读最基本的心理需求和教学需求提炼而成的。"四读"既不是读书的遍数,也不等同于教学的环节,而是读书的四个层次、四个目标、四个"指针";它们既不能混为一谈,也很难截然分开,要针对具体的"阅读情势",确定阅读指导的方向。

在2015年北辰区教学模式总结推广活动中,"四读八步教学法"再次脱颖而出,在2015年11月24日向全区展示推广,学校获得北辰区教学模式建设先进集体,《天津教育报》以《让阅读为学生一生成长提供养分——北辰区实验小学阅读系列教育显成效》为题,报道了我校语文教育成果,并荣获"2015年天津教育特色学校"称号。

四、探索"适合"评价方式

针对"三类"课程,建立多元的课程评价体系,既关注学生日常过程性评价,又重视学期末终结性评价。德育评价采取个人自评、小组评、教师评、家长评综合评价方式,开设评价课每周进行反馈,促进学生行为习惯的养成;学科评价采取笔试加口试、操作测试,发展学生综合素养;体艺评价采取单项测试和成长记录评价,让学生掌握一两项体艺技能;学生选修课程、比赛获奖采取加分制,鼓励学生个性特长发展。

为了便于量化,提出"5个100"和"12个一"的评价指标。"5个100",即100首篇古诗文、100首歌曲、100幅美术作品、100项动手操作、100本好书。"12个一"指参演一出课本剧、参加一项艺术节活动、掌握一种乐器、完成一信息技术作品、上交一个成长树作品、参加一个体育比赛项目、掌握一项体育专项技能、讲一个北辰区故事、参加一次社区公益活动、一个在校劳动岗、一件家庭劳动、一次科技类比赛。

结合《学生思想品德素质评价手册》对学生"5个100和12个一"的参与情况及时评价反馈,每学期末采用综合素质成绩表和教师评语的方式进行量化评价。

期末综合评价采取多科多项赋分,既注重全面发展又注重个性发展。采用班主任评价学生综合表现,各科教师评价学生学习行为和参加活动情况,其中"班主任综合评价学生20分"将学生《学生思想品德素质评价手册》中的周评价结果进行累计;"科任教师评价学生行为表现20分"主要是对学生非语数英学科的考查,音乐、体育、美术、科学和信息技术各占5分;"校级、年级学生活动情况10分"主要考查学生小讲堂演讲、艺体类欣赏、课本剧表演、以及参与得意作品展、艺术节、科技节、体育节和读书节等个人表现情况。"语文、数学、英语综合评价50分",共计100分(见下表)。期末综合评价从关注学生考试成绩,到关注学生学习行为,从关注课堂,到关注活动,从班主任评,到所有任课教师评,体现了评价的全面性与多元化。

为了鼓励学生的个性特长发展,增加奖励加分,根据学生获得"三好生、文明生、音乐、体育、美术、科技、信息技术、征文、演讲、英语类"等方面的奖励情况加分,使学生的优长项目在评价中得到体现,促进学生个性发展。

表1　综合素质评价表

班主任综合评价20分	科任课学习行为表现20分				校级、年级学生活动10分		语文数学英语学期综合评价50分	合计	获奖加分
	音乐5分	体育5分	美术5分	科学信息技术5分	语数英活动5分	音体美信活动5分			项目: 分值:

(作者单位:天津市北辰区实验小学)

注重学科课程拓展
促进国家课程校本化实施

王维静

　　落实国家课程计划是义务教育学校的基本要求。国家课程是面向全国所有学生的书面的计划的学习经验,必须转变为适合本校学生学习需求的实践的学习经验,才能得以实施。在执行国家课程计划前提下,学校根据自身性质、特点和条件,对课程标准中课程内容目标、教学建议、评价等进行系统化梳理,整合课程资源,按课程目标、课程内容、课程实施、课程评价 4 个要素,统筹安排学科学段教学,校本化地落实国家课程。

　　我校教师通过选择、改编、整合、补充、拓展等方式,对国家课程和地方课程进行再加工、再创造,使之更符合学生、学校的特点和需要。通过学科拓展、专项延伸、德育统整等策略为学生全面而有个性的发展创造了有利条件,提供了适合的教育。一是学科拓展。针对语文、数学、英语、科学等知识性较强的科目,在国家课程校本化过程中,利用知识迁移规律、知识内化规律以及知识生成规律,创设学习情境、增加学习内容、拓展学习范围和空间,培养学生的知识运用能力和实践创新能力;二是专项延伸。针对音乐、美术、体育等技能性较强的学科,在国家课程校本化过程中,除完成学科规定的基本要求,结合学生特点和学校实际,进行专项技能的训练,让学生掌握一两项专项技能;三是德育统整。针对德育工作无序、零散、"碎片化"现状,有效整合品德课程、学科德育、德育教育实践活动以及家庭教育、学生评价等各方面,通过内容整合、活动整合,形成横向融会贯通、纵向循序渐进的德育课程。

　　下面以语文学科、体育学科和品德学科为例,介绍我校校本化落实国家课程的一些探索和实践。

一、语文学科拓展类课程《快乐阅读》《我爱读书》沟通课内课外，建立有效阅读指导策略

(一)创建适合学生的阅读教学模式

改变以往"授受式"教学模式，开展高效课堂模式的研究。我们根据本校的实际，研发了语文教学的"四读八步教学法"，确立了语文课堂教学的拓展延伸的环节。为了保证阅读的实效性，我们压缩了语文课时，引入了自编的《快乐阅读》校本教材，以一篇带多篇的方式拓展阅读。"四读八步"阅读教学法成为沟通课内外阅读活动的桥梁。"四读"包括：

一读能"知"，疏通文句，初知旨要——预习要在课上呈现；

二读能"悟"，感悟文情，感知文理——读书要有时间保障；

三读能"析"，品析语言，深入体会——交流要具有针对性；

四读能"用"，读用结合，拓展延伸——效益要可持续发展。

这"四读"的确立是基于满足阅读最基本的心理需求和教学需求提炼而成的。"四读"既不是读书的遍数，也不等同于教学的环节，而是读书的四个层次、四个目标、四个"指针"；它们既不能混为一谈，也很难截然分开，要针对具体的"阅读情势"，确定阅读指导的方向。

(二)指导教师编写拓展阅读教材

在"四读八步"教学法的推广和实践中，我们发现第四读——读用结合，拓展延伸，问题比较大，课堂上教师拓展的内容不同，有的教师找不到合适的拓展内容，这样的环节就可能无法落实。由此我们又开始研究编撰校本教材——《快乐阅读》作为拓展阅读材料。"拓展阅读"在文本的选择上应以语文教材中的文本为参照，所选的文本应该是课文的补充和延伸。学生对"拓展阅读"文本的兴趣在一定程度上决定着学生学习的态度和阅读的效率。因此，我们在组织教师选文时遵循"激发兴趣"和"学法迁移"的原则，从题材相近、体裁相同、作者相同、语言表达有共性等几个角度筛选，保证每一单元后有 3 篇链接文章充实进去。这样，教师课堂内有校本教材做依托，保证了这一环节的正常进行。

传统文化进课堂，为学生涂亮人生底色。古籍经典是中华悠久文化的沉淀，我们肩负着继承和发扬中华文化的使命。因而根据学生的年龄特点选择经典内容是我们编写教材的重点。一年级的《古诗 75 首》，二年级《弟子规》，三年级《三字经》，四年级《千字文》，五年级《〈论语〉选段》，六年级经典文言文。经典诵读的引用引起了家长的关注，使阅读的气氛更浓厚。

(三)开设校本课程"我爱读书"

在实践过程中，我们发现，学生受家庭、个人好恶等因素影响，读书兴趣指向及图书的选择等方面，存在迥异，甚至相悖的现象。为了确保学生有时间进行课外阅读，并使教师能在固定的时间内对学生进行课外阅读的指导,学校专门设置"我爱读书"课,读书有制度,读书有评比,读书有专人负责。每班每周一节的"我爱读书"进课表,上课地点是学校的图书馆和电子阅览室,这是学生进行自主课外阅读,相互推荐课外阅读材料的专属时段。为了方便学生借阅,学校还购置了电子借阅系统。为了更好地指导学生自主阅读,学校研发"我爱读书课"课程配套材料,根据年段不同,指导的要求也有所不同。教师对学生每次的读书记录情况进行检查督促,鼓励学生读悟结合、阅读与积累并进。

开放图书馆,鼓励个人借阅。每班一周1节读书课,学生借阅图书1本,"免试生"和"读书之星"可以同时借阅2本图书,定期归还。每周1本,每学期读书课安排18周,考查18周的借阅和读书情况。

(四)开展各种类型拓展课例研究和读书交流活动

拓展课课型多种多样,鼓励教师创新。常规课强调重点突出,一课一得。精读课得方法,拓展阅读课运用方法,要选好精读课与拓展课的迁移点。

适时地进行读书方法指导课、好书推介课、汇报展示课、亲子阅读课的研讨和交流。倡议各年级设计、组织适合学生心理年龄特点的读书活动,如5分钟演讲、成语典故、名著导读、读书心得交流、读书笔记展览、创编童话、寓言、故事、古诗擂台、美文点评等等。

每学期,都要利用大型的综合性学习活动的形式进行年级展示,全校交流,教务处及其相关教师做评委,对年级进行考核评价。

(五)整体规划小学六年阅读教学目标

一二年级以学生的背诵积累为主,因而注重学生的讲与用;三四年级同读一本书、课外书读书的演讲、推荐书籍为主;五六年级以课内外阅读延伸为主,读整本的经典名著,延伸课堂教学,拓展同题材、同体裁、写法接近的文本的阅读,以达到学以致用的目的。

课标中指出:(学生)九年课外阅读总量不少于400万字。我校则根据学校实际进行规划,三四年级课外阅读总量不少于100万字,五六年级课外阅读总量不少于200万字。经典诵读系列达标项目为一年级的《古诗75首》,二年级《弟子规》,三年级《三字经》,四年级《千字文》,五年级《〈论语〉选段》,六年级经典文言文。每一个年级以不封顶的形式,鼓励学有余力的学生,背完本年级的经典内容后继续积累高一年级的内容。每学期对目标达成进行考核,成为学生成长中的一个足迹。每个学生六年的经典诵读情况形成系列。

二、体育学科专项延伸课程《悦享乒乓》发挥乒乓优势,培养伴随终身体育技能

体育教育的问题由来已久,我校在这方面也做了大量的改革实践。从体育项目上,举办棒球、跆拳道、拉丁舞、游泳、乒乓球等;在体育活动形式上,有学生自选体育社团、运动会、各种小型比赛等等;在体育课堂教学上也搞过标准化、开放式的研究。但是,学生体育锻炼的兴趣却没有明显提高,学生体能没有得到明显提升,学生没有形成一种伴随终身

的运动技能。反思其原因,我们认为,一是体育运动习惯需要长期的培养和训练,运动项目的庞杂和不连续的训练干扰学生注意力,往往浅尝辄止,不容易形成和掌握某一项技能。二是体育教育没有像智育工作那样形成体系,没有营造出一种体育文化氛围,致使体育教学工作应有的效果没有发挥出来,没有从根本上改变工作局面。

基于以上认识,我校以 2012 年被天津市体育局批准确立为天津市乒乓球后备人才基地为契机,便着手全面改革我校的体育工作,以创建乒乓球体育特色为抓手,着力在形成学生专项运动技能上下功夫,着力在构建体育工作体系上下功夫。目前此项工作已取得初步成效。

(一)独特而丰富的乒乓文化教育资源

实验小学于三年前开始着手进行乒乓特色教育,经过不断的努力,学校建有齐全的乒乓球训练基础设施,有 2 个乒乓球训练场馆,占地近一千四百多平方米,可以放置 40 张高规格、高档次乒乓球台,作为开放式的乒乓球训练场地,现已成为学生课间锻炼的天地。在北辰区政府、体育局和学校的努力下,2012 年我校被确立为天津市乒乓球后备人才基地,有高、中、低三个阶段的学生乒乓球训练梯队,成为学校校园文化建设的基础。

(二)指导教师编写乒乓文化教材

在乒乓球文化的推广和实践中,我们发现学生掌握乒乓技能问题比较大,学生年龄不同,同样的教育内容效果迥异,使乒乓教学无法落实。由此我们又开始研究编撰校本教材——《悦享乒乓》。《悦享乒乓》在编写上以乒乓技能训练为主线,以学生的年龄特征和身体发展规律为依据,体现教材编写的科学性。遵循循序渐进的原则,一二年级以点球和步伐练习为主;三四年级以对墙打和发球练习为主;四五年级以推挡和进攻为主,教学内容的层次化激发了学生的兴趣,扩大了乒乓文化的影响。除此之外,我们还制定了乒乓球考核标准,规范乒乓球课程管理。总之,教师课堂内有《悦享乒乓》校本教材做依托,保证了乒乓教学的有效进行。

(三)开设校本课程《悦享乒乓》

在不断推进乒乓文化研究的过程中,我们发现,学生因学习和家庭等因素影响,学习乒乓球的训练时间难以保证。为了确保学生能有充足时间进行训练,并使教师能在固定的时间内对学生进行乒乓技术指导,学校专门设置乒乓球课,课堂有标准,教学有专任教师,阶段有教学研讨,学期有检查和评估。每班每周一节的乒乓球课进课表,上课地点在学校的乒乓球馆,使学生尽快受到乒乓文化的浸润。为了使学生球技快速进步,学校乒乓球馆在周六日向全体开放,供学生进行训练。家长可以参观陪练,以便检查督促学生,提升乒乓文化的影响力。

为了在乒乓教学中提供适合学生的教育,课程关注了不同层次学生的兴趣和需求,让学生自主发展。学校成立了供不同层次学生的技能训练课——乒乓球普通班、乒乓球特长队和后备人才队,将乒乓文化的普及与提高相结合。

(四)开展乒乓文化系列活动和乒乓球竞赛活动

为了普及乒乓球运动,努力营造乒乓文化的氛围,我们编写了两套乒乓球操,在大课间进行推广,编排音乐时尚,运动量科学,形式富有美感,学生兴趣浓厚。除此,学校每个年级有乒乓班,班级有乒乓队,每学期进行一次乒乓球比赛,增强了班级的凝聚力,培养了学生对学打乒乓球的兴趣,增强了集体荣誉感。除此之外,我们还将开展丰富多彩的乒乓文化系列活动:班级的"乒乓角"包括乒乓知识竞赛、球星卡搜集展览、乒乓小报制作、队标队名设计、乒乓摄影绘画、乒乓小专题研究等,让整个校园洋溢着浓郁的乒乓文化氛围。

为提升活动的知名度,我们的乒乓特长队和后备人才队积极参加了市区级乒乓球赛,我校曾获女团冠军、男团亚军的好成绩,现在天津市已小有名气。至此,我校已形成以课程为依托、以活动为载体、以专业队伍为支撑的学校乒乓球特色项目。

三、统整德育课程,落实立德树人目标

德育在学校工作中无处不在,无论教育教学活动、社会实践活动以及学校管理、学校环境都包含德育元素,由于这些德育元素呈现不同的形态,有的是显性的、有的是隐性的,而且在不同的层面上发挥着作用,所以德育工作始终存在零散、无序的问题。德育工作"碎片化"严重影响了育人的效果。运用课程统整的思想,将德育内容划分成若干教育主题,按年级确定不同的德育目标,配合相应的德育活动、德育环境以及德育评价,构建起横向融会贯通、纵向循序渐进的德育课程。

(一)统整德育课程内容

将繁杂琐碎的德育教育内容按五大系列进行梳理,即爱国主义教育、公民意识教育、生态文明教育、劳动教育、心理健康教育。

以爱国主义教育统整语文、思想品德以及天津与世界等地方、校本课程,融合学校开展的主题教育活动,形成学生思想教育体系。以爱国主义为核心,积极培养和践行社会主义核心价值观,让学生熟知并了解社会主义核心价值观三个层面的内涵,并在实际中主动践行。

以公民意识教育统整法制、安全教育,融合行为习惯养成教育和礼仪教育,形成学生行为教育的体系。加强学生行为习惯养成教育,将养成教育与礼仪教育、安全教育、法制教育结合起来,以"五尊五不五远离"教育和少先队闪闪童星争章评选活动为依托,培养学生遵纪守法、诚实守信、孝敬感恩、团结友善、文明礼貌的行为习惯。

以劳动教育统整责任教育和意志品质培养,融合学生劳动岗的落实和劳技课教学,形成创造教育体系。编制学校劳动教育纲要,制定学生自理劳动、家务劳动、学校劳动、社会劳动以及创造性劳动的要求和细则,通过劳动教育培养学生劳动的基本知识、基本技能和基本感情,增强劳动教育的教育性、社会性、技术性和文化性。在各种劳动实践中,培

养学生社会责任感和吃苦耐劳的品质,教育学生从小树立劳动光荣的观念,做到自己的事自己做,他人的事帮着做,公益的事争着做,通过劳动播种希望、收获果实,也通过劳动磨炼意志、锻炼自己。

以生态文明教育统整"三节"教育、环保教育,融合低碳节俭绿色生活方式倡导,形成生命教育体系。以生存教育为突破口,将生命教育与生态文明教育有机结合起来并渗透在学校教育的各个学科、各个环节。充分利用学科教学,传授生态文明知识,通过课内外结合,家庭、社会、学校教育结合,开展形式多样的专题教育和实践活动,增强学生生态文明意识,培养低碳节俭生活方式。重点开展以培养环境保护意识、生活劳动技能、交往沟通能力为内容的生存教育,培养学生健康的生活态度和生活习惯。

将心理健康教育与德智体美教育相结合,突出德育导向作用和体艺教育感染熏陶作用,形成学生健康教育体系。树立育人必先育心的理念,将心理健康教育融于班主任工作和各项教育教学活动中,培养学生积极乐观的阳光心态和健康心理品质。认真落实《中小学心理健康教育指导纲要(2012年修订)》,严格落实班主任教师和德育干部心理健康教育资格证制度,做到执证上岗。注重疏导学生的心理问题和矫正不良行为,利用心理咨询室做好经常性的个别辅导,上好每月一次的团体心理健康辅导课,培养学生健康心理品质。发挥体艺教育对学生心理发展的积极影响,开展丰富多彩体艺比赛、社团活动,落实阳光体育活动和"2+1"项目,让学生在体艺活动中陶冶情操、磨炼意志、净化心灵,提升心理品质和心理素质。

(二)统整德育课程时间

德育教育无时不在,无时不有,在全员育人的大背景下,班主任担负着主要责任。班主任工作面临的许多难题,其中之一就是缺少主题教育的时间。将《品德与生活》《品德与社会》、班会课、劳动课、社区服务与社会实践等课时进行统整,由班主任统一计划安排。

(三)统整德育课程资源

有效利用校园文化、校史馆、班级文化建设和家庭教育实践岗、劳动教育基地、社区服务基地等资源,开展德育体验活动,让学生在体验中得到感悟,在感悟中收获成长。努力探索以"成长树"为主题的综合实践活动课程。

(四)统整德育教育评价

运用统整的思想将德育教育目标统一到教学生"做好人,做好事"上来,以学生能理解、能做到的显性行为作为评价项目,通过及时评价、反思,强化自律意识,进而养成良好的行为习惯。德育教育从认知开始,最终落实到德育行为,其中评价起到了推进器、催化剂的作用。

班主任与任课教师随时对学生进行评价,印发A章。每周评价课上集中评价,通过自评、小组评、教师评、家长评的方式客观评价学生的一周表现,引领学生不断修正自身行为,逐步形成良好的品行。

(作者单位:天津市北辰区实验小学)

(天津市教育科学"十三五"规划课题《适合教育视域下学校课程体系建设的实践研究》课题,批准号:BE1080)

搭梯布台，成就研究型教师

王维静

科研是兴校之基，教师是立教之本。几十年来学校一直秉持以科研为先导，以教师队伍建设为根本的学校发展理念，确立了"以人为本，成全生命，为学生快乐成长营造空间，为教师的成功发展搭建平台，把学校办成师生自主发展、和谐发展、持续发展乐园"的办学思想，形成了学生、教师、学校共同发展的良好格局，探索出了教研、科研、培训一体化教师专业发展路径，确立了目标驱动下的躬行自塑式培养模式，成就研究型教师。

一、人人有研究任务

学校从"八五"开始，每个时期学校都确立一个由天津市教育科研规划办立项的主导研究课题："八五"课题："优化育人环境，改革办学模式，培养 21 世纪新主人"；"九五"课题："21 世纪小学生综合素质与培养模式的实验研究"；"十五"课题："优化教育关系，培养学生创造个性"；"十一五"课题："促进教育活动主体和谐发展的研究"；"十二五"课题："小学生适合教育模式研究"；"十三五"课题："适合教育视域下学校课程体系建设的实践研究"。以主课题统领，各部门、各学科根据主导课题思路和自身特点，认领相应子课题，各自立项市、区级课题，学校对课题研究给予必要的资助。由子课题引领教师分头研究，把教师岗位定位于研究室，做到全员参与课题研究，人人撰写教育科学论文。

强化问题即课题的意识，组织教师从教育教学实际出发，把问题当作课题研究。如：语文课堂教学如何对学生发言做出恰当评价，小学高年级数学新旧知识衔接点的研究，小学低年级写字评价的研究等等。这些研究问题小、研究周期短、容易上手、容易出成果的微小课题，研究教师们还是非常感兴趣的，近三年，每年都有 10 个微型课题立项、结题。

多年来，教师在研究和实践中，把感性与理性、认知与行动、感悟与表达融为一体，在理论指导下把自己的教育实践升华为新的理论,专业素质得到了全面的提高,形成了成长型、成熟型、专家型教师梯队。学校先后培养出特级教师2名、名教师5名,名班主任6名,市教改积极分子4名,中学高级教师23名,市、区级学科带头人50名,优秀教师、优秀班主任、师德标兵等达到教师总数的64%,为全区机关、学校输送大批优秀干部,为教科研部门输送多名研究人员。

二、人人有发展目标

目标管理是一种参与的、民主的、自我控制的管理方法,也是一种把个人需求和组织目标结合起来的管理方法。教师依据教育的形势和学校的主导课题,制定自己的三年发展规划和年度发展目标,让每位教师清楚自己的追求,主动发展自己。这样,既调动了教师的主动性、创造性和积极性,也将教师个人追求和学校整体发展紧密联系起来了,激励教师们共同朝着学校发展愿景努力。

学校还专门印制教师专业发展手册——《教师成长的足迹》,以11个栏目来指导老师自培,内容包括教师学期专业发展计划、教师听课记录、校本教研培训记录、自主研修笔记和体会、科研活动记录、自我发展空间、学科带头人(骨干教师)履责情况及等级认定等。

三、建立激励机制

成立科研指导处,由主管校长、主任、名师、骨干教师组成,特聘专家指导,负责制定学校科研规划,指导各层次课题研究,进行科研方法及论文指导,检查调控科研过程,建立"课题研究档案"和"教师科研成果档案"。

定期召开论文研讨会,每学期教师必须撰写论文一篇以上,由专人负责审阅、指导和评奖,定期召开论文交流会,学校联合推荐参加各级评奖或发表,集结出版教师的研究论文,表彰并奖励教师的研究成果。

建立教师科研奖励制度。凡是在区教科室及以上级别科研立项部门批准的立项课题的获奖成果和发表在重要报刊上的科研成果均计入教师绩效考核,给予相应奖励。为推进教师的全面合作的发展,学校改变以往针对教师个体的评价制度,采取"评价捆绑制"——以学科组、班级为单位考核全组教师、班级各科教师的整体工作。通过团体评价,教师在"学习共同体"中团结、合作、创造性工作情况得到充分体现,为教师自我定位、自我设计、自我管理、自主发展创造了条件。有效的科研机制、良好的科研环境,为教育教学研究提供了保障,为智慧型教师培养搭建了广阔的平台。

(作者单位:天津市北辰区实验小学)

小学生综合素质评价初探

周洪芳　赵顺廷

为了培养全面发展的人,学校开展了"适合教育"课程体系的研究。从课程适应学生发展需要出发,按照课程性质将课程分为文化基础课程、自主发展课程和社会参与课程三类。三类课程相辅相成是促进学生全面发展的载体。围绕三类课程制定六个方面的课程目标,即人文底蕴、科学精神、学会学习、健康生活、责任担当、实践创新六大素养。以培养学生六大核心素养为目标,学校制定了学生综合素质评价方案,取得一些实践经验。

一、构建学生综合素质评价体系

(一)文化基础课程方面的学生评价

1. 人文底蕴素养评价,重点考查学生人文积淀和审美情趣,涉及语文、英语、音乐、美术学科课程评价。

2. 科学精神素养评价,重点考查学生数学素养和科学素养,涉及数学、科学学科课程评价。

(二)自主发展课程方面的学生评价

1. 学会学习素养评价,重点考查学生学习能力和信息素养,涉及"成长树"综合实践课程和信息技术课程评价。

2. 健康生活素养评价,重点考查学生体能素质和健康素养,涉及体育学科、健康课程的评价。

(三)社会参与课程方面的学生评价

1. 学生责任担当素养评价,重点考查学生社会责任和国家认同方面的品质,涉及德育课程和"我爱北辰"校本课程评价。

2. 学生实践创新素养评价,重点考查学生劳动素养和创新能力,涉及劳动课程和科技创新活动的评价。

二、小学生综合素质评价具体操作

这三类课程的评价,文化基础采用个人评价,自主发展课程采用团体活动的表现性评价,社会参与采用个人等级评价和表现性评价。这些评价的结果,计入学生综合素质评价手册,并且通过全面的评价结果,家长可以通过扫自己孩子的二维码看到全面的评价结果。

(一)对文化基础类课程内容的评价

1. 评价内容

在"人文底蕴"方面,重点考查人文积淀、人文情怀和审美情趣素养,涉及语文、英语、美术、音乐等学科。语文主要考查识字写字、个人朗读、背诵积累、交流表达、阅读理解、学业水平成绩。英语评价有书写、听力、朗读、表达、综合思维与理解、学期末水平测试等。音乐主要考核个人演唱及名曲欣赏。美术主要考查学生作品呈现效果和数量以及名画欣赏。

在"科学精神"方面,重点考查理性思维、批判质疑、勇于探究素养,涉及数学、科学等学科。数学主要考查基本计算、书写和版面、思维表达、动手操作、综合能力、学期末的水平测试等;科学以实验的考核为主,学生要掌握本学期的所有实验,教务处抽检每人两个实验,学生边实验边表述,将表达与动手实践紧密结合。

2. 评价方式

组建三级评委团。第一级,学生评委团,高年级侧低年级。选取高年级优秀生作为小评委,对低年级学生一对一测试。如,背诵、计数、体育的短绳、仰卧起坐等。第二级,家长和教师联合评委团。选取家长参与学生测试工作和教师一起组团评价。如,学生动手操作类、集体展示类,比较适合。第三级,教师评委团。一般专业比较强的项目,就由教师单独测试了。如各学科知识、综合能力等。

大量采用机器测试,增加评价趣味性,减少工作量。如语文学科认读字、个人朗读的课内外片段、背诵积累100首古诗文、综合能力(阅读理解)、英语的听力和口语这些内容都以"题库"的方式储入计算机中,学生自主选择题号,采用升级的形式,自主完成测试。

(二)对自主发展类课程内容的评价

1. 评价内容

在"学会学习"方面,重点考查乐学善学、勤于反思、信息意识素养;在"健康生活"方面,重点考查珍爱生命、健全人格、自我管理素养。学校通过开发选修课程,开展文体活动,促进学生自主发展、个性发展、健康发展。

自主发展类课程,主要评价的是素质拓展类的社团活动、科技活动、课本剧演出、经典诵读活动(读书节展示活动)、班级合唱活动、运动节、乒乓节、艺术节、成长树。这样的比赛每学期或者每学年参加一次即可。信息技术和劳动以学生过程性的现场操作为主。体育主要考查学生"国家体质监测"的项目及(乒乓球、游泳、羽毛球、跆拳道、武术、毽子、体育欣赏)任选一项体育技能。

2. 评价方式

主要是集体评价,等级制或表现性评价。如素质拓展的社团活动,用网络金数据软件申报、统计,然后将评价星级学员的结果输入计算机中,并将 5 星级学员张榜表彰。其他的各类活动,均由各部门按照评价标准给出团队或班级等级或分值,计入所有学生的评价中。但对校级社团参加区级及以上比赛的学生,给予最高等级的分值。如区级及以上的活动,运动员学生、音乐比赛类学生、英语和音乐课本剧表演赛的学生、经典诵读比赛、科技比赛的学生,都可以直接获得最高等级的分值或评语。同时,他们还享受在免试生评选中的加分奖励。

(三)对社会参与类课程内容的评价

1. 评价内容

在"责任担当"方面,重点考查社会责任、国家认同、国际理解素养,通过学生的思想品德综合评价指标加以落实。主要考查学生品德认知和行为表现等方面的情况,即通过爱国主义、小公民意识、劳动技能、生态文明、心理健康及学生学习行为表现等关键性指标进行评价。

在"创新实践"方面,重点考查劳动意识、解决问题、技术运用素养,主要通过开展家庭劳动、在校劳动岗、社会公益活动、北辰区名人名事、社会调查活动等加以落实。

2. 评价方式

采取学生自评、小组互评、教师评和家长评的方式,促进学生逐步形成正确的世界观、人生观、价值观。每个年级的细化评价内容有所不同,给出等级评价。计入学生综合素质评价手册中。

自主发展评价和社会参与评价的内容,也是我校对国家课程的补充评价的内容。6年要完成"5 个 100"和"12 个一"的基本考查。"5 个 100"即 100 首篇古诗文、100 首歌曲、100 幅美术作品、100 项动手操作、100 本好书。"12 个一"指参演一出课本剧、参加一项艺术节活动、掌握一种乐器、完成一件信息技术作品、上交一个成长树作品、参加一个体育比赛项目、掌握一项体育专项技能、讲一个北辰区故事、参加一次社区公益活动、一个在校劳动岗、一件家庭劳动、一次科技类比赛。

三、实施学生综合素质评价的初步成果

多年的探索与实践,从学生身上看到可喜的成果。课堂上学生思维活跃敢于质疑,发言积极,像教师一样自然大方。在天津市教研室的数学教研成果实验小学专场汇报中,4节展示课上,学生的学习能力、表达能力得到了与会专家和教师们极大的赞扬;在天津市小学课外阅读指导活动实验小学专场,同时段并开的6节课中,学生课外阅读的储备量大、整本书中的人物研读的深入,都得益于学生从一年级开始就进行的读书、课本剧汇报等活动,得益于综合素质评价。

每一个六年级毕业生,积累的古诗、词、文不少于100首(段、篇);能声情并茂地演唱至少100首歌曲;动手操作与表达的参与不少于100项;在学校的学习中,普遍掌握"竖笛"的乐曲演奏,会打乒乓球,普遍掌握多种短绳的技法,提高了身体、心理素质,为终身发展打下了坚实的基础。

我校学生的个性发展更加突出,他们各具特长。近几年,向天津市体校输送了王长浩、冯静怡、张恩润、金冠宇等多名游泳、乒乓球运动员。几十名学生荣获中国少年科学院的院士称号,在刚刚结束的第十一届中国青少年科技创新奖颁奖大会上,我校的李想同学得到了孙春兰副总理的亲切接见和鼓励。

学校还非常重视学生的综合素质评价的结果分析,帮助教师诊断课堂教学的效果。如,数学学科,二年级学生有这样的题目:用直尺、软尺、小绳子等测量同学的手腕一周,你有几种办法?学生阐述的方法多样。当问到为什么直接选择软尺最好时,学生说:"我是用择优的办法,它可以测量曲线,比直尺强;有刻度,比小绳子强。"这样严密的思考方式,就达到了我们训练学生用思维解决生活中问题的目的。像这样对学生的评价学校各科都有,因而各科教师在教学中会更注重学生的整体素质,面向全体教学。

家长因为参与这样的评价过程,明确了综合评价对学生成长的好处,得到了家长的极大肯定。考核评价后的交流,每位家长都争着发言。他们有的跟踪同一个项目长达三年,做了纵向成长比较,发现自己的孩子和各班级里被考核的孩子进步很大,成长迅速,由紧张得不敢发言到现在讲得头头是道、调整错误之处的及时自如;有的家长第一次参加这个项目的评价活动,但是他们注意到了学校的良苦用心;有的家长更是急人所急,指出作为家长,一定要引起重视,不要只指望学校的单项努力,家长要在家庭中引领学生……学校从家长的发言中听到了他们对孩子未来渴望的声音。学校也抓住这样的机会,和家长一起分析学生问题根源,诊断我们的课堂,教师应该做怎样的修正,对学生的哪些方面应该增加训练等,和家长做好交流,并指导家长如何跟进学生的训练,家长感慨道:教师们真不简单,我们要在家长会上与其他家长交流心得。

学生综合素质探索之路并不平坦,但是为了学生更好地发展,我们必须坚定地走下去。

(作者单位:天津市北辰区实验小学)

深化体育课程改革
让教育适合学生发展

张金梅

让教育适合学生,为每一名学生提供适合的教育,促进学生全面而有个性地主动、健康、持续发展。在学校这一办学理念指导下,我校全面改革体育教育,通过体育课堂改革、大课间模式改革、学校运动会改革,逐步形成了"全员运动"的体育特色,学生体质健康合格率、体育技能掌握率不断提高。学校连续 15 次荣获区运会冠军,6 次三级跳比赛冠军,乒乓球项目多次获全国、天津市团体、双打、单打冠军,连续 3 年包揽北辰区乒乓球比赛各项冠军;游泳项目在天津市及全国青少年游泳锦标赛中多次获奖,共获得金牌 15 枚、银牌 25 枚、铜牌 25 枚。

一、抓体育科研,优化学校体育课程

2016 年,学校申报的课题《适合教育视域下学校课程体系建设的实践研究》被天津市教育科学研究院立项为重点规划课题,同年体育组申报的课题《关于深化体育课程改革创设适合教育促进学生健康成长的研究》被立项为中国教育学会"体育与卫生"专项课题中的一般课题。学校依托课题研究,从实际出发,以促进学生全面发展、健康成长为工作的出发点和落脚点,积极探索体育课程改革,满足学生健康成长的需要。

通过调查发现,现有的体育教材内容已经很难满足学生发展的需求,为了让学生能够掌握 1~2 项喜欢的且终身锻炼的体育技能,学校在不改变国家课程的基础上,根据学校情况,开展了乒乓球、游泳、篮球、跳绳、田径、体育游戏、踢毽等特色运动项目,以选修的方式,提高学生专项运动能力,形成普及、提高、专业梯队的培养模式。编定完成了《悦享乒乓》《篮球》《跳绳》《体育游戏》等体育校本教材,极大程度地满足了学生发展的需要。

在日常教学中我们发现,很多学生能够掌握体育与技能的动作,但是对体育知识和运动背景知之甚少。为让学生全面发展,学校开发了体育小讲堂课程,学生通过个人或者团队搜索体育知识、规则方法或体育故事,通过在室内进行讲解与宣传。小讲堂课程的开发,提高了学生的表达能力、配合能力,让更多的学生掌握了体育运动中的规则和方法,了解了更多的体育知识,知道了很多体育项目的由来和感人故事。在宣讲过程中,不断传播着体育精神、健康意识等,使学校体育发展越来越丰满,学生的理论知识越来越丰厚。

在学生家庭体育运动的调查中我们发现,学生除了在学校参加体育运动外,回家后运动量很小,这对学生的体质水平和健康状况有很大影响。为此,我校开展了学生课后体育作业的布置和反馈工作。首先,学校以教师会、家长会为载体,传授运动健康理念,召开专题培训会。其次,体育组教师利用教研时间,研究制定体育作业反馈制度,科学设计寒暑假运动处方。另外,我校还充分发挥家长的监督指导作用,通过手机扫码,以信息数据平台进行学生锻炼数据的收集和比对,家校形成合力,全方位保障学生的锻炼效果。在2018年《国家学生体质监测》中,我校合格率同比去年提升了7.5个百分点,良好率提升了9.3个百分点,这也成了我校体育作业反馈效果的有力证明。

二、抓体育活动,培养学生体育素养

顾明远先生说过:"学校的管理在细微中,学生的发展在活动中。"学校秉承适合教育发展理念,以活动为载体,为全体学生全面而有个性地成长提供了更多更好的平台。学校先后进行了队列展示、体育特色班级展示、班校级足球联赛、年级体育竞技比赛、阳光体育小型比赛、全员运动会、乒乓文化节、优秀体育毕业生欢送会、体育冬令营活动等。在众多的活动中,全员运动会一直是实验小学精心打造的活动品牌,它是学校体育的重要教育活动之一,是学生提高体质技能、培养健全人格、锻炼协作能力、密切亲子关系、融合家校关系的重要平台和方式。教育部体卫艺司司长王登峰曾在中国大、中学生体育工作会议上表示,学校体育"四位一体"的目标,就是面向所有孩子,积极开展班级、年级、校级比赛,让每个孩子都能参加,都能健康快乐成长。

学校在适合教育理念的指引下,不断探索适合学生发展的全员运动会模式。从2016年至今,已经连续召开四届全员运动会,我们的目标是:全员参与、一个不少、团结协作、共同提高。2019年的全员运动会在前三届的基础上进行了总结和完善,并以体育文化节为活动载体,总体呈现五大特点:

第一大特点:开辟体育文化类比赛,加大学生对全员运动会的理解和认知,通过各种形式来营造运动会浓郁的氛围,涉及的比赛项目有:主题班会类、绘画类、书法类、制作类、演唱类、舞蹈类、班级特色展示类等,全部以体育运动或体育精神为主题开展比赛,比赛成绩纳入各班级团体总分。

第二大特点:全员运动会比赛采用纵向评价模式,即把1~6年级的各班以班号结组,如不同年级的1班为一个方阵。这种混龄编组的形式,以"统一口号、统一要求、统一着装、统一目标"的四统一组成大集体,体现不同年级学生间的互相帮助、互相鼓励、共同提高。提高了学生的协作能力。让学生在关注自己班级比赛的同时,也关注全场比赛情况,关注大集体的比赛成绩,使运动会场面更为热烈。

　　第三大特点:运动会竞技比赛项目根据学生年龄特点和学生发展需要设置了6大类项目,以乒乓为主题的特色项目、以家校合作为主题的亲子项目、以体育教材为依托的课程项目、以学生互助为主题的跨年级项目、以爬或跑为动作要领的趣味项目、以传统体育展示为主题的表演项目等,学生可根据自身特点,选择适合自己的项目进行报名和比赛,大大增加了学生对体育活动的选择权和参与权。

　　第四大特点:为了扩大全员运动会的影响力,增强互动性,随时反馈运动会参与者的感受与体验、亮点和问题,运动会设立了现场采访的小记者。小记者们的采访很大程度上拓宽了运动会自身的价值所在,同时还活跃了现场气氛,提高了学生参与活动的自信心和成就感。

　　第五大特点:全员运动会以体育运动为主体,全面展示了学生的运动素养和参赛热情。为了丰富运动会的表现形式,体现运动会的多元性、艺术性、教育性,学校每年都在运动会上安排具有艺术元素的大型展示节目,通过观看和参与艺术展示,不断提高师生的审美素养,营造浓厚的教育氛围,培养孕育浓浓的家国情怀。

　　实验小学王维静校长曾说,未来学校的体育课程发展将需要越来越鲜活、越来越能引发学生兴趣的课程,让学生在不知不觉中学习、锻炼、体验,这才是最高超的教育,也是所有体育人努力的方向。

　　只有适合的,才是最好的。相信实验小学在适合教育的引领下,不断进行体育工作的实践与探索,让我们共同为学生的健康成长贡献一分力量。

(作者单位:天津市北辰区实验小学)

发挥学科育人功能
培养学生核心素养

赵顺廷

学科育人不等于学科德育,也不只限于学科内容的深度研发。学科育人是在发挥不同学科特色和优势,促进学生知识增长、能力提升的同时,关注知识技能背后的价值,建立与学科核心素养相适配的教学方法、导向机制和评价方式,为学生终身发展提供适合的教育。正如叶澜教授说的,学科育人最基本的渠道是:通过深度开发不同学科教学的育人价值,使"教"与"育"在学科教学中真正得到融通,使教育的融通渗透到学校每节课的日常教学之中。要实现"教"和"育"的融通,必须做到"四个转变"。

一、由学科知识目标转向学科育人目标

著名心理学家布鲁纳认为:"教学就是试图促进学生成长或者塑造学生的成长的活动。""我们教授一门学科并不是要在每个学生头脑中建立一个学科方面的小型图书馆,而是要使学生自己能够以数学的方式进行思考,能够像历史学家那样思考问题,能够参与到知识获得的过程中来。"不同学科、不同内容具有不同的育人价值,教师要按照知识的发生、发展与学生主动研究形成认识过程,确定育人目标。如,小学阶段的语文学科要按照进入文本—理解体悟—转化占有—输出表达的逻辑制定教学目标;数学学科要按照提出问题—发现规律—归纳结论—运用结论的逻辑制定教学目标;科学学科则要按照提出假设—设计实验—验证假设—得出结论的逻辑制定教学目标;体艺学科则要按照定向—模仿—整合—熟练的操作顺序制定教学目标。教学为学生的多方面主动发展服务是最基本的立足点。因此,学科独特育人价值要从学生的发展需要出发,分析不同学科对学生个体而言能起的独特发展作用,将"教"与"育"结合起来。

二、由教师传授知识变为师生共同建构知识

现代教学论认为,教学过程是师生交往、积极互动、共同发展的过程。建构主义强调教学过程要为受教育者提供帮助和对话的机会,以促进学生将经验转化为更加强有力的符号系统和秩序系统。布鲁纳在《成长的模式》一文中指出:大部分的成长始于儿童改变自身的发展路径,并在成人帮助下,以新的形式重新记录下所做、所看,并由此生成新的内容。然后应用这些新生成的内容,去建构新的组织模式。

在布鲁纳看来,学生成长一般经过两个过程,一个是从外到内的同化过程,即将新的外部信息纳入已有的知识结构,使知识结构得到进一步的充实和强化;另一个是从内到外的顺应过程,即改变已有的知识结构,以便更有效地接纳和处理新的外界信息。无论同化,还是顺应,教师都必须从学生的已有知识经验出发,通过师生间的互动交流,生成新的内容。

师生共同建构知识,关键是教师要明确需要构建什么,学生已知什么,两者差距是什么。学生已有认知水平是一切建构的基础,教师只有在这个基础上设计教学活动,并通过师生、生生交往互动生成新的知识,才能算是真教学。而那些只有教学的形式而无实质性交往发生的"教学"是假教学。

三、由强调教学的统一要求变为关注学生的个性需要

学科育人的主体是学生,教师必须充分考虑学生的知识经验、学习基础、兴趣爱好以及个性特征,选择恰当的教学起点、教学步骤以及教学方式手段,让学生在原基础上学有所得、渐进发展。教师要了解"学生知道什么? 会缺什么? 教学要提升什么?"这样的学情研究越具体,教学对于学生就越能够体现针对性和发展性。

如,在学习小学五年级科学下册《昼夜交替现象》一课时,先通过播放校园白天、黑夜的照片,让学生从时间角度认识昼夜,再通过播放宇航员在太空中拍摄的地球照片(半黑半白),从空间角度认识昼夜。这样,再让学生判断地球哪一面是"昼",哪一面是"夜",就有了认识基础。

关于昼夜交替现象产生的原因,不同学生有不同的看法,通过学生汇报,教师归纳为四种情况:

1. 地球不动,太阳围着地球转;

2. 太阳不动,地球围着太阳转;

3. 地球自转;

4. 地球围着太阳转,同时地球自转。

教师不能简单地说出哪个对或哪个不对,要通过设计实验,让学生自己探究昼夜交替现象的真正原因。通过实验观察,学生逐步建构起地球与太阳相对运动的模型,每种假说都代表学生的认知,只有尊重学生认知,正视学生的差异,才能发展学生智力,促进学生成长。

四、由机械技能训练变为开展学科实践活动

题海战术和大量重复的练习只能提高学生的应试能力,而不能培养运用所学知识解决实际问题的能力。机械记忆和重复练习没有让学生经历知识建构的过程,也没有提供知识用于实际生活的相似情景,所以不能将知识为转化解决问题的实际能力。为增强学习情景与生活情景的相似性,培养学生知识运用能力,要为学生提供更多实践机会。如语文学科增加实践活动,通过开设读书课、举办读书节、排演课本剧、开展经典诵读,培养学生语文能力和语文素养;数学学科开发应用课程,通过编写"生活化数学"校本教材,推行数学动手操作考核,促进课堂所学向生活应用转化;科学、音乐、美术、体育学科通过增加技能考核,举办科技节、艺术节、体育比赛,培养学生学习兴趣和实践能力。劳动学科通过设置学校劳动岗,开展家务劳动,组织社区劳动,培养学生劳动意识和劳动能力。

学科育人的关键是"育人",如何发挥学科特色和优势,"育"主动发展的"人"是学科教学的根本任务。教师必须从学科教学目标、途径、方式上把握学科育人规律,提高学科育人的实效。

(作者单位:天津市北辰区实验小学)

(天津市教育科学"十三五"规划课题《适合教育视域下学校课程体系建设的实践研究》课题批准号:BE1080)

文化基础篇

让语文教学弥漫着生命的芳香
——在语文教学中渗透生命教育

顾玉锦

近年来,时常可以看到一些有关中小学生发生惨剧的报道,一幕幕让人痛心不已,也引人深思,生命教育刻不容缓。这是个严肃而现实的问题,俗话说"文以载道",语文学科在对学生进行语言文字教育的同时, 也应责无旁贷地承担起对学生进行生命教育的重任。特别是《语文课程标准》的出台让语文教师更加明白:关注生命,培养生命意识是语文教育的要求,也是人本化教育的体现。作为一名小学语文教师,在语文学科中渗透生命教育是一种责任。因此,在语文学科教学中,教师要讲究策略,把握生命教育的正确时机,对学生进行生命教育,让他们在关注生命存在中学会尊重生命、热爱生命、珍惜生命,关注生存危机,提高生存技能和生命质量,使学生身心能够得到充分自由、和谐的发展。因此我们应该让语文教学弥漫生命的芳香,让人的生命价值在语文教学中得以彰显。

一、善用教材,渗透生命教育

生活是语文教学最广阔的背景。联系生活,创设情景是语文教学的必由之路。生动真实的情景,能充分调动主体内在的真实情感、态度、价值观和人生观。这就是主体教育所希望并要努力达成的目标。因而,创设情景的语文教学课堂为生命教育的真正实施建立了有力的平台。

案例一

人教版四年级下册《触摸春天》一文,深深地拨动着人的心弦。"安静的手指悄然合拢,竟然拢住了那只蝴蝶,真是一个奇迹,睁着眼睛的蝴蝶被这盲女孩神奇的灵性抓住了。"更让人心头一震,若不是有一种神奇的灵性在牵引着她,指挥着她,睁着眼睛的蝴蝶怎么会被盲女抓住呢?这神奇的灵性不正来自于小女孩对春天、对大自然的热爱吗?与其说蝴蝶被盲女拢住,不如说是生命的美好被盲女孩神奇的灵性所摄取、所捕捉。在教学时,播放盲女在浓郁的花香中留恋的生活片段,让学生和盲女一起感受春天的美好,同时感受女孩对生命的热情,继而创设"拢住蝴蝶,放飞蝴蝶"的情景。当音乐响起,老师动情的描述,盲女虽然看不见春天,却能用自己独特的方式感受春天的气息,触摸春天的脉搏,她是多么热爱生命啊!她告诉我们:无论你是否拥有健康的身体,健全的体魄,都有生活的权利,谁都可以创造一个属于自己的缤纷世界。很显然,同学们通过感受盲女孩对春天的触摸,对生命哲理的感悟很深,因为在孩子们的生命世界里,他们觉得自己就是盲女,教学达到了效果,孩子们的情感也达到了共鸣。语文教育的落脚点也就是要让学生在体味和感悟中获得对生命意义的理解,从而学会努力实现自己的生命价值。

案例二

《地震中的父与子》这篇课文正是爱与信念创造了生命的奇迹。

在美国洛杉矶大地震中,一位父亲冒着生命危险,抱着坚定的信念,历经艰辛,经过38小时的挖掘,终于在废墟中救出儿子和儿子的同学。在歌颂伟大父爱的同时,我们看到更深层的意义:正是因为爱和信念才创造了生命的奇迹。教师在教学中可向学生提问:是什么让孩子在废墟中活了下来?学生通过思考一定会意识到:是孩子顽强的毅力,是父亲给予他希望,是生命存在的意义。从这个故事中让学生体会到,有自信、有毅力的人就能在死神面前活下来。它教给学生的不仅是爱,更多的是对生命的珍爱,对生命的认可。教师还可以借机让学生说说在汶川大地震中同样感人的事,进一步让学生感悟大爱无私的人间真情。

案例三

《白杨》这一课,课文描写了白杨树在大西北那样艰苦恶劣的环境中能够顽强地生长。我通过阅读教学让学生欣赏、感受充满生命力的意象,从自然生物旺盛的生命力中获取生命力量,同时从白杨的身上认识生命的意义,欣赏自己、他人及自然界的一切生命。从而让学生领悟到自然界的生命是如此顽强,无论周围的环境怎样恶劣,只要有一丝生命的土壤,它们就能顽强地生存下去,从而潜移默化地达到生命教育的目的。

二、拓展阅读,提升生命意识

教学活动是人的活动,"人"的复杂性决定了课堂教学的"不确定性",而这些"不确定性"恰恰是我们应该加以利用的"生成性"教学资源。新课程认为"教学成功的关键是在于教师从生命的高度,以动态生成的观点看待课堂教学。"因此,在"生成"的课堂教学中,关注生命内涵是生命教育在语文教学中渗透的关键。

案例

人教版四年级下《生命 生命》是台湾女作家杏林子12岁时所作,具体从挣扎求生的飞蛾,砖缝中长出的瓜苗,倾听心跳等几件小事展示了生命的存在。教学本课时,有些教师将教学的中心放在范读文本生命的存在上做文章。而我认为真正的重点是要让学生珍爱生命,并在有限的生命时间内树立正确的人生观。在教学中可增加"从自身情况入手,指导生活"这一教学环节。首先出示奥斯特洛夫斯基的名言:"人最宝贵的是生命,生命对于每一个人都只有一次。人的一生应当这样度过:当他回首往事时,不会因虚度年华而悔恨,不因碌碌无为而羞愧。这样,在生命的最后时刻,他就能说:'我的整个生命和全部精力都献给了世界上最壮丽的事业——为解放全人类而斗争。'"再让学生读名言,并联系自己的实际谈体会。有的同学从亲情出发,说要实现爷爷的愿望;有的同学从友情出发,说愿意帮助有困难的同学;还有的同学愿意为社会主义建设出一份力。同学们都在诵唱着一份响亮的生命宣言,使这种强烈的生命意识真正内化为学生的精神世界,从而教育他们要热爱生命,欣赏生命,努力实现生命的价值。

根据学情,对预设计的环节及时调整,达到较好的生成,从根本上让学生体味并意识到生命对自身、对家人和朋友、对社会具有的意义,从而真正学会珍爱生命。

人,最宝贵的是生命,生命对我们每个人来说只有一次。面对生活的磨难,你必须扬起自信的风帆,鼓足生命的勇气,勇敢地战胜它,才能在磨难中走向成熟。我向同学们推荐富有教育意义的名篇佳作,通过一些震撼人心的故事和可歌可泣的人物,引起学生情感上的共鸣,激发学生强烈的珍惜生命的意识。海伦·凯勒的《假如给我三天光明》、杰克·伦敦的《热爱生命》、奥斯特洛夫斯基的《钢铁是怎样炼成的》、冰心的《谈生命》、张云成的《假如我能行走三天》……这些感人肺腑的经典之作,让学生敞开心灵去阅读、去感受,把阅读学习的过程当成自己生命体验的过程,形成情感活动、审美感受和思维碰撞,从而激发学生强烈的珍爱生命的意识,以此感悟生命的意义。

通过阅读,学生能深刻地体会到:生活是美好的,然而生活也是无情的。生活中,常常随时可能发生意想不到的困境和险情。教师要与学生及时沟通,多从精神上关心学生,尊重他们,引导他们,在潜移默化中提升他们对生活的信心和勇气。只有直面生活的挑战,勇敢地挑战一切困难,才能把握生命的罗盘,走向更加辉煌的人生。无论面对怎样的艰难险阻,都请抱着这样一个坚定的信念:永不放弃生的希望。

三、结合生活,延伸生命价值

尊重生命,热爱生命,才能热爱生活,才能追求我们生命存在的意义与价值。人生的价值究竟该如何体现?这是我们每个人都在关注和思考的问题。教师除了在课内挖掘生命教育的教材,课外通过广泛阅读,对学生进行生命意识的教育外,还可以在平时的写作训练中渗透生命教育的内容,拓展生命的宽度,锻造生命的厚度。发掘生命的深度,让语文进入每个学生的生命,唤醒他们的生命意识,丰富他们的生命内涵,延伸他们的生命价值。

　　我引导学生深入讨论,让学生思考信仰与人生的问题,懂得如何善待自己、欣赏生命、尊重生命、珍爱生命,并引导学生在课后加强与父母的沟通和交流,与家人和睦相处。通过写周记的方式,写出自己对生命的看法,表达自己对生命的理解。学生通过参与一系列的语文实践活动,体验着生命的意义、诠释着生命的价值、表达着生命的激情。

　　语文课弥漫生命的芳香并非易事,但这正是语文教师的价值所在。因为有限的生命包含每个人对自我生命无限的超越和追求中,在新的课程改革的形势下,教师的职责告诉我,只有不断创新,才能让生命的价值在学生的心灵中绽放得更加灿烂。

(作者单位:天津市北辰区实验小学)

以本为基,沉浸阅读,唤醒体验,感悟理解
——浅谈课文本位的语文阅读理解教学

刘学荣

《语文课程标准》(以下简称《课标》)中强调:阅读教学是学生、教师、文本之间的对话过程。这三者之间的对话必须"以本为基",这"本",就是教材中的课文和所有与课文有关系的语言材料。语文教材是语文课程资源的核心,每一篇课文,都具有典型性,它是多重对话的根据与抓手,与整个语文教育活动有最为密切的关系,是语文课堂赖以实施的媒介和载体,是课程驱动的原材料和原动力,是提升学生语文素养不可或缺的材料,在学生语文学习过程中有着不可替代的作用。无论是"阅读本位""表达本位"还是"写作本位"的语文教学,都是基于教材中的课文而展开的教学活动,所以,小学语文教学还应紧紧围绕课文这一载体,树立"课文本位"的意识。"课文本位"并非只强调课文的阅读理解,而是语文教师用"以人为本"和"用教材教"的新理念,能动地、创造性地使用教材,透过课文的教学,促使学生在知识、能力、方法、情感、态度、价值观等方面得到新的发展。

下面就以人民教育出版社版五年级上册《梅花魂》一课为例,谈谈我在课文本位阅读理解教学中的几点做法。

一、以本为基,创设情境,营造氛围,激发学生的阅读期待

苏霍姆林斯基强调:"课堂上最重要的教育目的就在于点燃孩子们渴望知识的火花。"但由于学生年龄、心理以及生活经历所限,大多数学生都必须依靠教师为他们创设合适的"场",创设适合他们学习语言、运用语言的良好氛围,激起学生对课文的阅读期待,才能逐渐点燃渴望知识的火花。

在教学《梅花魂》一课之前,我出示一些娇艳的花朵和冒雪开放的梅花图片进行对比,让学生说一说"梅花和其他花朵的不同之处,你眼中的梅花是怎样的。"学生观察图片,对比得出大多数花是在春夏时节开放,而梅花是在寒冬腊月和初春时节冒着冰雪毅

然开放。梅花是坚强、有毅力的象征。

在学生观察图片对梅花有了初步的感性认识之后,我引导学生理解题目中的"魂"有何意义。在情境引导下,学生们对梅花魂有了浅显的认识,即学习梅花不畏严寒、坚强不屈的精神。

情境的创设,可以是与文本相关的学生生活经验的唤起、经历的交谈、情感的融合等,在旧与新的结合中,营造学习的"场",激起他们对课文阅读的期待,从而进入一种投入的学习状态。

二、以本为基,层级读书,梯度感悟,多重互动中体验理解

顾名思义,就是要引导学生一步步有目的、有重点地读课文,循序渐进地理解内容、感受内涵、学习表达,使学生随着对文本的阅读,不断投入,不断与作者进行情感交流,同时使自己从知识、能力与思想上得到提升。

(一)自由初读,识记字词,整体感知,初步理解

指导学生自由初读,识记生字词,进行整体感知,形成初步的理解,这是理解文本,习得方法,运用表达的基础。只有先让学生从整体上初读课文,与文本亲密接触,感知文本的内容、情感和行文思路,才能实现依据文本的语言发展学生的语言,提升阅读感悟和理解能力的目标。因此,我让学生自读《梅花魂》课文,小组交流识记字词的方法,学生在自读与交流中,扫除了阅读障碍,识记了生字词,对文章内容有了初步的理解,在此基础上,通过师生交流,梳理出文章的结构,确定重点语段,为下一步的精读、感悟和深入理解打下基础。

(二)重点品读,感受理解,契合情感,得言得法

《课标》中指出"学生是学习和发展的主体。""学生对语文材料的感受和理解是多元的,应尊重学生在学习过程中的独特体验。"因此,教师要用"以人为本"和"用教材教"的新理念,根据文章特点、学生学习所需,确定文章重点语段,在恰当处设疑,引导学生品读文本重点句段,把更多机会留给学生,让学生在主动参与的学习过程中,通过品读生发自己的体验和理解,通过细读得言得法,并在读中与作者形成情感上的契合,循序渐进地领悟情感和事理。

初读课文之后,我引领学生直奔描写"外祖父"珍爱梅图的段落,让学生边读边悟"从字里行间,你读出了什么? 从哪些地方体会到的? 作者通过什么方法表达出来的?"学生通过反复品读,从"外祖父"对家中古玩不甚在意和对墨梅图分外爱惜的态度对比可以看出,因为爱惜墨梅图而训斥"妈妈"的语言描写和细致入微的动作刻画中读出了"外祖父"对墨梅图的分外爱惜之情。并带着自己的理解对因我弄脏墨梅图"外祖父"训斥"妈妈"的语言描写部分进行了体验朗读,对"外祖父"用保险刀片轻轻刮去污迹,又用细绸子慢慢抹净的动作刻画,发表了自己的看法。在这样的细读慢品中,学生们既悟出了情感,又习

得了人物描写的方法。

由于作者当时年龄小，面对"外祖父"对墨梅图珍爱的一系列"心里又害怕又奇怪"的表现，觉得奇怪且有很多事不理解、不明白，于是，我又引导学生再读这部分内容，融入文本，进行理解，设身处地地想一想"作者都不明白什么？"在朗读中，学生不断品味语言，体味作者的情感，从而感受到作者当时不明白为什么"外祖父"分外珍爱墨梅图？为什么在墨梅图上弄脏手印他就拉下脸来？为什么因此要训斥"妈妈"？为什么又要用保险刀片轻轻刮去污迹，用细绸子慢慢抹净？

学生通过对重点段落的品味和体验朗读，通过文本与作者进行交流，产生共鸣，在感受理解的基础上，想作者之所想，疑作者之所疑，与作者的情感达成了契合。

（三）难点研读，拓展感知，丰富理解，体味内涵

拓展与文本紧密相关的资料，使学生丰富感知，通过师生共同研读理解，体味内涵，从而解决教学难点。

课堂伊始的情境创设，学生对梅花精神已经有了初步的感知，但由于历史知识匮乏，在赠墨梅图这一重点段落中，对中华民族精神和那些有气节的人物只能从文字表面获得浅显的了解，还无法进行深入理解，因此，我适时补充了一些有代表性的人物和体现他们气节的言行记载，丰富学生感知，从而让学生深刻领悟到那些有气节的人物和梅花一样，面对诱惑，面对危难，面对压迫，他们始终不屈不挠、顶天立地、不肯低头折节，这就是最有品格、最有灵魂、最有骨气的民族精神。然后结合该段最后一句话，师生在对话交流中感悟：在不同的境遇里，每一个中国人都应该具有梅花的秉性。为了更好地理解"外祖父"的情感，我又简单拓展"外祖父"所处的境遇的相关内容，引领学生感受"外祖父"身在异国，心系祖国，梅花的精神始终牢记于心的情感。在学生难以理解的地方进行相关资料的适当拓展，丰富理解，不仅使学生感悟到梅花的品格、中华民族的精神和每一个中国人应该具有的精神，还体味到文章内涵，感到"外祖父"浓浓的思乡爱国情都寄托在这幅墨梅图之中，有效解决了本课的学习难点。

心理学告诉我们，感知是认识的基础，丰富的感性认识会深化我们对客观事物的理性认识。在阅读理解中，将文本紧密相关的资料引入课文学习，让学生通过阅读接近事件、人物，丰富知识储备和感性认识，打通文本与外界生活的联系，让学生走进心理学上认为的"心理近区"，由此更轻松地走进文本，理解文本，体味内涵。

（四）深悟细读，沉浸文本，创造补白，体验理解

"外祖父"的情感并没有通过送墨梅图时说的那段话直接表露出来，而是隐含在字里行间，所以我引导学生结合"是啊，莺儿，你要好好保存！"这句"外祖父"对英儿简短的嘱托，联系本段"外祖父"所说的每一句话，围绕"'外祖父'仅仅是要她保存好那幅墨梅图吗？这简短的嘱托中还包含着什么？"的问题进行适当补白，创造性地解读课文内容，还原"外祖父"当时所表达的真实情感，帮助学生加深对文本的理解，将情感体验升华。再抓住

"不管历经多少磨难,不管受到怎样的欺凌,从来都是顶天立地,不肯低头折节。""最有品格、最有灵魂、最有骨气!"两句话,进行一咏三叹式地引读,引领学生沉浸在语言文字的世界里,沉浸在文本的情感之中,在读中生感,在感中生悟,悟到"外祖父"言语中的深深含义,由梅花精神引到中华民族的精神,再到每一个中国人应该具备的爱国品质,借着梅花来赞誉那些有气节人物和具有梅花精神的中国人,把自己的感情和热爱祖国的志向都寄托在了墨梅图之中,以及言语中所承载的"外祖父"的情意、希望与寄托,从而也体味作者当初的那些疑惑,此时全都明白了,对文章有更深入的理解,使学生的心灵与语言文字产生互动,让学生的情感与人物的情感相融,感受语言文字表达的魅力所在。

引领学生深悟细读,沉浸在文本的情境之中,并联系文本,展开合理想象,进行创造性地补白,进行体验理解,是学生在阅读理解上的又一次提升,这个过程其实就是学生、教师、文本以及文本中的人物多方对话的过程,是学生对文本更深层的理解过程。

(五)部分速读,回归整体,综合理解,情感升华

不是所有的段落内容都面面俱到,因此,对于回忆与"外祖父"的吟诗落泪、思国伤怀、送梅花绢三件事,我采用让学生小组速读并交流"从中你感受到了什么?作者是怎样写出来的?"的形式,引导学生在生本、生生、师生的交流中,通过作者对"外祖父"外貌、神态、动作、语言等描写的体会,结合整篇文章,感受到"外祖父"浓浓的思乡情和一颗高尚的爱国心。而后引导学生再回归课题,此时学生便能体会到:这"魂"里还包括我们的民族精神和爱国之心。

速度文本中的次要事件,回归课文整体,对本文进行综合性的理解,这是经历从"整体感知"到"部分理解"再到"综合深化"的阅读认知过程,是对部分认识之后的深化和升华。

三、以本为基,习得方法,举一反三,交流练笔中运用表达

阅读课文,不仅要理解课文写了什么,还要理解作者是怎样写的,从而掌握一定的表达方法,学会运用祖国的语言文字。因此,引导学生学习课文语言时,不能就语言学语言,进行单纯的语言技巧的演练,而应以理解内容、领悟情感为经,以语言训练为纬,使语言形式与语言内容兼顾,内化与外化兼收,工具性与人文性兼得。

方法唯有在总结与练习中才能得以巩固。因此在理解了字里行间所承载的"外祖父"的情和意、领会了作者写作上的层层深入、借物喻人和托物言志的写法之后,我又引领学生拓展阅读《松树的品格》一文,引导学生在阅读的基础上交流松树的精神,在这样的拓展阅读中再结合《梅花魂》借物喻人的写法进行指导、巩固,而后让学生仿照《梅花魂》的方法,写一段"松树魂",将所学方法加以运用。

阅读理解的概念并不仅仅局限于对课文内容和情感的理解,我们在重视对文本的言语体验和审美体验的同时,还要注重语言形式的表达和写法的指导,这才是学生课堂"习得"的呈现,是阅读理解的学以致用,是课堂生命的延续。

作为语文教师,树立"课文本位"的意识,能动、创造性地使用教材,以人文本,透过课文的教学,引领学生沉浸在阅读之中,唤醒学生的读书体验和生活体验,将课文与学生的生活实际紧密相连,使学生能够在对教材文本有创造性的感悟和理解以及体会其中蕴藏内涵的基础上,做到以点带面,丰富阅读,习得方法,学会运用,为学生语文素养的形成与提高奠定坚实的基础。

(作者单位:天津市北辰区实验小学)

浅谈小学阅读教学中学生审美能力的培养

董瑞丽

美育,也称为"审美教育",是培养学生健康的审美观,发展学生鉴赏美、创造美的能力,培养他们高尚情操和文明素养的教育。2001 年 7 月,教育部颁发了《全日制义务教育语文课程标准(实验稿)》,明确指出:"语文课程还应重视提高学生的品德修养和审美情趣,使他们逐步形成良好的个性和健全的人格,促进德、智、体、美和谐发展。"在语文课程的总目标中又说:"在语文学习过程中,培养爱国主义感情、社会主义道德品质,逐步形成积极的人生态度和正确的价值观,提高文化品位和审美情趣。"这就明确地肯定了语文教育的多重功能和综合性质,肯定了语文教育作为素质教育的一部分,同时肩负着美育的使命。但是,纵观现在的小学语文课堂,有少数语文教学忽视了对学生美的熏陶,忽视了通过文本对学生进行认识美、鉴赏美、创造美的能力的培养。如阅读教学中,教师把一篇篇文质兼美的课文肢解为孤立的字、词、句,课堂上纠缠于离开了课文整体背景的字、词训练,使学生不知所措。缺乏审美教育,就打动不了学生的心,激不起学生的学习兴趣,审美教育是语文教育的一个很重要的方面。因此,小学语文教学中,必须注重学生审美能力的培养。

一、以教材为依托,通过课程文本对学生进行美育教育

小学语文教材编选的课文,都是古今中外思想健康,文质兼美的作品,其中不乏名家名篇,这些作品里包含着丰富的美学内容,教师在深入文本、钻研教材中要善于挖掘蕴含在作品中的美学内容。在语文课堂教学中,教师应充分利用文本,启迪学生的审美思维,激发学生的审美激情,使学生受到美的熏陶、美的浸染,得到美的启示,从而进入美的境界;让学生在课堂学习中发现问题、探究问题、解决问题,享受豁然开朗的愉悦。

（一）在感情朗读中体验自然美

朗读是语文教学中至关重要的一个环节,教师应重视朗读,充分发挥朗读对理解课文内容、发挥语言陶冶情感的作用。通过朗读使学生体会语言文字的韵律美,同时把语言文字化作鲜明的视觉形象在学生面前再现,唤起学生的想象,让学生与作者、与文章产生共鸣,激发学生情感中真、善、美的因素,情感得到美的感召和升华。

《桂林山水》是一篇写景抒情文章,课文紧紧抓住了桂林山水的各个特点,配以优美、简练、生动、传神的语言,生动形象地展现了桂林山水的美景,赞美了祖国的锦绣河山,表达了作者对祖国山水的热爱之情。

为了让学生感悟到大自然的美好,我注重了朗读指导,让学生在朗读中感悟体会。

第二自然段漓江的水。在作者的妙笔之下,漓江的水与波澜壮阔的大海、水平如镜的西湖形成了鲜明的对比,突现它独特的美:"静""清""绿"。作者荡舟漓江后,情感的流露,视觉的与众不同,写法上的温婉细腻,使每一位读者都置身美景之中,陶醉美景之中。而欣赏美景的同时,那一串串文字又仿佛是灵动的音符,为读者奏响漓江水优美的乐章。我让学生抓住了"波澜壮阔""水平如镜"等词语,这是一组对比,读的时候语气的对比要突出,"这样"需要重读,引出下文。"静""清""绿"是强调,呼应上面的"这样"。对于漓江的赞美,读时用舒缓的语气,经过朗读的指导,学生似乎随着作者走入了那连绵不断的画面,感叹大自然的美好,感受美的熏陶。

（二）在品词析句中感悟人性美

在阅读教学中,引导学生品味字词的妙用和语句的含义,让学生在加深对课文理解的基础上,培养学生鉴赏美的能力。

如在讲授《地震中的父与子》时,要求学生找一找文中描写父子的哪些句子令你感动?用笔画下来,说说感受,如:从"他挖了8小时,12小时,24小时,36小时,没人再来阻挡他。他满脸灰尘,双眼布满血丝,衣服破烂不堪,到处都是血迹。"这句中通过"挖"及想象其他动作词,更深一层的感悟父亲的劳累,和伟大的父爱。在感受父亲的伟大时,我还利用对比时间的方式让学生感悟父亲挖的时间的漫长,从中体会到父亲挖的决心。从外貌的描写中,抓住"满脸灰尘""布满""破烂不堪"等词语,感受父亲的疲惫与辛苦。

再如,感受儿子的了不起:抓两个句子,其一是儿子和父亲的第一次对话,"我告诉同学们不要害怕,说只要我爸爸活着就一定会来救我,也能救大家。因为你说过,你总会和我在一起!"这句话抓住了"一定""总会"等词语,了解他对父爱的坚信不疑,展现出儿子勇敢的一面。其二是第二次对话"不!爸爸。先让我的同学出去吧!我知道你会跟我在一起,不怕。不论发生了什么,我知道你总会跟我在一起。"儿子让其他同学先出来的画面,抓住"让"字,感悟儿子是一个舍己为人的孩子。这些都源于一句话"不论发生什么,我总会跟你在一起!"这句话是连接父子感情的一个基点。让学生体会到阿曼达的无私,先人后己,在灾难面前镇定、从容的品质。感悟到人与人之间先人后己、无私无畏的人性美。

(三)在创设情境中感悟精神美

我们教育的对象——小学生,他们受知识及生活阅历的局限,对事物的认识是肤浅的,对美的鉴赏力不高。因此,教师除了要鼓励他们展开大胆、合理的想象外,还要为他们创设情境,充分挖掘教材本身的特点,凭借熟悉的有关情景让学生展开想象。根据事物的发展,让学生进行推理想象,联系生活实际,让学生合理想象,不断体味文章所表达的美的意境,培养学生的审美意识与审美能力。

如在讲授《狼牙山五壮士》时,老师先指名读课文:初读想象五壮士的形象。接着通过对影片中"顶峰歼敌"一节的回顾,为他们创设情境,体会五壮士与敌人作战到底的目的,是为了部队和人民,更是为了祖国。所以,学生对五壮士产生无比崇敬的真情实感,自然而然地流露出来了。在学生形象感受语言文字的基础上进行朗读训练,使学生置身文章所描述的情境之中,并把真情实感表达出来。在讲"顶峰歼敌"时,演示五壮士在顶峰用石头砸向敌人的壮烈场面,让学生像五壮士一样"进入阵地",学生深深被五壮顽强的英雄气概和高度的革命责任感所感染。为了突破五壮士为什么要跳崖这个难点,通过教师泛读和观看五壮士英勇跳崖的片段,在具体的情境中,学生理解五壮士完成任务后的喜悦和对祖国无限依恋,对人民无限热爱之情,体会他们视死如归的英雄气概,感悟到革命战士的精神美、思想美,更加清楚地了解今天幸福生活来之不易,更加热爱我们的祖国。

二、拓展课外阅读资源,培养学生审美能力

通过新的教改要求、新的形势、新的教材、新的任务建立起新的思维方式,完成思维方式更新,就需要有新的办法和思路。采用课内外阅读相结合,通过语文实践活动提高小学生的审美能力。在阅读教学中重视课外延伸,以一篇带多篇,鼓励孩子们阅读大量的书籍,在教师的帮助下,将文本归类,不同的文章有不同的赏析方法,通过课内阅读、课外拓展等语文实践活动,帮助学生提高审美情趣。

教学中,我注重采用课内外阅读相结合的学习方法,通过开展语文实践活动,引导学生爱读书的习惯,由课内延伸到课外,教会学生从文本中发现美、欣赏美,同时探索出提高小学生审美能力的途径与方法。创建有效地提高学生审美能力的方法,通过开展语文实践活动,让学生养成良好的读书习惯,从文本中感悟自然美、人性美和精神美,受到美的熏陶,切实提高学生的审美能力。

如在教《触摸春天》一课后,我们进行了拓展阅读。让学生阅读《爱的声音》和《我看见了大海》两篇文章。《触摸春天》告诉我们谁都有热爱生活的权利,通过"拓展阅读"可以将学生已经获得的感受延伸开来,使他们获得对生命的多方面的认识,从而更加珍惜生命,热爱生命。此外,还进行了拓展习作,写一写身边关于生命的故事,把自己的感悟写出来。通过对课内、课外的整合,学生写出了许多令人感动的故事。如有的学生从残奥会上感悟到了残疾人坚韧不拔的精神;从小草的"野火烧不尽,春风吹又生"中感悟到生命力的顽强。同时,学生还结合自己的生活实际谈了许多如何改变自己。让自己活得更有价值、更

有意义的想法。有的学生说:"以前我遇到什么事都先想到自己,总抱怨爸爸、妈妈偏向别人,现在我知道了,只有不断地去帮助别人,生活才更有意义。"有的学生说:"我以前总是怕遇到困难,现在我知道了,残疾人比我困难多了,我遇到的困难简直不值一提,我再也不会惧怕了,我会迎难而上。"……通过拓展训练,学生更加热爱生命,懂得了什么是"美",什么是"丑",提高了学生的审美能力。

我们还组织开展"好书伴成长,书海尽徜徉"系列读书活动,我们以班级为单位开展活动。根据学生的知识基础、认知水平、年龄和心理特点,以及课文单元主题,不定期地向学生推荐适合阅读的课外读物,让学生在课外读物中提高审美能力,受到美的熏陶。

总之,在阅读教学中,抓住审美教育这一课题,从多方面、多角度有效地培养学生的审美素养。使学生在审美活动中阅读和理解文章,在文、情、理的交融中接受知识、发展语言,从而升华美的情感,培育美的想象,激发美的创造,最终使学生在语文学习中获得精神愉悦、个性化的审美体验,培养学生倾听欣赏能力、发现问题的能力,帮助学生形成正确的人生观、价值观,全面提高学生的语文素养。

(作者单位:天津市北辰区实验小学)

优化语文课程知识，培养学生语文素养

赵顺廷

　　语文课程知识是实现语义课程目标的载体，只有明确系统的语文课程知识，并以此指导教材编制和教学实施，才能达到语文课程目标的要求。以语言学知识为主体，附带部分文章学知识和文学常识建立起来的语文知识体系，由于缺少语用原则、文化视角，也缺少形而上的关照。这种不从语文出发，而从语言出发的知识体系建构必然造成各类知识之间缺乏内在联系，不可能是系统的，更不可能是完整的。语文课程知识状况不佳，主要表现在：一是课程知识与课程目标不一致。由于受过去狭隘的语文知识观影响，进入语文课程的是一些静态的、客观的陈述性的知识，即"字、词、句、篇、语、修、逻、常"这八个方面。由于这些语言学方面的知识外在于学生的言语实践活动，对学生语文能力的形成缺乏实际的指导意义，所以这类知识不能成为语文课程知识主体。二是课程知识数量不少但内容空洞。新课标提出阅读教学要培养学生感受、理解、欣赏和评价能力；写作教学要培养学生观察、思考、表现、评价能力。但对这些语文实践能力缺乏相应的程序性知识和策略性知识支撑，所以能力培养显得空洞。三是课程知识以教材选文相替代。由于语文课程知识不明确，也就是"教什么"不清楚，教师往往误将"选文"顶替课程，把"用教材教"变成了"教教材"。因为"选文"顶替了课程，才导致不良知识进入语文教学。

　　语文是实践性很强的课程，应着重培养学生的语文实践能力，而合意的能力要有适当的知识来构建。什么是适当的语文课程知识？什么样的知识才能进入语文课程呢？这就需要建立语文课程知识的选择标准。

　　斯宾塞在《教育论》中提出"什么知识最有价值"的著名命题，新课程背景下衡量语文知识价值的尺度，就是看这个知识对学生"语文素养的形成与发展"所尽的功能程度如何。能够进入语文课程的知识，应具备："台阶价值"，即语文知识教育，不是为了给学生灌输一套僵死的陈述性的语言知识，而是为他们提供能更好地理解、运用汉语言所必不可少的基础性储备;"迁移价值",即有价值的语文知识不能仅仅止于"知"的识记层面,还应具备进一步构筑和发展语文能力的迁移功能,呈现在动态的言语行为中;"生成价值",即知识应该是不断生成的、变化着的、意蕴丰富的。从课程层面优化语文知识,是解决语文课程"教什么"的问题,同时也是对"学什么"的规定,除了选择有价值的语文知识,还要剔除那些无用的语文知识。建构语文课程知识应遵循以下原则。

一、一致性原则

语文是实践性很强的课程,又是母语教育课程,培养语文能力的主要途径就是语言实践。"语言实践"可以理解为"语言运用实践",其理论基础应该是语用学知识。《语文课程标准》规定"语文课程应培育学生热爱祖国语文的思想感情,指导学生正确地理解和运用祖国语文,丰富语言的积累,培养语感,发展思维,使他们具有适应实际需要的识字写字能力、阅读能力、写作能力、口语交际能力。"语文课程目标将语文能力指向"实际需要",以什么样的"课程知识"为基础形成的语文能力,才是实际需要的。这就是语文课程知识选择的标准。

如作为阅读、写作的基本知识——段落知识的理论。20世纪20年代初期,人们在提倡白话文之后便开始把段落当作"大于句的完全意义的单位",并且指出"每段应有而且只有一个中心思想"(上海教育出版社:《陈望道语文论集》第97页)。这个"段",用陈望道先生的话说就是"另起一行,低两格写"的自然段(同上,第98页)。这就奠定了传统语文理论中的"篇是由段构成的,段是构成篇的基本单位""段与段之间意思要连贯"(张志公:《现代汉语》)的基础。将自然段落作为语义单位,在阅读教学中分析"段与段的关系";在写作教学中强调"一段一段写"的语文理论一直延续至今。

针对传统段落理论,孙有康先生提出"意位"理论。孙先生认为"意"的一个个顺序固定、不可减少、不可更移的位置,实际上就是作者思路一个个步骤的反映。作者总是以他思路的最小步骤作为组织句子的依据,我们把这些反映着作者思路最小步骤的书面语言形式叫作"意位",这就是刘勰在《文心雕龙·章句》中所说的"设情有宅,置言有位"的道理。孙有康的意位理论是对传统写作理论从根本上给予否定的认识,它为现代写作理论体系的完善砌下一块坚实的基石。以"意位"理论指导学生阅读、写作,对于摸清文脉、理清思路更具有实际的意义,更有利于理解和表达。

合意的能力要靠适当的知识来建构,新课程标准提出着重培养学生现代社会所需要的语文实践能力,这就需要重新构建语文知识体系,摒弃那些"偏、难、繁、旧"的语言学知识,引入一些恰当实用的言语学知识;减少那些静态客观的陈述性知识,增加一些听读说写的程序性知识和策略性知识,将阅读、写作最新的研究成果引入语文课程,使语文课程知识得到优化。

二、多元性原则

在适用的条件下,各种主张都有可靠的依据,教什么样的"语文知识"的多种答案,客观地要求多种形态的语文课程。"从知识类型上,语文学科应包括陈述性知识和程序性知识;从运用语言的能力目标出发,语文学科应包括语言学知识和言语学知识,即语用学知识;从语文与生活的密切联系,语文学习的外延与生活的外延相等的角度出发,语文应包括文学知识、听说读写知识、文化知识及各类知识"。语文课程知识形态的多样性和构成的多元性,要求教师在区分语言学知识与言语学知识、陈述性知识与程序性知识的同时,要注意不同知识之间的内在联系,将不同种类、不同形态的语文知识统一到语言实践活动之中,实现语文课程知识的显性化与程序化。

作为语文教学的难点——诗歌解读,我们往往采取翻译古文的方式解释诗句,结果错误百出,其主要原因就是解读方式不对。季广茂先生在《隐喻视野中的诗性传统》中,将隐喻定义为"在一种事物的暗示下谈论另一种事物(特性和情态),以彼类事物感知、体验、想象、理解此类事物的心理活动和精神活动。"严格地说,隐喻不只是一种言语修辞方式,更是一种感悟认知方式,它是通过彼类事物提供的模式认识此类事物。隐喻作为程序性知识,为诗歌解读提供了新的角度、新的方式、新的途径。

如陆游的《卜算子·咏梅》"驿外断桥边,寂寞开无主。已是黄昏独自愁,更著风和雨。无意苦争春,一任群芳妒。零落成泥碾作尘,只有香如故。"名为"咏梅",实为自喻,是典型的隐喻。因为隐喻是在彼事物暗示之下来感知、理解此事物,所以总是按写"人"的需要来描写"梅",以增强相似性。从梅花所处之地——驿外断桥边,寂寞开无主,偏僻荒寒人迹罕至,暗合人的处境孤寂冷落,无人赏识;从花开的时间环境——已是黄昏、更著风雨,暗示人的心境悲苦凄凉;"无意苦争春,一任群芳妒"看似花的心语,其实是人的表白,是诗人坚贞自守不与争宠邀媚、阿谀奉承之徒为伍的铮铮誓言。最后"零落成泥碾作尘"是花的遭遇,也是人的命运,面对风雨的摧残和不幸的处境,没有悲伤哀怨,而是把清香留给人间,表现出高洁无私的品格。由于是在诗人的境遇和品格的暗示下来咏梅,使花的特征完全合乎人的需要,在认识花的同时也理解了人,这就是隐喻在诗歌鉴赏中的作用。

用语言学的程序性知识、策略性知识指导听读说写活动,把语言学知识和言语学知识结合起来,有利于学生提高语文素养。

三、生产性原则

语文课程的内容更多地带上了生产的色彩,即使属于"选择"的,选择什么也较其他科目复杂得多,有更多的人为因素。在不同的学理背景,依据个人不同的体验,针对不同情形的学生,"语文知识"在特定形态语文课程的受纳或显现,可能也应该形成"条条大路通罗马"的局面。课程知识储于个人之外,要将课程知识变成学生个人知识,需要学生主动建构。学生能否建构、如何建构、建构是否顺利,与学生的缄默知识有关。缄默知识是指平时为我们所意识不到,却深刻影响我们行为的知识。缄默知识尽管从显性知识的角度来看是不完善、不清晰的,但是它们对学生的知识建构却有着基础性的作用。

在课程知识从人类知识向个人知识转化过程中,存在于学生头脑的缄默知识起着"导向"和"管理"作用。由于不同学生有着不同的缄默知识,所以每个学生都是以自己的方式建构图式,带有生产性的特点。即使是同一知识,在不同学生的头脑中,也会表现出不同的形态、不同的架构。

课程知识的优化要将知识的建构过程,从"暗中摸索"变成"明里探讨"。针对传统语文教学偏重个人的吟诵感悟,夏丏尊提出,现代的语文教学更要注重理性的方法。语文课程内容是"形式",而且应该是一个个的词句以及整篇的文字所体现的词法、句法、章法等"共同的法则"和"共同的样式"。在夏丏尊看来,语文教学(课程)就是"明里探讨",那些"共同的法则"和"共同的样式",而"选文",则主要是说明"共同的法则"和"共同的样式"的"例子"。课程知识理性化、主题化,并不是教给学生现成的法则、概念,也不是让学生记住法则和概念,而是要教师心中有法则,口中无术语。通过教师积极引导和学生主动建构,逐步理解把握概念、法则内涵,形成在理性知识指导下的思维方式和行为方式,进而将"导向"和"管理"言语行为的默会知识逐步变成显性知识。隐性知识显性化是优化语文课程知识的主要策略。

学生的语文学科素养要将语文课程内容作为载体,只有明确"教什么""学什么",学生才能在语文实践中形成能力。课程内容的主体是课程知识,只有优化语文课程知识,才能培养学生的语文素养。

(作者单位:天津市北辰区实验小学)

小学语文教学中朗读能力的培养

王洪伟

现代的语文教育,朗读是熏陶情感和对知识理解的重要环节,应该被视为一种能力。新课标中指生朗读的总要求是"能用普通话正确、流利、有感情地朗读"。对于不同学段的具体要求有一些细微差别。评价学生的朗读,可从语音、语调和感情等方面进行综合考察,还应注意考查对内容的理解和文体的把握。只有这几方面做到位,才能真正体现对学生朗读能力的培养。

一、训练学生"正确、流利、有感情地朗读"

(一)读得"正确"就要以必要的识字量和正确的普通话语音为基础

我们要准确、标准地使用普通话朗读文章,要从娃娃抓起。

在心理学方面关于儿童汉语阅读的研究中, 常常有将语文教育领域所认为的一些"识字"用来表现学生的阅读情况,如读字,或者是要求学生认读字,用它来组词,等等。此外,关于阅读能力与儿童汉字音、形、义相结合的研究发现,汉字的音形义的认识和理解对阅读水平有明显影响。这说明了识字,即在汉字的形、音、义,建立联系的过程中,对于阅读也有重要意义, 而以培养朗读能力为目标的朗读教学又是阅读教学的重要组成部分,对于大量地识、学,正确理解汉字音、形、义,对朗读有非常直接的影响。

(二)读"正确"即:正确地断句,不能读破句

这主要表现在停顿和气息问题的处理上。学生的口语经验已经使他们对句子结构和语句节奏等形成了一些感性知识。他们在逐字朗读的过程中既可以监控和调节对停顿等方面的处理,也可以借助听觉判断所读句子的结构。而后者是学生分析和理解书面语句

的必要环节,先前必须经由口语和听觉才能进行的语句分析和理解,为直接通过视觉信号加工而进行默读理解奠定了基础。在语文教学中总结发现,有个别学生在读书中会把文章的某一句话读错。分析原因,是因为他们没有很好地理解文本,没有读懂这句话。因此,我们的朗读训练必须在理解文本的基础上,否则,是读不正确的。我们语文老师必须要在学生把文章读正确的前提下,再去理解文本。朗读中的读正确便可以揭开序幕。

(三)流利地朗读是对朗读的速度和流畅性方面的要求

这涉及相关认知加工过程的速度、敏捷性,发音器官的动作控制,以及对所读材料的熟悉程度。"熟读成诵"可以算是这方面的一个经验依据。学生要读得流利,必须对所读的材料非常熟悉,而且能恰当地运用和控制呼吸及发音器官的活动。要达到对所读材料熟悉,一个必要的条件是对该材料有多次的感知和认知加工。照顾到学生的认知特点,简单地重复练习(多读几遍)非但难以取得明显效果,还会影响他们的读书兴趣。要使朗读达到流利的状态,读者就需要以多种方式来感知所读材料,包括分析其语言特点、围绕课文内容展开联想和想象、借助插图或其他形象化的资源辅助理解和记忆,以及以多种形式练习朗读等。读得流利应该符合我国传统语文教育关于读的基本要求,那就是"眼到、口到、心到",需要学生对自己的眼、口、耳、脑,进行协调配合。这与孩童那种"有口无心"式的唱读是有区别的。后者常常表现为能以比较快的速度和正确的读音"唱"出全文,但对自己在"唱"什么却缺乏必要的知觉和监控。甚至被打断后就不知道自己读到哪里了。

在实际教学中,教师通常会把"正确、流利、有感情地朗读"作为对学生每一次朗读活动的具体要求。特别是在有感情朗读方面,一些教师提出要兼顾课文内容感悟和运用朗读技巧来进行指导学生读书。

其一,引导学生联系已有生活经验,理解和体会特定角色或自己在特定情境下的思想感情,以及表达这些思想感情的可能方式,然后把相应的表达方式在朗读中表现出来。这主要表现为感悟式的朗读指导。例如在教学《祖父的园子》一课中,为了让学生读懂在园子里玩耍时那份"自由自在""无拘无束"。我让学生回忆自己曾有过的生活,寻找自己相似的童年场景,让他们带着自己那份生活,试图理解文章中作者的童年生活。此时,学生在感悟的基础上,联系自己的生活实际再读书,读得有滋有味,感觉就容易多了!

其二,引导学生感知、理解和运用有感情朗读的基本技能(技巧),如重音、停顿、速度、节拍、语气、语调,以及表情和肢体语言等。这方面比较注重泛读,还强调引导学生注意朗读范例对具体技巧的运用。例如,在进行古诗文教学中应该注意到这一点。《杨氏之子》一文正是采用这种读书技巧,学生根据老师提供的停顿和重音来读文章,不仅读得韵味十足,而且也能帮助学生理解文本,真是在读中感知,在读中理解。

二、让学生在读中"感知、领悟、体验、提高"

小学生的语言表达能力,应该从朗读训练抓起,尤其是小学中高年级的学生,朗读无疑是学习语文的金钥匙。需要正视的是,朗读训练是一个循序渐进的过程。应正视学生的差异,进行分层次、分阶段的练习,让学生在读中"感知、领悟、体验、提高"。我在教学实践中进行了长时间的摸索以及多方面的尝试,收到了良好的效果。

首先,把朗读训练分为"默读、阅读、朗读、诵读"四个阶段,然后明确每个阶段要达到不同的目的。所谓"四读法",即:一读,解决字词,概括文章主要内容和主旨;二读,梳理文章脉络,把握写作特点;三读,抓重点语句,体会含义;四读,仿、练、拓展。默读、感知,阅读、领悟,朗读、体验,诵读、提高,由浅入深、由点及面,指导学生体会作者感情,引起心中共鸣,达到提高朗读水平、阅读理解能力以及作文能力的目的。

(一)阅读中领悟

句子是构成篇的直接单位,往往能表达相对独立、具体的情感。教学中教师应把握句子的赏析,指导学生去领悟作者的独特情感。在这个阶段,可以组织学生讨论,弄清句子中有深刻含义。如《杨氏之子》一文,"未闻孔雀是夫子家禽"。孩子能够抓住姓氏和孔君平开玩笑,采用否定的方式婉转对答,既表现了应有的礼貌,又表达了"既然孔雀不是先生您家的鸟,杨梅岂是我家的果"这个含义,使孔君平无言以对。学生体会到这种感情,在接下来的朗读中,就会自然地感受到故事中人物语言的风趣机智。

(二)默读中品味

词是最小的语言单位,理解词语是理解全文的基础。指导学生在默读这个阶段品味词语的感情色彩,是朗读能力培养的基本和重要的途径。课堂上我指导学生在默读的时候,要注意同一个词在不同的句子中有着不同的含义。例如在《晏子使楚》一文:"淮南的柑橘,又大又甜。可是橘树一种到淮北,就只能结又苦又小的果实,还不是因为水土不同吗?同样的道理,齐国人在齐国能安居乐业,好好地劳动,一到楚国,就做起盗贼来了,也许是两国的水土不同吧。"要让学生理解两次"水土不同"的含义,体会晏子高超的既反驳强劲又不失礼节的语言艺术,培养了学生对语言文字丰富感情色彩的感知。

(三)诵读中提高

古人曾说:"知之不如好之,好之不如乐之。"如何才能使学生达到"乐之"的境界,不仅是朗读教学,对于其他学科来说也是一种需要不断探讨的问题。在课堂中我经常启发学生:"你就是这篇文章的作者,文中所写的每一个文字都是你亲身所见,内心所感。你要通过诵读把内心的感受传染给别人,这样的文章才有价值。"如《草原》一文,当学生读到"天底下,一碧千里,而并不茫茫。"和读到"汽车走了一百五十里,才到达目的地。一百五十里全是草原。再走一百五十里,也还是草原。"通过诵读,学生对草原的美丽、草原的宽广有了很深的理解。这些都来源于读文本。学生朗读水平必然会得到显著提高。再加上教师、同学及时肯定，学生必然会把朗读当作一种表达内心感受的方式，不仅是课文，久而久之，在读自己的作文时，也会流露出真情实感。这对学生来说是终身受益的。

通过多年的教学实践，我深刻体会到，让学生在"感知、领悟、体验"感情的基础上提高朗读水平，不仅有助于培养他们的口头表达能力，还有助于他们接受优秀作品的美好情感和高尚情操的陶冶，同时对他们的阅读理解能力和作文能力也有帮助。

三、朗读中体验

(一)泛读

品词、析句，是对语言的局部把握。要通过朗读把自己的理解表达出来。在这一阶段，要利用不同的训练方式来提高学生的朗读，如泛读、领读、分角色读等。泛读可以是教师读也可以是学生读。泛读的目的不是让学生模仿，而是听出自己对文章的理解，以引起学生的共鸣。如《秋天的雨》一课，在一开始，我利用配乐泛读的方式把自己对文章的理解读了出来，学生从我的朗读中听出了对秋雨的赞美，在自己读的时候，就不是简单的模仿，而是"情"与"文"结合。

(二)领读

需要正视的是学生的朗读水平是参差不齐的，让朗读水平较好的同学领读，就是让全班学生听出"正确、流利"的标准是什么，以此来自觉要求自己。

(三)分角色读

分角色读，对于对话较多的课文是必不可少的朗读手段。如《半截蜡烛》一文，文章中的人物个性鲜明，情节生动，对话丰富，是非常有利于分角色读的。可以五个同学为一组，在反复练习的基础上演出课本剧。对于学生来说这种分角色朗读，训练了学生对文中人物内心的理解，运用语言、神态、动作来表现人物的思想感情，在读中充分感受文本思想。

朗读训练是一种提高学生综合素质的重要手段，作为一名小学教师，我们应该加强对朗读训练的认识，由浅入深、由点及面，带动整体语文教学工作。

(作者单位：天津市北辰区实验小学)

在作文教学中张扬个性

周洪芳

学生是学习的主人,我们要充分发挥师生双方在教学中的主动性和创造性,培养学生的自信心,张扬个性,表现自我,适应未来人才的要求,提高全民素质。而作文教学是尤为重要的,因为作文能写出真情实感,又具有鲜明的个性。因此抓好作文教学,能更好地培养出鲜活的、有个性有思想的人。

一、营造宽松氛围,发现自我

宽松和谐的氛围是学生主动参与学习过程,自己体验成功的前提。人人都渴望成功,那些需要帮助的学生之所以不喜欢学习语文尤其是习作,是因为他们进行着"失败—没信心—更大失败—没兴趣—更没信心"的过程,这一恶性循环让学生信心全无。教育心理学研究表明:一个人只要体验一次成功的喜悦,就会激起无休止的意志和力量,因此教师不仅要善于激发学生心灵深处那种强烈的探求欲望,而且更要善于让学生在自主学习中获得成功的情感体验。一次作文课上,部分同学认为自己没有一个感兴趣的活动游戏,眼中也没有什么生活场面,为了激发学生兴趣,捕捉素材,这时我给他们创设了这样的宽松环境氛围:咱们来个模拟现场——拍卖会。任取一物,模拟拍卖会,小锤一响,同学们来了兴致。一声高似一声地竞买,"5元""7元""8元"……我也学着拍卖师的样子神采飞扬掀起了高潮:"8元一次!""8元两次!""那边先生9元一次!"……"成交!"同学们情绪激动,余味犹存。"这可是一个场面,看谁还能捕捉到什么信息。"经我这一提醒,学生立即活跃起来,发现了写作素材,抓住这一场面,拿起笔留下了这一瞬间。"我们生活中可写的有很多,老师觉得你们眼睛最亮,你们能行!"学生们有了成功的体验,爱上作文课了。事后想一想,是宽松的氛围令他们个个都聪明起来,发现了自我同时优化教育关系,升华了课堂,也发展了自己的个性。

二、在体验成功中再创造,展示自我

课标中说:"为学生的自由写作提供有利条件和广阔空间,减少对学生写作的束缚,鼓励自由表达和有创意地表达。"学生学习是一个有指导的再创造的过程,教师不应将学生只看成一张可以任意涂抹的白纸,他们会用自己的手画上五彩的图案,他们会创造。记得在一次课前故事演讲展示活动上,一个最不爱说话的学生讲了《龟兔赛跑》的故事,尽管这已是大家都熟悉的故事,同学们还是认真地听着,使劲地鼓着手掌,我也笑容满面,也许这个学生尝到了胜利的滋味,兴奋得整节课都很专心。于是我希望他们续编这个故事——《第二次龟兔赛跑》。教室里一下子安静下来,一阵沙沙声响起,他们那么投入,结果又是这个学生第一个举起了手。在讲台前,他认认真真地讲着续编的内容,不时加上动作神态,连滑板车也编进了故事,他向我们展示了现代的龟兔赛跑故事,揭示了新的道理,赋予了新意,其他同学更是跃跃欲试了。从他的一张小脸上,我知道了成功是什么。这个同学后来爱上了语文。我体会到这样的作文课不仅让学生饱尝喜悦,还让学生大胆尝试创造,展示了学生的个性风采。

三、在发散思维中,磨炼自我

引导学生发散思维,鼓励学生多角度思考问题,是创造自我的好方法。一次作文课,为了测试学生的选材空间,一上课我就在黑板上写了《礼物》,结果同学们一下子就想到了同学间送礼物,过生日送礼物,礼物怎么来的……我没有评论,只是笑笑,点点头说:"春风来了,我们看到了什么呢?""花、草、冰化了……"我引用了莫怀戚的《散步》中一句话:大块小块的新绿随意地铺着;树上的嫩芽也密了;田里冬水也咕咕地起着水泡。这一切都使我们想到了一样东西——生命。同学们笑了,纷纷举起了手:春风的礼物是小草、鲜花;春风送给我们温暖;春天送给我们美丽;春天送给我们生机勃勃的世界……这样的发散思维,一下子扩展了他们思维的空间,不再是看得见,摸得着的了。同学们从中领悟到了有形的可写,无形的也更精彩。以"变化"为话题,学生发散思维后,确定了多角度写作,这就是大多数小学生做不到的,如以"健身场地"为变化,反映区领导关心人民;以"去锻炼人多",反映人民对生活的热爱;以"健身器械的完好",反映人们素质提高等,真是出乎意料,对学生进行发散创造训练,开阔了思维,充实了头脑,磨砺了学生个性意志。

四、珍视学生的独特感受,表现自我

"个性"和"创新"是文章的真正价值所在。让我们在作文中大胆地用"我自由之笔写我"的自得之见,抒"我"的自然之情,显"我"的自在之趣吧!珍视学生的独特感受,就会找到真正的自我。

在一次作文课之前的课间休息时,学生们玩得可开心了,窗外阳光灿烂,操场上更是飞洋着笑声,于是我在作文课上写下了《嘿,真……》的半命题形式作文。学生们可来了劲头"真棒""真绝""真美""真爽"……每个人都有自己的独特感悟,我们也从"棒""绝""美"

"爽"中感受到了学生的体验。有个学生,平时动作总是很慢,他的题目是《嘿,真累》。他认为每天上学去得早,上课时又要练习那么多内容,每节课都有跟不上的,又累积到回家,一边玩一边写,本来动作就慢,当然他觉得自己累。老师们一直认为学生作为没有明显积极向上的主题就不算是什么中心,其实本文也是他真实的感受啊。我们不要一味地否定他,这时我尊重了他个人的体验,鼓励他抄好后我会把他当成范文,没想到从这回以后,这个学生不再烦写作,也不再喊累,反而兴趣浓了,他觉得有说不完的心里话,是自身的独特体验使他有了真情实感。教师要珍视学生的独特感受,表现自我是提高兴趣、扩大选材空间,写好作文的好招。当然对于有真情但太偏激的(文字),也应及时点拨,纠正思想。这样,自我特征会更鲜明地被表现出来。

五、在合作中,体现自我

合作学习改变了以往教师讲、学生听的注入式的教学方式,在作文教学中更应重视引导学生在自我修改、相互修改的过程中提高写作能力。我努力引导学生们具有真正的合作意识,同座先互批,然后小组评议,从大方面先说好的地方,再有要求地逐项训练修改内容的方法,然后把认为不错的作品全班讨论,评议使之更加完善。如学生在文中所写的个人感受是否明确,文从字顺,是否有与中心无关的语句,是否可以调整记叙顺序,以更多的内容充实文章,文中的开头结尾有无不当之处,感情抒发是否充实等,同学们从大家的评议中受益匪浅。在互评、组评中,取长补短,促进相互了解和合作,共同提高了写作水平。后来,我就试着围绕一个话题展开合作讨论。例如以"书"为话题,学生们先想一想,小组议一议,互相交流提醒一下,并做好个人认为有用的记录,可以从选材、主题等方面来学习,合作讨论后结果有:写书的作用、好处;写如何爱读书;品一本书,突出"品";写父亲是一本书,终生读不完;写历史是一部长卷等等,这样在合作中打开了学生的思路,同时充分激发了学生的主动意识,扩展了思维,体现了自我,同学们的信心更强了。

六、在反馈评价中,完善自我

同学们的习作会有不同形式的评价,教师的评价、学生的自我评价与学生间相互评价,在这些评价中,学生学会了取长补短,学会了继承和发扬,学会了倾听与表达。教师的鼓励,同学的称赞与信任,和谐的师生关系,使学生更具健全的人格,学生显得更有思想,显得更成熟,从而提高了自我,完善了自我。

总之,在当今时代中培养具有创新精神、合作意识和开放视野的现代化公民就要从教育做起,我们的作文教学正是这样。

(作者单位:天津市北辰区实验小学)

(此文曾获中国教育学会论文评比一等奖)

基于单元主题情境的整体教育模式对小学英语教学的促进作用

高欣欣

一、单元主题情境的依据

基于情感和认知活动相互作用的原理,创设语言情境。基于认知的直观原理,创设语言情境;基于思维科学的相似原理,创设语言情境。

(一)认知的直观原理

教育家夸美纽斯说:"一切认识都是从感官开始的。"知识学习的起点是从学生的感官开始的。在感性认识的基础上才能建立理性认识。所以,夸美纽斯主张教学应该建立在感觉的基础上。初中生的认知特点是偏向于感性认识的,一切有效的教学方法都是符合学生认知特点的方法。而情境教学法就是以学生的心理需求为基础,通过各种直观、形象的手段,丰富学生的直接经验和感性认识,为掌握知识和形成能力奠定坚实的基础。

(二)权威的情境理论

情境即在一定时间内各种情况的相对的或结合的情境,包括戏剧情境、规定情境、教学情境、社会情境、学习情境等。语境即语言环境,它包括语言因素,也包括非语言因素。上下文、时间、空间、情景、对象、话语前提等与语词使用有关的都是语境因素。从语境研究的历史现状来看,各门不同的学科以及不同的学术流派关于语境的定义及其基本内容并不完全相同。语境这一概念最早由波兰人类学家 B. Malinowski 在 1923 年提出来的。她区分出两类语境,一是"情景语境",一是"文化语境"。也可以说分为"语言性语境"和"非语言性语境"。因而,创设适宜的情境就显得尤为重要。

(三)脑科学原理

情境教学法也符合脑科学的原理。脑科学研究表明:人的大脑功能,左右两个半球既有分工又有合作。大脑左半球是掌管逻辑、理性和分析的思维,包括语言的活动;大脑右半球负责直觉、创造力和想象力,包括情感的活动。传统教学中,无论是教师的分析讲解,还是学生的单项练习,以至于机器的背诵,所调动的主要是逻辑的、无情感的大脑左半球的活动。而情境教学,往往是让学生先感知而后用语言表达,或边感受边促使内部语言的积极活动。感受时,掌管形象思维的大脑右半球兴奋;表达时,掌管抽象思维的大脑左半球兴奋。这样,大脑两半球交替兴奋、抑制或同时兴奋、协调工作,大大挖掘了大脑的潜在能量,学生可以在轻松愉快的气氛中学习。因此,情境教学可以获得比传统教学明显良好的教学效果。

(四)情感和认知活动相互作用的原理

情绪心理学研究表明:个体的情感对认知活动至少有动力、强化、调节三方面的功能。动力功能是指情感对认知活动的增力或减力的效能,即健康的、积极的情感对认知活动起积极的发动和促进作用,消极的不健康的情绪对认知活动起阻碍和抑制作用。情境教学法就是要在教学过程中引起学生积极的、健康的情感体验,直接提高学生对学习的积极性,使学习活动成为学生主动进行的、快乐的事情。情感对认知活动的增力效能,给我们解决目前小学生中普遍存在的学习动力不足的问题以新的启示。情感的调节功能是指情感对认知活动的组织或瓦解作用,即中等强度的、愉快的情绪有利于智力操作的组织和进行,而情绪过强和过弱以及情绪不佳则可能导致思维的混乱和记忆的困难。情境教学法要求创设的情境就是要使学生感到轻松愉快、心平气和、耳目一新,开展促进学生心理的活动并深入进行。课堂教学的实践中,也使人深深感到:欢快活泼的课堂气氛是取得优良教学效果的重要条件,学生情感高涨之时往往是知识内化和深化之时。

二、单元主题情境教学的内涵

所谓"单元主题情境"的英语教学,是基于一个单元完整、适切的语境,创设多个模拟现实生活的迷你情境、多维的迷你情境相互交织,使语言综合运用成为一种可能,从而实现多元目标。具体地说指的是教师根据所教的内容,创设一个教学单元主题,适当创设具有连贯性和内在逻辑性的语言情境,使基于单元主题的英语活动的主线变得清晰。单元主题情境教学有助于激发学生的学习兴趣,调动学生参与的热情,帮助学生实现内化所学语言,有序思维、有序表达,发展英语学科核心素养的初衷。

三、单元主题情境模式解析

单元主题情境的创设要基于教材、整合教材、重构教材,在此基础上,创设相关联的子情境,在子情境中借助 Phonics 学习词汇,在对话中习得语言,在阅读中提升语言。从

而达到深化主题,丰富语言的目的。单元主题情境教学四年级组织模式:

Recall:对话前——

Study:对话中——迷你情境2……xx语篇

Activate:对话后——迷你情境3……xx语篇

在情境中猜词悟义,在对话中理解表达,在阅读中思考沉淀(主题情境下关注多个迷你语境,语境中识词关注自然拼读,对话中交流关注话轮延展)从而实现情境递进、话轮延展、阅读提升及主题深化的有效多维目标。

接下来我将对英语四年级上册的第四五六单元的情境进行梳理,介绍单元主题情境的创设。

精通英语四年级上册Unit 4			
单元教学目标	核心内容	教学方法	语用任务
1.能够理解、说出以下句子:How's the weather today? It's --- today. 2.能够听说认读单词:snowy, 听说读写: fine, nice, warm, cool, hot, cold, sunny, cloudy, windy, rainy.要求学生能够初步运用这些词交流,并能在实际生活中进行简单的日常交流。 3.能够在真实语境中,初步运用描述天气状况的语言;根据实际情况,引导学生初步学习表示建议命令的语句,如:Shall we ---? /Let's ---./Can have---?/ Put on---. 4.能够学会基本的自主学习方法,运用本单元的语言做力所能及的事情。 5.能够积极主动学习本单元的新语言项目,并能够有效地配合伙伴完成小组任务。	1. 表示天气地单词:fine, nice, warm, cool, hot, cold, sunny, cloudy, windy, rainy, snowy. 核心语句: How's the weather today? It's --- today. Shall we ---? / Let's ---./Can have---?/ Put on---.	Look and talk. Read think and write.	能借助图片或语言情境表达天气、服饰及出行计划。 语篇内容为示范,语用任务为载体引领学生,根据学生实际情况创设情境,单元主题情境设计使相互关联的课时建立了语义上的联系和递进。

图 1   精通英语四年级上册 Unit 4

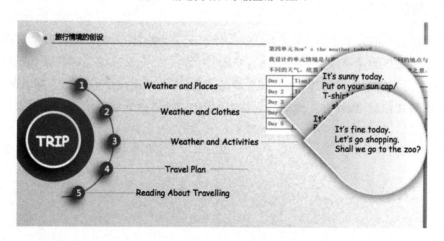

图 2   旅行情境的创设

五单元创设光头强要创业开服装店的情境,从前期准备到开业特卖,在整个情境中习得语言。第25课,星期六的早上,光头强准备去参加小红的生日聚会,光头强早上起来,找不到他的 T 恤衫和棒球帽了,让我们一起帮助他找找吧:"Where is theT-shirt/cap/hat? It's over there. "找到 T 恤衫和棒球帽之后,我们再给光头强打扮一番吧! Put on your cap.

第 26 课,光头强去参加小红的生日聚会,为小红准备了神秘的生日礼物,在生日聚会上, 语言的学习变成了自然的表达。"What's in the box? Open it and see. Oh,it's a dress. And a hat. "参加完小红的生日聚会,光头强的服装店开业了,店里迎来了很多顾客,在此过程中,学生能够感知语言。

六单元蓝精灵邀请大家去精灵王国参观动物园,这里有各式各样的动物,还有一面魔镜,能让你变成你想要的形象。蓝精灵带着大家来到了大象之家,看到了体型庞大的大象,在此情境中学习语言"Look at Wow! It's so big. "并且描述大象的外貌特征。之后又来到了兔子王国和孙悟空的花果山,大家一起来通过动物的外貌描述猜测地点。

下面我用一个课例来说明一下情境教学法是如何在中段课堂中运用的。本课例选自精通英语四年级上册第 20 课。

Warm up 我通过一首活泼的歌曲 How's the weather?来唤醒学生的旧知,并且将学生们带入一个关于天气的主题情境。

Presentation 我设计了一个旅游的情境,并且在旅游中如何选择目的地,如何关注天气。Travel around the world 邀请同学们和老师来环游世界,并在情境中习得语言。利用 phonics 在英语教学中的运用来练习字母组合的发音。

Practice 我通过设置挑战闯关游戏,来激发学生学习热情和挑战的信心。

Production 带领同学们去参观动物园,在此情景中表演对话,畅所欲言。

Homework 作业延伸到生活中去,与父母一起去动物园。

四、总结

在情境教学的课堂中,你可以看见学生神采奕奕的眼神,听到学生跃跃欲试的表达,感受到学生思想的灵动。这不就是我们期盼的主动学习,充满思想光辉的课堂吗?坚持走下去,你会看到情境散发的独特魅力;坚持走下去,你会发现孩子们爱上了英语课堂! 当孩子们围绕在你身边,告诉你他们的点滴进步的时候,你会更加有信心地走下去!

(作者单位:天津市北辰区实验小学)

借助蓝思阅读测评体系
提高英语阅读能力的途径

郭　艳

"阅读能力"泛指阅读所需的能力,其内涵取决于不同的研究视角对阅读的理解。阅读既是读者处理文本信息,积极主动与文本互动的心理语言学过程,也是受到各种因素影响的社会语言学过程。人们对阅读理解一直要求不断地发展和变化。我们可以从解码能力和理解能力两方面来理解"阅读能力"。因此,多年来,与阅读能力相关的研究主要围绕解码能力(如音素意识、拼读能力、阅读流畅度等)和阅读理解能力(如阅读技巧和策略、语言知识等)展开。

蓝思阅读测评体系从读物难度和读者阅读能力两个维度进行测评,使用的是同一个度量标尺,因此学生可以根据自己的阅读能力,轻松地选择适合自己的读物。通过一段时间的阅读,可以根据数据来检测学生的阅读水平并结合阅读方法和策略的指导,提升学生的阅读能力。

基于学生的阅读水平不高的现象,面对枯燥的文章,学生没有兴趣,也不愿意去读。无论是课内提高还是课外提高,学生的积极主动性都没有被调动。结合蓝思阅读测评系统,是一个好的途径。

一、蓝思测评系统的优点

(一)蓝思阅读测评体系让学生养成自觉阅读的习惯

让每个学生能在每个不同阶段看到自己的提升,同时感受到阅读的快乐。

(二)结合蓝思阅读测评体系提升学生的阅读能力

学生通过阅读,掌握了阅读技巧与方法,了解到中英文化的差异,并促进了表达能力,做到听说读写共同发展。

(三)在阅读中促进对学生思维的培养

通过英文故事的阅读,让学生在情境中感受外国文化与中国文化的差异和学习精华,结合自己国家的文化,培养思维的独立性、敏捷性和广阔性。

二、借助蓝思测评体系提高学生的阅读能力

(一)首先进行阅读前的测评,了解自己的阅读水平,让学生选择适合自己的英文原版绘本进行阅读,增强阅读的兴趣

只有阅读难度适合的书籍才会提高阅读兴趣,稳步提升阅读水平。蓝思阅读测评体系从读物难度和读者阅读能力两个维度进行测评,使用的是同一个度量标尺,因此学生可以根据自己的阅读能力,轻松地选择适合自己的读物。

(二)学校固定时间在机房进行阅读,保证阅读时间和阅读量

要想让学生养成阅读的习惯,必须让学生爱上阅读,消除初期的为难情绪。所以在校规定时间内阅读是最好的方式。在教师的指导下进行阅读,让学生阅读效率更高,学生们还可以互相学习,彼此交流。

(三)在家用课余时间进行阅读,用微信群进行交流和疑难解答保证阅读时间

在校时间有限,阅读需要坚持不懈,所以回家线上阅读是很有必要的,教师如何监督,如何帮助学生和家长解决阅读中的问题?利用微信群交流是个很好的方式。定时利用微信群汇报阅读情况,帮助学生随时解决问题,为家长解决后顾之忧。

(四)在学校图书馆进行原版绘本书的阅读,线上阅读和线下阅读相结合的方式,提高阅读兴趣,转变阅读方式

利用学校的绘本书进行纸质书的阅读同样可以提高阅读水平,利用学校的读书课时间,让学生在图书馆阅读,创造浓厚的读书氛围,比利用试卷阅读效果要好得多。

(五)举办丰富多彩的活动,来检验学生的阅读成果,交流阅读过程,家校合作,提高阅读能力

(六)定期举办交流活动,进行总结与交流

在阅读期间,每个月制订阅读计划,通过教研,给予学生有针对性的指导。

三、活动方式与反馈办法

(一)阅读初期,采用填写阅读记录单,在单词银行里积累单词

单纯让学生背单词,学生会非常反感,换一种方式,让学生自己绘制单词卡片,给单词配上图而不是中文意思,学生会感兴趣得多。这种方法在各个年级都进行了实践,效果良好。

(二)阅读中期,举办与兄弟学校的共同交流

邀请家长共同参与,并交流孩子阅读后的进步,学生通过丰富的表演类节目展示自己的积累成果。结合学校的学科实践活动,学校的英语艺术节,让学生在自己的舞台上提升、锻炼自己。家长们看着孩子们的进步会更加积极配合老师布置的阅读内容。在与兄弟学校进行活动展示时,学生会更加对自己有信心,大胆表达,增强语感。

(三)在阅读的中后期,鼓励孩子自己写出一些小的英文练笔,制作英语手抄

以读促写是英语阅读的另一个目标,表达才是英语学习的最终目标。在制作手抄报与绘本书的过程中,不仅对阅读技巧进行指导,就连绘制的细节包括颜色的搭配,怎样设计更加美观,都进行指导,因为学生的学习是全方位的。看着学生手中一张张精美的手抄板,那些不仅是学习成果的展示,更是学习过程的点滴积累。

(四)阅读后期,学生尝试制作自己的绘本书

在阅读之后,创编小故事,续写小故事,改编绘本故事等,通过这些活动,极大地增加了学生的阅读兴趣,让学生在不知不觉中增长了阅读技能,还利用蓝思阅读系统直接检测出了阅读能力的增长情况,得到了家长的认可和好评,省去教师组织检测这个环节,节约了时间,科学客观地进行评定。

我班的赵若童同学在一个学期的阅读过程中蓝思值增长了232,阅读水平显著提高,同时英语成绩也得到了提高。

(五)教学相长

在学生提升阅读水平的同时,教师对于自己的教学能力也是一个提升。课堂就是验证教师成长的地方,在辅导学生阅读的过程中,教师自己的教学水平也有了显著提高。我也体验到了自己的进步,感受到学生在阅读提升过程中的进步。

四、阅读中的困难及解决办法

在阅读过程中,也遇到了各种问题,但是我积极想办法去解决,不断调整阅读计划,最大限度地去满足学生与家长的阅读需求,提升学生的阅读水平。

1. 有的学生在阅读初期有为难情绪,阅读过程中遇到生词就要查字典,阅读时间较长,耽误了时间。

解决办法:告诉孩子阅读绘本是整体感知,不必逐字逐句去解释,这样节省时间,还能保证阅读量。

2. 在阅读时,中文式思维比较严重,不能按照原版英文绘本思维去阅读。

解决办法:英文绘本的阅读,从封皮开始看起,包括作者、绘画作者,绘本书中的图形形状、颜色等,都是阅读的内容,要培养学生的阅读思维的品质,这才是阅读的重点。

3. 学生在阅读初期,在蓝思阅读值增长速度较慢时,有的家长觉得进步较慢,耽误学习时间。

解决办法:对家长进行耐心指导,英语阅读水平不是一朝一夕的事情,要循序渐进,慢慢积累,家长了解阅读的好处,渐渐配合,坚持阅读。

五、学生的成长

依托蓝思阅读测评体系学生养成了自觉阅读的习惯,并在每个不同阶段让学生看到了自己的提升,同时感受到了阅读的快乐。学生提升了阅读能力,掌握了一定的阅读技巧与方法,了解到中英文化的差异,促进了表达能力,做到听说读写共同发展。学生们在学校英语节的舞台上表演了英文原版书目《小公主》课本剧,得到了同学和家长的认可,同学们那生动的语言便是阅读能力提升的最好表现。

阅读能力提升的表现之一就是书写表达,学生通过读书,可以改写或是续写绘本中的故事,并在校刊上发表:

学生发表在校刊上的作文

Teddy Bear

六年4班 鲍小琳

I like teddy bears. I have many teddy bears,They are big teddy bears,small teddy bears,lovely teddy bears,Angry teddy bears,new teddy bears and old teddy bears.

On weekends and I take out them from the box . I play with them for five minutes. I like teddy bears very much.

推荐教师:郭艳

推荐理由:用丰富的形容词描绘自己喜欢的玩具,运用得非常恰当。

My Name

六年4班 陈思萌

I am a boy. I am in Grade 5. I am twelve years old. My name is Chen Simeng. Do you know what it means?

"Si"means think and miss,"Meng" means Nei Meng Guo,it is my father's hometown.

My father and mother want me remember the hometown. My grandpa is "Chen Lao" My father is "Chen Xiao" and I am "Chen Xiao Xiao". What interesting names!

I also have an English name——Simon. My father gives me the name. I love my name.

推荐教师:郭艳

推荐理由:用别样的视角重新介绍自己的名字,把自己的名字和全家的名字用不一样的方式介绍给大家。

The Lost Cap

六年 4 班 诸葛梦情

I couldn't find my cap.

Where is my cap?

That's my favourite cap.

It is not in the bed.

It is not on the chair.

Where is my favourite cap?

Oh! It is on my head!

推荐教师:郭艳

推荐理由:通过阅读,把学过的介词运用在自己的小诗中,简单明了,表达准确,是一首押韵的小诗。

以上这些内容都是学生通过阅读进行的改写、续写或是原创小故事。

英语阅读并不是枯燥无味的,也可以是丰富多彩、多种多样的。学生表达能力的提升是阅读水平增长的最好体现。通过阅读展示自己最优秀的一面,同时让学生有了展示自己的空间与舞台。在今后的教学中,家校共同努力,提高学生的阅读能力,学会更好地用英语表达。只要持之以恒,每个学生都会有进步。

(作者单位:天津市北辰区实验小学)

浅谈运用"口语100网络学习空间"提高学生听说表演和自主学习能力

霍丽莉

一、激发学生兴趣,调动学生的主动性

英语教学是一种语言教学,学起来往往比较枯燥。同时,《新英语课程标准》也告诉我们小学英语的主要目标是激发学生对语言学习的浓厚兴趣和敏感性,使他们形成良好的语音、语调,发展语言的基本技能;并指出应利用网络、多媒体等技术来创设良好的英语学习环境。因此,对于如何充分有效地运用"口语100网络学习空间",提高小学中段学生听说表演能力,我进行了一系列研究。实践证明:在小学英语教学中以"口语100网络学习空间"为工具,以活动为载体,以语言交际为主线的教学模式,对促进学生主动学习、个性发展、提高语言综合运用能力等方面具有深远意义。

多媒体教学应用与教改创新相结合,是一种新型思维能力的训练,一种先进、超前意识的强化,从而使多媒体的教学应用更有创造性,更有实用价值。教与学的关系更为密切融洽。多媒体课件"口语100网络学习空间"中模仿练习,智能串烧,能使课件更具真实感和感染力,有利于激发学生学习兴趣,调动学生自主学习的积极性。

二、多媒体课件可促进学习主观能动性和个性的发展

传统教材都是以线性方式组织教学信息,而多媒体英语教学软件往往以超媒体结构方式组织教学信息,它把多个知识点(其载体可以是文字、图形、图像、声音或它们的组合)称为一个"节点",从一个节点指向其他节点的指针称为"链",由节点和链组成非线性网状结构,每个节点都有若干指向其他节点或从其他节点指向它的指针,学习者可以从任何节点进入学习过程。例如英语课教学的多媒体软件,可向学生提供:1. 课文情景再现(其中包括生动的配景画面);2. 课文译文;3. 课文朗读及单词带读;4. 课文重难点分

析讲解；5. 语法知识讲解；6. 练习题库；7. 各类与学习相关的知识竞赛或生动有趣的游戏设置；8. 听、说、读写的各式强化训练等多种学习途径。学习时可根据教师的要求或学习的不同层次，向学生提供不同进度、不同方式的学习。

在英语教学中运用多媒体，可创设声、光、色、图俱佳的交互式教学环境，使学生们感到新鲜、产生兴趣和求知欲望。宽松、自主的学习氛围，可促进学习主观能动性和个性的发展。

三、结合信息技术，创建单元主题情境英语教学模式

所谓"单元主题情境式"英语教学，指的是教师根据所教的内容，创设一个教学单元主题，适当加入具有故事性的内容或情节，使英语活动的主线变得清晰，伴有情节和内容。学生在真实的语言情境或模拟的情境中能更好地组织思维，理解具体情境中所传递的信息和语言材料，从而积极地表述自己的观点。这样有助于激发学生的学习兴趣，活跃课堂气氛，调动全体学生积极参与的热情，从而达到内化所学语言知识，培养学生使用英语思维，提高学生综合运用英语的目的，进而形成一定的语感。

为了提高学生的听课效率，方便他们在课下进行复习，通过"口语 100 网络学习空间"，我在空间上给学生留听读作业，方便他们学习。事实证明，多媒体技术确实为我们的课堂带来了很大的变革。学生们的英语综合能力也得到较大的提升。

四、网络学习空间促单词听写能力的提高

"口语 100 网络学习空间"为学生创设出语言情境，提供一些贴近生活的、可操作的、让学生充分展示自我、互帮互助的平台。调动学生的主动性和积极性，从而激发和培养学生学习英语的兴趣，实现真正的英语素质教育，短时间内大幅度提高学生的英语能力。

为了激发学生记忆英语单词的兴趣和能力，提高学生在英语学习上的积极性，规范书写，提升英语教学质量。我校四年级英语举行第二届英语单词听写大赛。比赛分为两个阶段，初赛以百词大赛闭卷笔试的形式进行，学生在本班进行比赛，认真书写，然后每班评选出来 6 名选手参加年级组的"优学派"英语单词听写大赛。

为迎接这次比赛，同学们在英语老师的指导下积极准备，诵读单词、识记单词、默写单词、强化训练，暗中较劲，校园里形成了浓厚的学习英语氛围。活动提高了同学们的英语听力及正确拼写单词的能力，增强了学生记单词、学英语的兴趣，也是英语教学的一次创新实践。比赛现场竞争激烈，学生们沉着冷静，坦然应对挑战，充分发挥出自己的能力，赛出各自的风采。

通过此次活动，不但检测了同学们对英语单词的记忆能力和拼写能力，让大家充分认识到英语学习的重要性，体会到了付出与收获的喜悦。并且通过比赛，让同学们认识到自己学习上的不足，体会到在学习的道路上必须保持严谨的态度，尽管是一个英语单词，也要牢记在心。

五、激励发展的评价策略,让学生由阅读发展为"悦说"

学生对英语表演缺乏兴趣,产生厌倦的情绪,从而影响英语听说能力的发展,导致英语听说能力低下。究其原因之一,是以往的评价偏重于学生的终结性考试成绩,而忽视对学生阅读学习过程的评价激励。有效的评价应该是能促进学生主动学习的动力,而不是让学生感到评价是索然无味的学习压力。我们利用"口语100网络学习平台"把评价发展的意识贯穿于听说教与学的过程,以发展眼光看待学生的听说学习,不但要培养学生的英语听说兴趣,引发学生表演学习的动机,还要发展学生英语听说综合能力,从而真正实现学生听说表演能力的提高和跃进。发展性评价更关注学生的个性和谐发展,突出学生个性的健康持续发展,着力培养学生的创新意识和实践能力,让学生最大程度地接受评价结果,从而让评价的功能得到充分的发挥,有效地提高阅读能力和兴趣,即培养学生学英语、说英语、用英语的浓厚兴趣,提升对英语的语言感受、语音感受、语意感受、语言情感色彩的感受能力,为学生的终身学习奠定基础。

天津市小学生"英语朗读小达人"评选暨运用"口语100网络学习空间",提高小学中段学生听说表演能力的研究成果汇报,经过各班初步选拔,在两个年级700多人的基础上,选出了70多名选手,并在4月28日进行了展示。在比赛中,选手们各展风采,向师生们展示着前期经过精心准备的绘本小故事,参赛的小选手们个个从容自若,声情并茂,绘声绘色。他们用流畅的英语口语、生动活泼的表演、抑扬顿挫的语气,清晰地把一个个英语故事演绎得惟妙惟肖。同学们和评委们听得专心致志,看得目不转睛,不时报以阵阵热烈的掌声。经过两个多小时的激烈比赛和几名评委老师的共同评分,两个年级共有40多名选手因出色的表现脱颖而出,获得一等奖。

这次比赛活动,不仅丰富了学生的校园文化生活,更为学生提供了一个锻炼自我、展示自我、张扬个性的舞台。同时也推进了运用"口语100网络学习空间",提高小学中段学生听说表演能力的研究。体现了英语学习"从课堂中来,到生活中去"的良好效果。师生在这次活动中实现了学科目标和语言学习的渐进性和持续性,拓宽了学习渠道、拓展了国际视野,充分尊重学生认知发展规律及个体差异,切实将阅读与实践活动紧密结合,让学生们在实践中历练自我、发展自我、成就自我。

通过实践,我认为在小学英语教学中,运用多媒体"口语100网络学习空间",有利于突破教学中的难点、重点,调动了学生学习英语的积极性,提高了学生听说表演能力,培养了学生的交际能力、实际运用语言的能力和自主学习能力,以达到提高英语教学效果的目的。

(作者单位:天津市北辰区实验小学)

网络学习空间技术支持下的
小学高段英语教学评价的有效尝试

周凤菊

随着中国学生核心素养的颁布,更多的小学英语教师越来越意识到我们应该培养全面发展的人才,培养具有一定的文化基础、能够自主发展并且能够进行社会参与的综合型人才。这就促使我们教育工作者必须要对学生进行综合素质评价。通过评价者对学生德、智、体、美、劳等方面的素质评价,根据评价标准进行量化和非量化的测量过程,最终得出一个可靠的结论,作为对学生的综合评价,这也是对学生成长的客观评价。现在国内越来越多的人意识到小学英语评价制度的欠缺,在以往的评价中,我们过于注重对学科知识的评价,而忽视了学生的实践能力、创新精神、心理素质以及情感、态度和价值观等综合评价。

我们要培养学生的核心素养,而评价则是该过程中必不可少的一环。在现实的教学中,实施传统的评价方式要受到很多条件的约束与制约,使我们难以完成。以下是我们在教学中遇到的问题与困难:

1. 无法进行有针对性的评价。

2. 无法进行灵活的监控指导。

3. 无法进行及时的反馈评价。

4. 英语教师班量大,工作强度大。

这些问题长期以来都困扰着我们这些一线英语教师,我们常常感觉分身乏术、力不从心,心力交瘁,可效果往往是差强人意。

大约在三年前,我校引用了网络学习空间智能听说系统,这套网络学习空间平台对于学生综合能力的提升和英语学科素养的培养起到了良好的推动作用。针对以上这些日常教学问题,网络学习平台的多种功能为我们打破了很多传统的制约条件,从而找到了应对措施。

利用该网络学习空间,教师每天在手机上为所教的班级留下作业,学生利用放学后的时间自由朗读。学生每跟读一句话,系统都会对该生读的句子给出相应的分数,并用红色、蓝色、绿色等颜色标出错误形式,并给学生以正确的示范。同时安瑞(Anry)老师会带领学生完成一对一跟读、领读或智能模式的评定,之后系统进行公开地自动评比发榜。如今学生不必再为临时的发挥失误而遗憾了,面对自己的朗读成绩,学生们可以反复跟读,直到自己满意为止,这样极大地提高了他们的学习兴趣。家长们也不再为了孩子们的英语辅导问题而焦虑,更不用担心自己孩子的发音是否正确。英语老师们更是无比高兴,面对一个人要教几个班的工作量,再也不用担心无法逐个评价的问题。基于这套系统的一些功能,将我们长期以来只凭分数给学生分等级的传统评价形式做了大突破性的改进,不再以一张期末试卷来评定学生们一个学期的成绩。

以下是我校利用网络学习空间对各年级评价的具体内容:每学期的评价共分为五个部分:一、听力检测;二、演讲表达;三、期末成绩;四、朗读检测;五、活动参与。

一、听力评价

听力检测占总分的10%,主要考核学生一学期所学内容。在以前的听力测试中我们通常会找出统一的时间,统一答卷,统一阅卷,然后输表分析。一整套工作下来,需要花费大量的人力和时间。

利用智能听说平台,学生可以回家在规定日期内随时进行听考练习,答卷自动上传到学校的网络学习空间,自动评分、自动发布成绩,并记录结果,由教师选取最高分作为评价结果。平台中的即时反馈系统可以将客观内容、语音识别的作答资料汇入系统,系统会立即产生各种学习诊断分析图。例如:全班同学的正确率;谁错了,问题在哪,怎样解答;学生的注意力分析、听力试题分析、作答明细分析等,可为老师、学生、家长输出学习相关报告。对于这些图表,无论是教师还是家长都会用一种慎重的眼光来看待,因为图表上代表着对学生学习情况和学习习惯的综合评价,受到学生与家长的认可。

二、演讲表达评价

演讲表达占总成绩的15%。从前为了检测孩子们的口语表达能力,我们常常要求学校所有的英语老师,统一进班检测,这样一来,老师们走遍47个班级后会感到疲惫,而学生面对所有的老师也会感觉无比紧张。因为考核占用的时间比较长,因此平时的演讲检测只能在期末进行一次。而在使用了网络学习空间后,我们可以对学生每两周进行一次口语测试,包括要求学生根据一个命题说一分钟(或任意时间),然后上传录音,让老师打分。也可上传一张图片,看图说话然后上传录音打分。这样的题目系统会自动进行打分,学生可任意发挥。在此基础上还可以以班中小组合作的形式,自由选取系统内专用教室中的一些项目,例如"单词两分钟""我是小导演""影视配音"等内容,学生可以在家或在学校进行准备,然后利用课前5分钟演讲时间进行展示。平台下的专用教室是一个将智能语音技术与互联网整合在一起的多功能平台,不同的语言实验室可以让孩子们体验到更多乐趣,不知不觉提高自己在听说读写各方面的水平。一段时间下来,老师们都不约而同地认为学生们的口语水平有了显著提高,他们变得敢说、爱说。

三、试卷成绩评价

学期末成绩占总成绩的 50%。题库建设是北辰区每年必做的事情,而在建设过程中,老师们大都占用了许多班后的时间去查找材料,考试之后的各种分析更是让老师们感到疲惫,可是不分析又无法掌握学生的整体学习情况,而网络学习空间的区域教研平台,方便教师出试卷,并对学校各个年级安排统一的测试,在各年级测试完成后,自动汇总测试结果,分析各班的听说水平和教学情况。本系统减轻了教师以往出题、测试、判卷的负担,从客观的视角来对学生的学习水平进行观察、分析与整理,从分析统计图中有针对性地对学生英语水平进行评判,以便老师更好地调整各自的教学目标。

四、朗读检测评价

朗读检测占总成绩的 10%。在人为的朗读测试中,无论老师们怎样统一标准、统一尺度,总会有学生认为老师不公平或老师偏心某个学生。这样也给我们的工作带来了很大的困扰,而事实上我们确实无法对单词、短语、句子的朗读音准和语调的评价做到绝对统一,利用智能听说平台则很好地为我们解决了这个问题。除了综合常规参照和标准参照的能力,口语智能空间打分还结合多项因素,使得最终成绩合理。其方法如下:由所任班级教师指定同一篇文章,学生们在一周内随时阅读,由系统打分,教师取最高分为学生本学期的朗读测试成绩。这样学生是在一个学期综合朗读的基础上,再聚焦同一篇文章来朗读,取最高值,对学生的朗读评价也是较公平的一种方式。

在平时跟读作业中,学生们每天期待的不是教师的对钩,而是每次送出的郁金香,这样的花朵芳香弥漫,会在学生们的个人空间中永不删除。这样一来他们变得更加爱读乐读了,也敢于站在台前大胆表现自己了。与此同时,我们的学生还大胆创新,与教师合作完成微课制作。

五、活动参与评价

活动参与表现占总成绩的 15%。我们利用人机对话中的题型,包括朗读、问答、话题简述,以及这些题型的各种变形。比如话题简述包括看图说话、听提示说话、看文字说话。模仿朗读包括有领读声音模仿、看文字模仿等等。由学生和 Anry 老师交谈,一个学期超过 10 次为优秀,主要锻炼学生勇于和别人交谈的能力。再有我校的学生还要参加北辰区里每两年一度的英语课本剧比赛、天津市合唱比赛、学校每年一度的英语节、每学期两次的学科实践活动,根据他们在其中的表现,依次可以得到相应的评价。

在开展活动的各种场面中,我校的老师们会利用班中的微信群及时发给所在班级的家长,或是制作活动相册统一发给年级微信群,这种做法受到了家长的极大好评。

在这种评价方式的指导下,极大限度地改变了学生学的方式。学生在专注中玩,在专注中学。我校学生的主动性和互动性备受重视。学生无阻碍的互动在于高互动的环境。网络平台创造了这样的互动环境,提高了学生学习的主动性,为个性化学习提供了基础。与我们的传统评价方式相比较,网络学习空间也让我们的教学评价有了质的变革,那这种评价对于我们的课堂教学又带来了怎样的影响与改变呢?

在日常教学中,学生们通常利用平板电脑进行个性化的朗读练习,随后学生可以进行自评、互评,系统也会给出相应的分数,当孩子们将朗读结果上传到学习平台时,系统会当场制作串烧,然后向全班进行展示。在这个环节中主要体现了评价主体的多元化。教师在课堂中引导学生利用多媒体平台进行自评、互评。让学生们在评价中认识自我,提高学习的主动性和积极性。让学生之间相互促进,共同成长。

我们的老师利用线上资源拓展学生们的学用渠道。老师引导学生们在观看视频后进行讨论并完成自己的思维导图。教学环节的评价内容多维化。教师通过多媒体,利用听说评价提高学生听说的质量和欲望。利用读写评价促进学生书面表达能力的提升。在平时的课堂中,老师还利用口语表达评价,提高学生的语言输出能力。我们可以看出网络学习平台技术支持下的评价系统可以很好地培养学生们思维品质。

网络学习平台在改变着我校学生的学习方式,增强学生学习的主动性,也拓展了我校教师的评价方式。我校英语教师利用网络学习空间技术支持下进行的小学英语评价体系,突出评价主体的多元性,教师、学生、学校领导及家长充分利用网络平台优势参与学生的评价活动。它能对学生的学习情况进行多方位的评价,深化学生的学习,促进学生的发展,而在网络技术的支持下,使学生自评、学生互评、教师点评更加便捷。

其次,评价方式不仅多样还有趣味。传统的一次性终结考试评价方式容易使学生产生焦虑和厌烦的心理。有效利用网络学习空间,不仅可以丰富教学资源,而且使教学评价变得趣味化。我们通过模范录音、分组协作电影配音,分组对抗、个性化词汇串烧、模仿朗读比赛、听力测试等多种评价活动,激发学生参与活动的热情,同时也促进教师在课堂上可以及时地评价与反馈。

再有,凸显了我校英语学科评价内容的多维性与准确性。借助于网络学习平台的技术支持,学生们从听、说、读、写、演等多个维度都能够得到科学的评价,真正做到从语言知识到语言技能评价的改变。网络学习平台强大的数据记忆、分析与保存功能,可以让学生准确地了解自己的问题所在,更适应"以人为本,学生是学习的主人"的要求,同时也可以对学生实践能力、创新精神、心理素质以及情感、态度、习惯等综合素质进行评价。

我们一切评价都要以学生健康成长为核心。作为教师,我们不应该过分强调共性和一般趋势,而忽视学生个体差异。

网络学习平台技术支持下的小学英语教学评价是把双刃剑,只有高效合理利用才能充分作用。我们应该充分利用网络学习平台技术支持下的小学英语教学评价,拓展学生个性化学习空间的维度,提升师生间互动的质和量,使我们步入更便捷的教育教学工作方式,步入更开放的学习空间。

(作者单位:天津市北辰区实验小学)

如何进行高效音乐教学的探究

吕　娜

音乐教育工作者肩负着振兴音乐教育的使命。音乐作为一门塑造高尚灵魂的学科,不仅是智力的载体,更是情感的载体。我们要努力探索音乐教学的规律,高效教学,使学生成为建设祖国现代化的有用之才。

我在教学探索实践中逐渐体会到:要达到高效教学,教师就要努力做到以下几个方面:

1. 认真钻研教材,遵循新课标,深刻理解歌曲或乐曲的背景,理解其内涵。通过反复聆听掌握其欣赏的难点与重点,针对不同类型的歌曲做好教案,这样给学生讲课才会得心应手。

2. 教师一定不能把音乐课上成政治课,应该让"乐、情"始终贯穿于音乐的课堂。欣赏歌曲或乐曲时,教师应通过形体语言加以展示,要注意到自己的每一次表现都应具有音乐性,围绕中心展开行为描述,让学生更快更好地领会教师的教学思路与教学理念。

3. 根据制定的目标设计教学活动。其活动可以是多种形式的,包括听、动作、歌唱、演奏、表演甚至创作。通过教师一个人讲的传统方法是不能适应学生时代进步的要求,不断地为课堂增添活力与色彩是教学方式转变的最佳方法。教师应当活用各种形式,引导学生体验音乐。

4. 课上要以音乐和学生为主体。教师应该尽量少说话,只做简要提示,引导学生自主进行探索、想象。充分引导学生发散思维,立足课题中心,扩展学生思路,采用既领会主题含义,又能摆脱固定思路的方式,提高思考与创造能力。

教师在课堂上起引领的作用,那么教师应怎样引领学生上好音乐课,从而达到高效教学的目的呢?学生的兴趣是很关键的,教师单纯地让学生重复聆听或演唱歌曲,讲一些枯燥的乐理知识,这样都很难提高他们的兴趣。我们可以这样做:

一、采用多种方式增添教学活力

(一)创设愉快的教学情境

创设愉快的教学情境是推动学生积极学习的先决条件。寓情于景地表述音乐是增加学生兴趣与主动性的前提,枯燥的音乐不仅没有一个良好的"接收方式",在教师教学的过程中也会产生乏味性。而且布景是首要,教师的思路引领也很重要,开篇点题,开始就采用语言动作或课件引领学生思路进入情境,发挥其积极作用。如在学习演唱《小小摇篮曲》时可以把教室贴满星星就像夜空一样,这样的情境就可以激发他们的学习兴趣,在学习演唱歌曲时就容易多了。

(二)运用多媒体课件、接触实物渲染课堂教学

运用多媒体课件、实物展示和实物演奏的形式,充分调动学生的学习兴趣和积极性。在听音乐的同时加入实物的展示,使学生在听觉与视觉的双重感召下掌握音乐。这种方法不仅能高效教学,也加深了学生对音乐的掌握程度。例如在进行音乐欣赏课唢呐独奏《百鸟朝凤》的教学活动中,我通过让学生认识接触实物唢呐,体会唢呐的演奏方式,感受唢呐的音色,从而引起学生欣赏的兴趣。接着,我运用课件来帮助学生理解作品,利用观赏和聆听各种鸟叫,如布谷鸟、画眉、百灵、鹧鸪等,进一步加深学生对音乐作品的理解深度。

(三)音乐与游戏相结合,寓教于乐

音乐游戏具有愉悦性和互动性,是学生所喜爱的教学模式。尤其适用于低年级的音乐欣赏教学。爱动是孩子的天性,对于低年级教学,只是停留在教师的教授,是不能充分调动学生积极性的。要提高学生对教学的响应能力必须采用互动的方式,教师与学生的互动,学生与学生的互动,都可活跃课堂气氛,提高掌握效率的效果。在欣赏《快乐的小熊猫》时要求学生要掌握音乐的力度记号,我根据学生已有的生活经验,模仿生活中的声音。如老虎的叫声、小鸡的叫声等,来对比声音的强弱,这样学生就不会觉得枯燥。

(四)赋予音乐以故事背景

在欣赏具有童话色彩的音乐时,我会先讲一个小故事,这样更能激发学生学习的兴趣。有些音乐背景不乏枯燥,若赋予背景以生动的故事不仅能提高学生主动积极参与音乐教学的效果,并且能活跃课堂,便于掌握教师在故事中所插入的教学理念与思路。如《糖果仙人舞曲》,我结合乐曲给学生讲了一个这样的故事:有一个叫玛丽的小姑娘,她有一个胡桃夹子的洋娃娃。有一天她做了一个梦,洋娃娃和鼠王打架,眼看洋娃娃就要支持不住了,在危机时刻玛丽救了它。后来洋娃娃变成了一个英俊的王子,他们来到了"糖果世界",糖果仙子为了欢迎他们表演了一段《糖果仙人舞曲》。这样边听音乐边讲解,这样

可以迅速提升学生的注意力,加深对作品的理解。

二、充分发挥学生的想象力

学生的想象力是非常丰富的,我们不应该局限于某一个正确的答案,我们要用音乐打开学生想象的闸门,培养他们的发散性思维。如果教师只给一个答案并让学生死记,学生是不会感兴趣的,因为他们的想象力是非常丰富的,所以在欣赏音乐《在钟表店里》的时候,我鼓励学生们在课堂上畅所欲言,表达自己的看法。虽然他们的发言也许不是很准确,但我都会鼓励、表扬他们。因为他们是用心去听去想,通过发挥各自的想象力,用言语表达出自己真实的看法。敢于创新,敢于发表与别人不同的意见,这是难能可贵的,这也正是新时代人才所应具备的素质。

三、运用身体动作让学生大胆地表现音乐

在音乐上,凡声音的强弱、速度的快慢、节奏的长短、声音的高低各种变化的动感均可以将身体动作予以表现。在聆听《蜜蜂》时,我让学生用身体来表现蜜蜂飞舞的样子:有的同学张开了双臂,有的同学手对着手做蜜蜂飞舞的样子,这充分调动了学生感受音乐的能动性,勇于大胆地表现音乐,从而也调动了学生的积极性。

四、巧妙地分析乐曲

分析乐曲是一种很复杂的课程,尤其是高年级的欣赏课,乐理的知识更为复杂,教师不做分析,学生很难理解。但我可以教学生这样的方法——唱主题。音乐欣赏是以听为主的,但唱主题是欣赏作品的基础。因为音乐主题是作品的核心,是乐思形成和发展的基本要素,引导学生唱主题,有利于学生把握主题形象,使学生在聆听音乐的过程中准确辨认主题的重复和变化,使学生的音乐思维真正被调动起来,更好地获得音响体验。

如《马刀舞》是一首带再现的三段体结构的乐曲。如果只告诉学生是一首带再现三段体结构的乐曲,学生很难理解。我会给学生这样讲解:一开始,由定音鼓、军鼓及弦乐器等用急板速度奏出节奏强烈的 4 小节引子,形成炽热的舞曲气氛。随后,木琴、木管、圆号接着演奏。主题为:

教师用钢琴奏出主旋律,学生学唱。

接着由中音萨克管和大提琴奏出与前主题作鲜明对比的抒情旋律,主题为:

1=C
3/4 4 ♭6 ♭7 | ♭7 — — 7 2 4 | 6. 4 5 | ♭6 — — | 7 2 1 7 |

7 2 4 | 6. 4 5 | ♭6 — — | ♭7 — — | 7 1 2 | 3 — 4 |

5 — — | ♭5 — ♭3 | i — — | 7. 6 7 | 7 5 — — |

学生跟着钢琴哼唱旋律。这一旋律重复一次后,英武剽悍、迅疾奔放的主题再现。由于学生已经能唱出第一主题,所以再现时很容易听辨出和前面的主题是一样的。这样用唱主题的形式来分析乐曲就容易多了,学生也会感兴趣得多。

五、用打击乐为歌曲伴奏

随音乐表现节奏,让学生综合听觉、认知、技能、乐团打成一片是何等有趣而有成就感!只要是演唱的歌曲都可以用打击乐来伴奏,欣赏的乐曲只要节奏明显,速度适中也可以配上伴奏,这样在教学的过程中就培养了学生的节奏感。如果学生在课前准备好自制的打击乐,我想这样就更能激发学生的学习兴趣,让他们更有成就感。

总之,要想高效教学,教师必须敢于创新,勤于动脑,激发学生的学习兴趣。这样的教学理念对教师的素质要求很高,教师要不断地提高自身的知识层面,掌握更多的与音乐有关的事、物、理、情,才能在实践中游刃有余。教师在课堂上的应变能力也关系着整堂课的教学效率的改变,当一种方法不适应的时候能随即转变思路,快速引领学生进入音乐情境,充当学生思维的领路人。做好这些代表着一名教师的个人能力,也标志着音乐教学质量的提高。教学作为一种自由和欢乐来努力追求和尽情享受,让学生们在走进音乐课堂之时就开始享受音之旅,只有这样才能达到高效教学!

(作者单位:天津市北辰区实验小学)

浅谈青少年在变声期的唱歌教学方法

吕 颖

一、什么是变声期

变声期指 12~16 岁左右的青少年在声带发育时,声音变得嘶哑、音域较窄、发声多显疲劳、分泌物也会增多,使其在唱歌说话时的声音与少儿时期明显不同,且这种情况会持续一年左右。青少年在变声期时声带会发生变化:女孩的喉部会变得较细,声带也比较短薄、振动频率相对高些,所以音调变得高、细;而这个阶段的男生喉腔会变大,声带厚而宽,音调会变得暗、粗。

二、变声期歌唱教学的意义

处在变声期的青少年在歌唱训练方面是不能按照成年学生的训练方法进行训练的,否则他们的发声器官将会受到伤害。青少年在变声期错误地滥用声音,用嗓过度,声带会发生病变,并将影响他们的健康成长。因此,掌握青少年在变声期嗓音的变化规律和科学的教学训练方法,对青少年的音乐教学具有重要意义。

三、变声期的界定和特点

变声期大约可分为三个阶段,根据青少年的嗓音特点,变声期一般可分为以下三个阶段:1. 变声前期。这个时期的青少年声带会轻度充血且分泌物增多,声门闭合不严。虽说话和唱歌时仍是童声,但嗓音的控制已经变得不自如,会出现怪音和失去高音、亮音的情况。2. 变声中期。青少年在变声中期的嗓音开始出现明显变化,男声会比女声的变化更为明显。男生音色变得显得低暗,高音发出困难,且发声不受控制且逐渐向成人声转变。3. 变声晚期。变声晚期青少年的喉部发育基本完成。声音逐渐由沙哑转向明亮,发声慢慢变得可控,音调也会较前阶段有所提高。通常,变声后的男声音调会降低一个八度,女声会降低一至三个音。而每个处在变声期的青少年,根据所受生活条件及发声习惯等因素的影响,变声期的长短也有所不同。一般而言,声音成熟期短则一年,长则三到五年。

除此之外,正处在变声期的青少年不但在发音上会有所不同,而且在生理上也存在明显的差异。男孩的变声期声音变化比较明显,且持续时间也较长。女孩发育要比男孩早,变声要早于男孩,但声音变化不大,相对于男孩也较容易。在变声期阶段,他们的心理也会发生变化。因此在我们的教学中,应多些鼓励和体谅,多关注他们的心理变化。这个阶段的孩子情感变化波动较大,思想比较跳跃,有一定的叛逆心理。因而,教师在教学上不仅要注重专业性还要设计一些多样性和趣味性的活动。比如《我怎样长大》这一首三拍子的合唱歌曲,旋律优美动听。这节课我改变了以往先分声部唱歌谱,然后合唱歌谱,再填词合唱这种枯燥的教学方法,而是在演唱歌谱环节大胆尝试加入肢体律动的环节,两个声部选择不同的肢体动作来体现本声部的音乐节凑(如拍手、拍腿、捻指等),没想到这一环节大大地激发了学生们的演唱兴趣,他们竟然饶有兴致地创编了很多的动作,还加入了一些声势,很快完成了二声部的合唱,演唱的情绪也随之体现。这项活动不仅仅缩短了合练过程,而且对于提高变声期学生的歌唱兴趣起到了尤为重要的作用。

四、青少年在变声期的歌唱训练

在变声期间教师必须要教孩子们科学用嗓,保护好他们的声带。这个时期青少年的歌唱训练应以自然声区训练为主,基本控制在八度以内,这样他们的嗓音才能不受破坏。面对青少年的变声期,在教学过程中我经常用以下歌唱训练方法:

(一)轻声高位置哼鸣

在唱歌教学中,轻声高位置哼鸣是首要的训练方法。它是一种基本的训练歌唱呼吸和声音高位置的重要方法。可以呼吸到腰腹,通过良好的气息控制,达到高位置的歌唱状态。

高位置轻声哼唱,强调喉头要稳定,打开口咽腔,把唱歌通道建立好,可以形成良好的共鸣腔体,使呼吸平稳,同时避免喉音和白声。高位置的轻声演唱,能有效地控制音量和扩大音域,有利于音色的统一,使歌唱声音更加柔美。对于哼鸣我一般采用如下练习:

2 / 4 32 1　　　　　(开口闭口交替哼鸣)

变声期的学生声带发育还不成熟,哼鸣训练要在中声区八度内进行, 即从 c1 哼到 c2,在哼鸣训练时嘴一张一闭交替进行,位置不能发生变化。如果哼鸣的声音变了,那就表示没哼正确,如果发生变化要及时调整。这种练习方法,通过教学实践证明,高位置轻声哼鸣训练对于变声期孩子的演唱有着举足轻重的作用。

（二）胸腔共鸣的训练

变声期的青少年失去了以前明亮的音色,声音开始变粗伴有嘶哑,在演唱歌曲时容易缺少胸腔共鸣,使本来失色的声音,更加暗淡沉闷,不圆润。因此,胸腔共鸣的训练是相当重要的,可以为青少年的歌唱打下坚实基础。

1. 加大深呼吸练习,如让学生把手放到胸部体会受惊吓时的呼吸状态,确保胸部腔体建立,获得胸腔共鸣,但一定要注意不要提喉,喉头始终保持下沉。

2. 使用传统闻花的训练方法,建立良好的胸腔共鸣。深深地闻花香吸入气息,使气直接进入整个发声腔,然后高位置发出"呲"的声音,把气呼出去。

3. 运用好支点。在唱歌教学过程中,教师需要提醒学生把握歌唱的两个支点,一个是在胸部,这个支点可以放松喉头,使中声区和低声区的声音融洽协和。另外一个支点是气息,歌唱时在腰腹部必须保持充足的气息。在歌唱教学中我常采用"u"母音来训练腔体共鸣,因为"u"这个母音比较容易打开腔体,找到全通道的感觉,也很容易统一歌唱的高位置。在唱之前先让学生进行喊嗓练习,就是带上呼吸把"u"高位置向远处喊出来,学生喊的时候,气、声、字会配合得很好,然后再用喊的位置和状态唱出来。这样歌唱的位置和呼吸都很容易解决了。

（三）混合发声的训练

混合发声是唱歌学习中必不可少的训练,坚持混声训练声音才能连贯自如。所谓混合法声也就是在假声的基础上,利用呼吸增加声带的张力,在结合一部分真声,就能形成明亮圆润的混声了。在混合发声时要保持唱假声时的歌唱状态,咬字位置要统一,沿着高位置去咬字,并且保持深的气息,均匀呼吸,反之声音会发虚,放不出来。可采取如下练习:1. 让学生平躺在垫子上,体会身体放松的感觉,从腹部放一本书开始做发声练习"u",自然延长直到腰腹成自然状态,不存气也不能憋气。这样做一轮循环练习,然后根据学生情况增加书本数,这样反复训练使学生在唱歌时具有强有力的深呼吸支点;2. 演唱母音"aei ou"(c1-c2 上下行),训练学生在呼吸支点的支持下高位置咬字,由此反复练习达到混声效果。

（四）训练良好歌唱心理

歌唱是一门情感艺术。变声期的孩子由于在声音上发生了很大变化,容易缺乏自信,歌唱兴趣减弱,歌唱情绪难以把握等心理问题。因此,在训练发声时,我都鼓励学生用兴奋积极的歌唱状态大胆去演唱,把每次练习都当作一场比赛获一次演出。另外,在平时教学中,无论是教师范唱还是录音范唱,学生都要以自己内心听觉去感受这种声音,然后再去调整自己的心理和生理状态来实现这样的声音。一般唱歌初学者更多的是听觉反应和心理感受。因此,变声期的嗓音训练一定要强调学生的听辨能力,培养他们对声音和音乐的感受能力。

五、合理安排训练时间

变声期青少年的声带非常脆弱,因此练习时间不宜过长,20 分钟左右即可,每天练唱两到三次。但由于学生的嗓音发展情况不同,时间可以灵活掌握,但最多不可超过 35 分钟。

六、变声期对嗓子保护

变声期是喉部声带增长发育的时期,因此,青少年在变声期要格外注意对嗓子的保护及合理使用,使其顺利度过变声期。

要使青少年在变声期的声带得到很好的保护,应注意以下几点:

(一)歌唱训练应注意劳逸结合,确保身体健康和充足的睡眠;

(二)变声期应尽可能避免长时间大声说话歌唱,合理用嗓;

(三)饮食需注意,不吃辛辣刺激的食物,不喝过热的开水和过量的冷饮;

(四)冬季注意保暖,避免咳嗽感冒,确保喉咙健康;

(五)运用科学合理的方法,保证科学用嗓。

七、青少年表现力与信心的培养

教师要在平时的生活中多了解变声期学生对于唱歌的需求,为他们营造一个良好的学习环境,授课时要亲切地与学生沟通。在唱歌教学过程中,一定不可急于求成,以免影响学生的歌唱表现力,严重将会造成声带疲劳,无心演唱。老师还要注意不要过分批评,伤害他们的自尊心,更不要让学生们觉得唱歌是件很难的事情,否则他们就会对自己的能力产生怀疑,以至失去了学习的热情。所以,在教学过程中,维持学生的自尊心和自信心也十分重要。

歌唱的表现力主要体现在学生是否能够理解作品所想要表达的内容,是否能够声情并茂地演唱歌曲。每首歌曲都具有不同的风格,演唱过程中会发生力度的变化、速度的变化、音色的变化等等。如《龙里格龙》中的 mf、mp、顿音记号、渐弱、渐强。用气息让声音跳跃起来,且保持喉部的稳定,注意气息的控制。《半屏山》这首歌曲节奏平稳,旋律婉转起伏、优美流畅,演唱时速度不要太快,可自由一些,声音要柔美且舒展,唱出海峡两岸人民渴望祖国统一的情感。歌曲第一句就出现了前倚音,这一句要唱得自然。第三句的旋律略有起伏,休止符的地方演唱时要注意声断气不断。另外,可以加一些肢体律动,来增加歌曲的表现力,更能让学生沉浸在优美的歌曲中。

青少年是祖国的未来,在唱歌教学中,科学的训练与嗓音保护关系到他们喉咙的正常发育。因此,作为一名小学音乐教育工作者,更应注重学生的声音发展,潜心研究青少年的唱歌教学方法,为学生打下坚实的唱歌基础,让他们在自己优美的歌声中心身健康地成长。

(作者单位:天津市北辰区实验小学)

润物于无声之处

赵 帅

"教育无痕,润物无声"这是良好的教育需要具备的基础,也让我时刻都在审视我的美术课堂,将关注点践行于教育教学活动中。给学生适合的教育而不是让他们适合教育,就会发现教育的最高目标不是知识而是行动。

学生的行动源于自身的意识,而意识的形成源自教育的目的。千千万万个学生都是一个个独立的个体,他们有自己的想法和性格,而美术课就是要保护孩子的个性,肯定他们的想法,让他们用美的眼光发现生活中的多姿多彩。

在 6 年的小学生涯中,不分学科,不分学段,每个老师都要充当"母亲"的角色,不仅引导学生的思想方向,开启学生的思维模式,更要正确树立他们的情感、态度和价值观。对于美术课堂上的学生管理,我有着一些自己的新想法。

一、破译学生作品背后的心灵密码

7~13 岁孩子的生活从以游戏为主转变为以学习为主,他们的认知发展是以学习知识为基础展开的,意义记忆逐渐在记忆活动中占主导地位,思维过程的具体运算性,开始从形象思维向逻辑思维过渡,这个时期的儿童处于自我意识上升时期的快速发展区,此时培养学生养成良好的行为习惯、健康的意识以及适应环境是最为重要的。

"00 后"孩子的成长,普遍有来自家中两辈甚至三辈人的关注与过分呵护,遇到问题或犯错误时,一味地强调别人的问题而不找自身的问题所在。儿童所处的成长环境和发展阶段导致学生会出现这样的情况不难理解,因此在学生进入到学校生活中吃到的第一口"奶",一定要吃对、吃好。

随着时代的发展,教师的定位不能仅仅是教育者、传教解惑的人,而应转变成对学生有影响的人。从而吸引学生的注意力,激发学生的"向师性",从学习和行为习惯上潜移默化地影响他们。那么,如何成为有影响力的人?

(一)令人钦佩的专业能力

对于教专业课的我们来讲,展示令人钦佩的专业能力是再容易不过了。尤其对于低年级的学生来说,在适当的课上环节施展自己的专业特长,会大大激起学生对老师的崇拜和喜爱。

(二)令人喜欢的人格魅力

小学阶段,学生对"教师"这个角色的界定很奇妙:他们认为教师是一个神圣的职业。初期很容易接近自己喜欢的老师,有意无意地模仿他们的言行。所以,做有人格魅力的老师,不但可以让学生们在一言一行上严格规范自己,以满足自己在喜欢的教师面前的形象,也可以让学生学会自我规范,自我审视。

(三)令人害怕的威慑力

对于高年级的学生来讲,尤其对已经有语数外科目压力的六年级学生,在音乐、美术、体育这些科目的课堂上,他们会不自觉地放松对自己的要求。在学期初建立起严格的公约,树立起老师在班上的威望是十分重要的,一味迁就只会让学生放松底线。建立起属于每个班级的特色美术公约和奖惩制度,也是必要的。

二、活动中促进学生性格的养成

在课堂教学中,师生沟通对维系师生关系是非常重要的。然而对于学生来讲,老师的形象很容易是高高在上的,所以在学生日常的学习中,老师应注意随时激活他们的求知热情,从而成功建立起与学生的互动关系。

(一)寻找共同点:先跟后带

学生不会对每一个学科都有兴趣,如何吸引学生的注意力,在活动和交流中以共同点为起始,接近学生,走进他们的心灵,找到学生的兴趣点。尽量在他们觉得"老师是跟我平等的朋友"后,再带入自己的教育目的,实施自己的教育影响。

(二)培养自信心:先扬后抑

教育家苏霍姆林斯基也曾说过:"请记住,成功的欢乐是一种巨大的情绪力量,它可以促进儿童好好学习的愿望。"结合学生的实际,通过赞美和奖励制度,培养学生的自信心和自尊心。只有内心强大的学生,才会在意自己在同学面前的形象。所以有时需要将学困生的优点无限放大,利用社会公共活动等大型场合对他们进行奖赏,让优秀成为他的习惯;而在学生自我失衡的时候,老师则要提出明确的教育要求,从而达到教育的目的。

(三)逐级提要求：性格养成

学生的教育引导是一个长时间的连续过程，在活动中注意学生的情绪变化和性格的养成，建立属于本科目特色的公开公正的监督式奖惩制度，对于已经培养出自信心的学困生，应由小到大循序渐进的提出要求，切勿急功近利，适合学生的才是最好的。

(四)多元化评价模式促进家校生联合

美术课的评价虽不长，但也要求美术老师要情真意切，充满爱心，不要语气生硬。"未成曲调先有情"是教师对学生进行评价的重要环节。每个学生身上都有闪光点，无论对与错，教师都要给鼓励的评价。我认为美术课堂可运用语言、动作、纪律、作业等方法来进行评价。

在课堂上的语言评价也是最重要的评价手段。当美术老师提出观察的问题后，有的学生在很认真地思考问题。老师可以说："有的同学考虑问题的样子非常专注，老师真喜欢。"有的同学发言很流利，老师马上表扬道："这位同学说话敏捷又流利，还有逻辑性呢。"面对作品画得好的孩子，老师会表扬道："你的画就像你的名字一样好。"面对画得不好的学生，老师也会鼓励："哪位同学能辅导他，当一回小老师？"在学生回答问题正确时表扬的话不能都一样，可随时变化，由远及近对学生进行多元化的肯定。

除了语言评价外，还要有动作评价，这对学生有暗示作用。当孩子出错，老师可温柔地摇摇头，让他知错；当孩子画得很出色时，老师可以向他竖起大拇指，动作虽无声，但是对孩子心理上能起到鼓励的作用。

在课堂上纪律好，美术课才能顺利进行。我在美术课堂上的评价通常以物质为主，一般上课表现好，学生就能得到小奖帖，采取积分制的带币式评价方式，学生可以到积分商城中选择自己喜欢的礼物。

美术课堂上，日常的作业评价也是十分重要的，面对一二年级的美术作品，有时也需要美术老师展开丰富的联想。联想这像什么那像什么，并在图画纸上写下来。比如"你画的云彩可真美，老师看像一些小动物的形象""你真是一个小画家，画得真精彩""你的画太有创意了""老师对你的作品非常满意""你的画比老师画得还好"。通过这些语言的表达，孩子会很开心。

以活动为引导，评价方式是连接教师与孩子感情的细带，评语是爱的构筑工程，评语注满真情，透出爱……评语也是一座进入学生心灵的桥梁。老师有责任为学生构筑一个完美形象，帮助、促进其人格的形成。

另外，美术、音乐、体育等学科面对的不仅仅是一两个班的学生，教学范围是广泛的，怎样做到让学生在规范中成长，让学生在课堂上有制度的约束，这就需要我们细细钻研，尤其是对一些灵活好动的班级来讲，可以由小到大，由下至上合作商讨属于本班的美术公约，包括制度规范、奖惩规范、评价规范、领导小组规范等。形成一个具有本班特色的体系，学生在这个环境下可以自给自足、自我约束。

　　我所教的一个班级,特点是男生多,女生少。男生都是发散型思维,很活跃。相对于别的班学生来讲,这个班学生的美术水平略显不足,因此我会在课上经常抓拍一些行为规范、认真创作的学生照片,也会抓拍一些活泼好动的学生正在淘气的画面,打印成拍立得的照片,制成照片墙挂在教室里。这个时候,一些学生看到自己的行为被记录下来,还被展示出来,会很不好意思。照片墙的更换时间为一个月更换一次,在下个月中,表现好的学生会明显更想展示自己,从而获得被抓拍的资格;活泼好动的学生会因为想更换自己的形象,而在任何时候都控制自己的言行,来展示自己更好的一面。在无声的规范下,学生们都在努力成长着。

　　教育工作没有轰轰烈烈的大事,正如顾明远先生所说:教书育人在细微处。把每一天的小事用心去做、创新去做、持续去做,精心设计好了去做,无声地贯穿学生整个学习活动中。给学生属于自己的空间,他们会给我们朗朗晴空;帮助学生们进行规范,他们会还给我们满腔热情;给学生们自信的麦田,他们会回应我们满腔的热情。给他们最合适的教育,让每一个学生都能成就最好的自己。

(作者单位:天津市北辰区实验小学)

七彩画笔,让学生插上想象的翅膀

——浅谈关于小学低年级美术教学培养学生想象力的研究

贾卓娜

艺术是充满想象力、创造力的。在新课程、新理念下,老师不应该再以灌输的方法来让学生学习美术,应该引导学生充分展开想象,发挥潜能,使学生获得自信。

著名教育家苏霍姆林斯基,在他的《给教师的建议》一书中说道:"根据在小学里对儿童进行教育的经验,我看到图画是发展创造性思维和想象力的手段之一,我坚信,儿童的图画是通往逻辑认知道路上不可缺少的阶梯!至于图画,有助于发展对世界的审美观点,那就更不言而喻了。"的确,对学生来说,我们现在的教育教学缺乏对学生专门的创造力培养课程,而创造力对学生的终身发展又是举足轻重,如何在有限的课程中寻找创造力发展的切入点,值得教师进行思考。

一节完整的美术课就是一场完美的音乐会,有序曲、有高潮、有终曲,更有富于特色的节奏与旋律,一堂完整的美术课更是一场美的熏陶,有目标、有重点、有措施,更有让学生受益终身的陶冶。作为美术教育工作者的我们,应该清醒地认识到,诸如培养学生的审美情操、创造力发展这些重任都压在我们的肩膀上,我们应该认真对待自己所上的每一课,我们并不奢望自己能培养出下一个凡高或徐悲鸿,但是当我们把孩子创造力的火花点燃以后,一定能让他们将来的人生舞台绽放出不一样的光焰。

美术教育的本质是要把学生们带到一个美的世界中去。我想教师在教学中要引导学生多鉴赏,如讲解大师的作品,带领他们参观好的画展,到郊外观察大自然,讲述优美的童话故事,听音乐提高他们对美的感受能力。学生生活的空间太小,学生的自由支配时间太少,现今教育仍然有这样的弊端!小鸟被关在鸟笼里生活,虽然有吃有喝,能跳跃、能鸣唱,但鸟笼并不是鸟的世界。学生临摹画是不行的,创造需要广博的基础,我们应当多让学生与大自然接触,多进行写生,这样便于学生认识大自然、了解大自然。当我们面对大自然千变万化的物象和扑朔迷离的色彩时,能产生无限的感悟与遐想,进而激发强烈的创作冲动与灵感!常带学生去大自然写生,让他们接触社会,认识社会、了解社会,平时多注意身边的题材积累,做一个生活中的有心人,这样他们面对大自然,面对社会,知识得到提升,对绘画创作也打下了良好的基础。

我认为,不要把掌握专业的绘画技能与技法,作为学生学习绘画的目的和内容,也不要强迫学生去画。当学生有绘画的积极愿望时,他们就会主动去画。教师应该努力让学生自己去了解周围的事物,多感官、多方位、多角度地感受事物,让学生用自己喜欢的表现形式描画景物,学生的作品才会充满独创性和灵性。

创造对个人的发展,对社会的贡献,对人类的进步都密切相关。我们要相信每一个学生都有创造力,都有自觉探索愿望。在长期的教学实践中,我深深体会到美术教学与创造密不可分,两者的火花碰撞,能让学生用多种方式表现自己心中所想,我们应当在教学中发现学生的创造力,激发他们的创造力。通过绘画,把经常处于静态的思维激活,对发展儿童的创造力是颇有裨益的,孩子的天性就是好动、好奇、好问,我们可以通过美术学习,让学生来观察,了解这个世界,培养他们的观察力、想象力和创造力,全面提高他们的素质。艺术和科学发明一样,需要好奇心和浓厚的兴趣,如有效地运用树叶贴图、卵石彩绘、剪纸、水墨游戏等,以此启发学生的形象思维能力,提高他们的创造力。

例如我在讲授人教版小学美术二年级上册第八课《对印的图形》时,积极引导学生,努力提高他们的想象力和创造力。我引导学生将纸对折,用水粉颜料在纸的一侧涂上颜色,合起来印一印,你就会有意外的发现。学生们积极实践。我告诉大家,观察你手中印好的图形,看看它像什么?你怎样做可以将它变成哪些有趣的物体。学生们对此很感兴趣,他们大胆发挥想象力并进行添画。然后我又对学生们说,将你对印的图形倒过来,看看又像什么?你又可以进行哪些添画?或者将对印的图形竖起来看,你又得到了哪些新的想法?在一次次想象和一次次的添画实践中,学生们提高了绘画的想象力和创造力,感受到了美术学习的乐趣,增强了学习的自信心,他们的作品是生动的,是能够打动人心的。

还有,美术课堂教学方法要灵活,要根据学生的个性差异和情感心理需求,满足其愿望,从而激发创造的欲望,形成独特的艺术语言。我们要针对学生的心理特征,引导他们的兴趣,培养他们的创造力,用各种教学技巧和辅助手段可以创造一种引人入胜的氛围。比如一首激昂的诗,一段悦耳的音乐,都能创造出与美术内容相关的、特定的情境,使学生置身于如诗如画的情境之中,与美产生共鸣,从而收到意想不到的效果。创设与美术活动相关的情境,要让学生在这样的氛围中,积极主动地投入到美术活动中,自然产生审美快乐。

美术的表现形式是丰富的,美术课堂作业不易千篇一律。在确定了作业内容后,表现形式可以多样化,学生一次作业得到认同,也许会终生难忘,所以要认真对待学生的每一次作业。我经常收集学生的优秀作业,在适当的场合展出,这对学生的激励作用是巨大的,这种刺激能使学生受到鼓舞。实践证明,这样可以使学生的美术作业更加认真,有激情,同时学生们的创造性思维能力也得到了锻炼和培养,作业练习可以和各学科紧密联系,美术课的创作要有感而发,比如可与语文课相结合,我在讲到人教版小学二年级美术上册《儿歌配画》一课时,就引导学生将学过的古诗或儿歌大胆地进行配画,这样不仅能提高美术课的教学效果,还能拓宽学生的知识面,达到触类旁通的效果。

再有,鼓励学生尝试多种材料的创作,可以激发美术的想象力。学生们生活在信息化时代,要鼓励他们多尝试,好奇是儿童的重要特点,一成不变的美术材料和教学手段,只会使孩子们感觉索然无味。从原始人类使用色土,在窑洞的石壁上勾勒野牛的形状开始,到近现代,艺术家用工业生产的颜料绘画材料作为美术语言的载体,随着美术表现形式的变革,美术的范畴也在扩大,我们教师在教学中可以尝试让学生了解新的美术材料工具,激发他们的探索欲望,满足他们的好奇心。工具与材料的变化,会给学生的美术表现方式带来新的变革,创造出新的表现形式。我在教学中常引导学生将彩笔、记号笔、油画棒、蜡笔、颜料、毛笔、剪刀、白纸、彩纸、宣纸等工具材料,进行随机选择与恰当组合,这样会给学生的美术活动和创造带来新鲜感,在愉悦的心境中表达自己的想象和理想。

作为教师,我们应该尊重学生,平等地对待他们,对他们的创造活动给予肯定与指导,尊重和倾听他们的见解和判断力,为他们创造一种自由愉快和谐的民主气氛,在一种自由的游戏状态中学习和创作,让他们尽情表达自己的愿望和想象。如何在美术教学中,展现出学生的天真纯朴、无拘无束?这需要教师为他们铺路搭桥,创造良好的学习气氛,在掌握一定的基础知识和基本技能的同时,发展其个性化的艺术语言,黑格尔曾说:"说到本领,我认为最重要的艺术本领就是想象。"而想象的空间是最大的,学生最大的乐趣也在于幻想,每一个孩子的心都是一个充满幻想和想象的神奇世界。教学时应着眼于童心的释放,鼓励学生好奇心的张扬,如随心所欲地泼墨赋彩、绘声绘色的形象思维活动等,都能激发学生们用自己的画将神奇的童心世界表现出来,那种从心灵中迸发的作品,是最具个性的艺术语言!

(作者单位:天津市北辰区实验小学)

浅谈"乐学"教学法在小学美术教学中的应用

赵 帅

　　现代教育需要充分发挥每个人的主体性和创造性,这也是新课程的标准需要,而培养学生的创新精神和创新能力是各学科共同的目标和责任。因此,美术学科更应重视对学生的个性和创新精神的培养,采取多种方法让学生的流畅性、灵活性和独特性得到发展,最大限度地开发学生的创造潜能并重视培养实践能力。

　　传统的教育模式一直都是教师讲授,学生听取,而后实践。近些年,我国教育逐渐意识到了学生在动手能力、实践能力方面的不足,开始重视学生的实践能力。而在美术教材中,添加了动手操作的课程,例如纸团包工、制作风筝、灯笼等传统工艺的课程。而我的理念是将乐高教育理念与美术结合在一起,让美术课堂迸发出更灿烂的光彩。

　　作为一名新的小学美术教师,我在假期中对乐高教学也进行了细致解读。在国外,乐高教学是深受家长和学生喜爱的活动。因为乐高教学的理念是"寓教于乐",在玩中学习,在玩中汲取知识。我的理念是"游戏—美术",真正做到学习乐高教育的理念,是让学生在边动手边游戏的状态下去学习美术、感受美术。

　　"乐学"这一教学法符合了"快乐美术"的教学目标,实质便是在教学中尽可能将枯燥的过程转变为学生乐于接受的、生动有趣的游戏形式。让学生在游戏过程中,精神放松,气氛活跃,变"苦学"为"乐学",变被动的"要我学"为主动的"我要学",在愉快中得到知识,学到技能;巩固知识、熟练技能,并且在完成学习任务的同时使学生得到全方面的协调发展,心理品质、心理素质、学习习惯得到充分培养。学生不是一张白纸,不是被动的产品,而是一条小溪,有着自己生机勃勃的创造力。教师则像一名水利工作者,一方面要帮助小溪改善自身的水质,扩大流域面积;另一方面要引导与调节它们行进的方向,使每一条小溪都逐渐壮大为一片海洋。因此,我一直在思索,如何在美术教学中渗透创新思想,实施"快乐美术"的教学试验:既能够让小学生在学习美术的过程中体验快乐,又能够在快乐中为生活添加创造的乐趣。于是,结合之前的乐高教学经历,"乐学"教学法正是通过乐高教学理念——"寓教于乐"使这一构思成立的。

让自己从教师的云端走下来,用认真工作的精神去感染学生。付出即热爱,保持一颗认真负责的心和诚恳的态度,做一位有艺术力的老师。

比如,在第一课《装饰自己的名字》时,在教学中学生会对自己的名字产生新鲜感。在课堂中通过每个同学介绍自己名字的含义,感受父母在未出世的孩子身上给予的期望和爱,学生们能了解父母无私的关爱。"回家后一定要抱一抱他们,告诉你们的父母你爱他。"这样的感情升华对学生良好品德的形成都会产生"润物细无声"的效果。这就印证了那句话:"没有爱就没有教育,充满爱的教育是通过师生心灵的沟通来实现的。"

一、"乐学"教学法的理论依据

游戏符合儿童的年龄特征。心理学理论表明:小学生的思维水平处于表象、直观阶段。他们有着天真烂漫、活泼好动的天性,对任何新颖有创意的活动都怀有"好玩"的思想倾向。他们的生活就是以游戏为重心,在游戏中以最纯真、最自然的方式表现自我、抒发情绪、发挥想象力,满足其天生好玩、好动的性格。"乐学—创新"教学法正好将枯燥的知识传授变为富有情趣的生动形象的游戏教学,迎合了小学生的心理特征,把游戏注入小学生的学习生活,必将在他们心中产生巨大的作用。

在新的教法中,强调学生学习的主动性,在"乐学"的基础上,结合学生的认知发展规律。在导入环节设置游戏的方式,学生们自主探究,发现新知。教师起到的只是引导和辅助的作用。

二、"乐学"教学法的基本流程

角色扮演,游戏导入—— 分组学习;游戏开展——互动创新,游戏评价。

三、"乐学"教学法的实施要求

(一)角色扮演,游戏导入——激发学生兴趣,活跃课堂气氛

艺术课与其他学科相比,更重视创设与教学内容有关的艺术氛围,营造轻松快乐的艺术情境,能刺激学生的艺术创作灵感。"游乐学"教学法能够将教学内容变为游戏,学生能够更加直观和迅速地进入课堂情境中,使师生的角色做相应的改变。例如扮演童话里的角色,让学生置身于游戏情境,寓教于乐。这就要求教师在上课前做好充分的准备,深钻教材,设计与教材密切相关的游戏内容,以便能在开课时就能调动起学生的积极性。如设计的游戏内容与学生年龄特点不相符,学生不感兴趣,便会弄巧成拙。

(二)分组学习,游戏开展——体验游戏乐趣,启发创新思维

游戏开展可以运用小组比赛、分组奖励的形式,带动学生持久的创作热情与意志,并

可实施德育,加强学生的团体协作精神,激励学生的竞争意识。在游戏教学中,教师应善于维持轻松和谐的环境,与开课时步调一致,用边玩边练的方法,可以使枯燥的练习变得趣味十足。该阶段可以继续开展生动活泼的游戏,通过游戏培养学生的观察能力和思维等,此时要求教师组织学生活动时要活而不乱、动静有序,要使每一个学生都参与到学习游戏中,反对那种只顾少数学生而忽视大多数学生的做法。要尽量安排集体游戏,特别是那种需要集体配合和体现协作精神的游戏。这样既可以操练语言,又可以培养学生集体荣誉感,使学生的创新能力得到最大限度的发挥。

(三)互动创新,游戏评价——灵活把握"双基",展现素质教育

该步骤对于整段教学内容既属收尾又属总结评价过程。教学过程到此便可将教师的所有教学目标与教学方向体现于此,并可判断此课是否最大限度地把握了学生的"双基"训练。这个过程中,教师可以引导学生动起来,互相走动、互相评价,在互动中又进一步启发学生的创新思维,最后教师用游戏评价的方式进行练习巩固。学生在经过学习后,对本课内容有全面的掌握。

四、"乐学"教学法的教学案例

在上《儿歌变画》一课时,我让学生观看了一段儿歌童话的视频后,就让学生们充当"小导演",导演"如果你来到儿歌童话"的游戏,使教学气氛活跃轻松,取得了非常精彩的效果。课堂中,学生们踊跃积极地讨论着独特的儿歌故事,并分角色表演出来,伴着我的"乐学"教学法,边看边听,边玩边游戏,画下了一幅幅动人的画面。这也正体现了以游戏观念、方法、手段和模式展现美术教学的特色,培养学生创新意识和实践能力的目的和意义所在。又如美术课《大家都来做》,教材本身让学生学习线条的拼摆,学生想象拼成图形即可。根据一年级学生的年龄特点,按部就班地教只会使教材变得平庸,学生拼过即忘。我思考再三,尝试在"变"上做文章,设计教学内容为"我变、我变、我变变变"的游戏;设计师生角色为"魔法师";设计小组围坐讨论的方式,共同协作学习;设计教学过程为"大魔法师"教给"小魔法师"变魔法的本领,将学生课前准备的各种线条材料变成各种有趣的动画形象,让学生在整堂课中大胆创造新线条组合方法,完全感受不到这是枯燥的学习。低年级学生通常喜爱幻想,爱成为故事中的主角,通过这种心理特点,与其共同扮演魔法师,变魔术,做游戏,这必定会吸引全体学生的注意力,投入到学习中。古人也曾云:"学起于思,思源于疑。"教师的一句"你们想知道魔术是怎么变的吗",就能够使学生的积极思维从"疑"开始。然后教师围绕教学内容,创设上述情境,激发学生求知的欲望,使学生主动学习、主动思考、主动解疑以及主动创造。在这方面"游戏—美术"教学法恰恰顺应了这一点,起到很好的设境激趣作用,对培养观察力、强化记忆、发展学生思维能力也起到良性循环的作用。事实证明,这节课无论放到哪个班上,气氛都是活跃的,不仅每一个学生都学会了线条的组合,并且利用线条主动创造各种形象。向更深层次探究,学生得到的不仅仅只是一种绘画方法,更多的是激发对美的热爱,以及善于进行美的创造。这充分说明,游戏是儿童的天堂,做游戏可以满足儿童好玩的心理,让他们在充分动手动脑时强化记忆又发展了创新思维。投其所好,便会事半功倍。

五、"乐学"教学法的适用范围

小学美术低中年段。低年龄段的学生对于游戏来讲有新鲜感和好奇性,他们的想象力是成人所不可及的。有一位教育家曾经说过让我至今都印象深刻的话:"我们给了学生一个标准答案,就会剥夺学生无数有创意的优秀答案。"

六、实施"乐学"教学法要注意的问题

(一)要有明确的目的性

大力提倡课堂中采取游戏教学,其目的在于更优质、更有效地完成教学任务,但是单纯地为了活跃课堂气氛,盲目地进行游戏教学,则是忽视了游戏教学的本质。游戏是教学的载体,游戏为创新教学服务,不能只注重活跃课堂,要将游戏目的与教学内容有机地结合起来,使游戏的每一步都围绕教学内容与教学目的的展开。

(二)开展游戏要做好课堂组织工作

学生都喜欢玩游戏,兴奋起来不容易控制。教师要做到能放能收,运筹帷幄,把握好教学的"度",善于控制整堂教学过程的节奏与方向,否则便是一盘散沙。

总之,采用"乐学"教学法能以趣激学,在美术课堂中营造一种轻松、愉悦,充满美感的气氛,使学生审美创造力得到充分发挥。教师根据学生的心理特点,尽量使课堂产生轻松愉快的氛围,充分鼓励学生自主、自由地创造、想象,根据自己的审美情趣,发挥全部技能去表达自己的美感和塑造自己喜爱的形象,让每一个学生在学习的过程中都产生愉悦的学习体验,以此来启发学生内在的活力,丰富学生的想象力,提高创造思维能力。

以趣为画的美术辅导会让学生体验到新型的美术表现方式。做到"人无我有,人有我精"。

(作者单位:天津市北辰区实验小学)

低年级音乐课堂教学趣味性模式探究

王 欣

低年级的小学生以形象思维为主,具有好奇、好动、模仿力强的身心特点。他们善于利用自然的嗓音和灵巧的形体采用歌、舞、游戏等相结合方式来表现音乐,乐于参与音乐表现和即兴创造活动。教育家铃木先生认为:儿童的心理特点是"玩",低年级学生注意力很容易分散。因此,提高音乐课堂教学的趣味性对于低年级音乐教学则有着至关重要的促进作用。那么怎样才能提高低年级音乐课堂教学的趣味性,让学生如海绵般主动地汲取知识呢? 以下从四个方面谈下我的做法和思考。

一、创设花样导入环节,提高课堂教学趣味性

低年级的学生容易被新鲜的事情所吸引, 针对这一点我创设了花样环节来导入新课,成功地吸引了学生的注意力,同时调动学生自主学习的积极性。

例如:以往音乐课的新授课都是教师简单导入新课,揭示歌曲的名字后聆听全曲,随后说出感想。这些教学环节对于低年级学生实效性不大,还容易让学生失去学习的兴趣。针对这一点,我一改往日的教学模式,暂时不让学生聆听歌曲,而是给学生带来一个小谜语让他们猜:"你来躲呀,我来找呀,看你到底哪里藏?"老师在说谜语的时候要按照《捉迷藏》歌曲第一乐句的节奏来说,这样学生会在不知不觉中熟悉了歌曲的节奏,为后面的学唱歌曲做准备。老师在说谜语的时候尽量表情要生动亲切,并加入简单的肢体动作来营造轻松活泼的学习氛围。提示学生谜底是有关一个游戏的名字,这样一来,学生们会很快地猜出谜底"'捉迷藏'!自豪感油然而生!此时老师顺势说出:"今天要带领大家来玩捉迷藏的游戏!有谁愿意参加?"学生们的情绪再次高涨起来,纷纷举手参加。至此,我设计的猜谜导入环节对学生已充分起到了吸引注意力、激发学习兴趣的作用,为后面的教学环节的实施打下了良好的基础。

二、采取游戏贯穿始终,提高课堂教学趣味性

音乐课堂中的游戏并不同于一般的游戏,它是通过游戏的形式,强调学生对音乐的体验、感受,游戏要在根本上服从音乐课堂教学的需要。我运用这一特点设计出适合低年级学生的游戏,来辅助音乐教学。

例如,还以《捉迷藏》一课为例。在学生猜出本节课要学习的歌曲名称后,教师并没有出示歌谱及歌词,而是带领学生进入到继续游戏环节。简单提出了游戏的规则,为了便于游戏进行,先把全班同学分成四个组,待老师划分后,老师为一组起个好听的名字"春娃娃"组,剩下的三个组名由学生自己取名,孩子们很自然地就想到了"夏娃娃""秋娃娃""冬娃娃"这三个组名。以自主取名的方式来熟悉歌词、体会歌词的意境会加深学生对歌词的理解与记忆。把学生们比作四季娃娃,充满了童趣。随后老师因势利导,继续"游戏环节"的深入。老师设置问题:"捉迷藏时你用哪个动作来表示'藏'?又用哪个动作来表示:'庆幸'自己没有被发现?"分小组创编后各自展示。在创编动作、展示动作的环节中,学生的注意力被老师设置的情境继续吸引,没有分散的机会。随后老师播放歌曲边唱边带领学生在老师的指令下做"藏"和"庆幸"的动作,看看哪组反应最快,动作做得最准确。在这个环节中,老师反复带领学生玩游戏的同时又反复演唱了歌曲的前半部分,待游戏玩得开心的时候,在不知不觉中学生也会演唱了。这样一来也同时解决了教学中的一个知识难点——节奏型"附点八分音符"的演唱。待学生准确无误地唱出节奏为"附点八分音符"的乐句后,老师在黑板上写出"附点半分音符"的节奏型,让学生直观地认知这个节奏型,随后结合演唱、游戏再次巩固复习。这样学生对"附点八分音符"这个节奏型的记忆会更加深刻了,突破难点的过程也轻松快乐富有趣味性。

三、利用声势律动辅助合唱教学,提高课堂教学趣味性

二声部及多声部的合唱训练,一直以来在小学音乐课堂教学中实施起来都有一定的难度,对于会识谱演唱的高年级学生尚且如此,对于低年级识谱能力有限且合唱能力零基础的学生来讲就更困难了。但是我始终相信一点:孩子们的潜力是无穷的!针对低年级学生的认知特点,我大胆地尝试了音乐课程游戏化的教学手段,使课堂教学全程富有趣味性,努力营造一种欢乐的课堂氛围。并且通过多种方式的趣味性游戏环节展开教学,把合唱训练融入游戏环节中,让学生们在玩中学,学中玩,突破教学难点,达成预设的教学目标。

例如,《捉迷藏》一课是一首单声部的齐唱歌曲。为了使歌曲的旋律更动听,提高学生对合唱教学的认知和兴趣,我为歌曲的第三乐句创作了简单的二声部旋律。旋律虽简单但是对于完全没有接触过合唱歌曲的低年级的学生来说,把两个声部演唱和谐还是很困难的。在学唱二声部旋律的过程中,如果还是按照以往分声部反复演唱旋律来加深各声部旋律记忆的方式,低年级的孩子很快就会产生疲劳感,甚至产生厌烦情绪,丧失学习的兴趣。针对这一难点,我为这个合唱乐句加入了声势节奏,声势动作可以是拍手、拍腿、打

响指等动作。让学生边唱不同的旋律边拍打相应的声势节奏,在进行练习的时候要用歌曲做伴奏,这种声势律动捆绑旋律的学习方式可以加深学生对多声部的理解,增加学生对节奏的把控,同时辅助声部旋律的记忆。接下来很快就可以直接进行合唱训练了。即便是低年级的学生运用这个声势律动的方法也能够合唱简单的二声部旋律了。因此,声势律动极大地提高了学生的合唱能力,老师可以让两个声部展示比赛,看看哪一个声部的声势律动与旋律演唱配合得最完美,这样使原本枯燥乏味的二声部合唱练习一下子变得更有趣味性了,同时也降低了合唱教学的难度。

四、运用激励性评价,提高课堂教学趣味性

著名教育家第斯多惠说:"教学的艺术不在于传授本领,而在于激励、唤醒和鼓励,许多成功的课例都与教师恰当运用激励手段分不开。"在课堂教学中教师要根据学生完成教学任务的程度设定游戏闯关、评比等活动,激发学生主动达成教学目标的热情,做到层层递进,不断深入。在这个过程中,还要不断运用激励性的评价语言,以风趣幽默的形式来对学生学习情况做以阶段性的总结,使教学环节充满了趣味性。

例如,《捉迷藏》课程进行的过程中,教师根据学生的学习状况设置了"闯关"环节。以"春娃""夏娃""秋娃""冬娃"四个娃娃为竞赛小组命名,完成老师设置的"关卡"逐步闯关,"闯关"成功后老师进行激励性评价,如:"'春娃'这个组经过全体组员的努力,获得了一颗红星,真是了不起,老师对你们小组的成绩表示祝贺。希望其他小组在后面的闯关中也能像'春娃'组一样出色,老师期待大家出色的表现。"通过这样激励性的评价,不仅对获胜小组是个巨大的鼓舞,也是对其他小组更好地促进。另外,教师还可以把"关卡"设置成音乐课中的教学重点和难点,分别请四个组以合唱、舞蹈、声势律动、乐器伴奏等形式进行展示,积极引导学生使用激励性语言进行生生评价,让学生在音乐实践的过程中,学会相互欣赏、相互鼓励。如:"'夏娃'组在演唱时声音非常动听,我特别喜欢;'冬娃'组在表演舞蹈时动作优美,给我们带来了美的享受,我要向他们学习。"学生们在听到这些激励性评价后顿时心生愉悦,以更高的热情投入到音乐活动中,整堂课以游戏为载体,激励性评价为手段贯穿始终,大大提高了课堂效率,培养了学生的竞争意识,更加强了课堂教学的趣味性。

综上所述,在小学低年级音乐课堂教学中,老师要善于动脑,勇于创新,语言亲切幽默,想办法努力营造趣味性十足的课堂学习气氛,这样才能符合低年级学生的认知特点,使教学环节顺利高效进行。所以,趣味性教学是非常适合低年级音乐课堂教学的一种教学模式,学生在感受趣味的同时真正爱上了音乐课。

(作者单位:天津市北辰区实验小学)

合理开发利用音乐教学资源 让音乐课堂更精彩

张金梅

在音乐课堂中图画、故事、音像(影像)、课堂乐器、音响器材、文化等等资源都是教师辅助音乐教学的重要资源。新音乐课程标准指出,教师要合理开发和利用课程资源,创造性地开展音乐教学活动,激发学生对音乐的兴趣,提高学生的音乐学习能力和审美能力。随着现代科技和信息技术的发展,大量先进的教学设备走进了音乐课堂,这为我们的音乐教学资源的呈现提供了一个平台。作为音乐教师,合理开发利用音乐教学资源,让我们的音乐课堂变得更加精彩。

一、合理利用音像资源,构建多彩音乐课堂

音乐是声音的艺术,是听觉的艺术,是抽象的艺术。在传统的音乐课堂教学中,学生主要通过聆听、画图画、讲故事或欣赏挂图的方式来感受音乐作品,学生需要通过想象来塑造音乐形象,体验作品所表达的情感内涵。然而这种单一的教学形式随着音乐教学的改革被淘汰。学生是音乐课堂教学的主要参与者,小学生的身心发展特征是以形象思维为主,具有想象力丰富、对新鲜事物好奇心强等特点。在课堂教学中,合理利用音像资源开展多媒体教学,可以使这种"可视性"音乐教学极大地满足小学生的学习需求,并且提高小学生参与教学实践活动的积极性,提高学生对音乐美的理解能力和鉴赏能力。

随着现代社会信息化的高速发展,音乐教师可以通过网络,获取大量的与课程内容相关的音像资源,如图片、录音带、激光唱片、MP3音乐、视频(动画)等资源利用多媒体设备进行音乐教学。例如《赶圩归来啊哩哩》是一首具有浓郁西南地区民族风格的歌曲,我在创设走进彝族的情境中,先展示了彝族的地理位置、主要分布区域、服饰、著名旅游景区、火把节等图片,并用信息技术的手段将图片与音频文件相结合进行教学。学生不仅能够聆听音乐还能同时观赏到相关图片,让学生在视觉和听觉上得到满足。在学生对所

讲课程内容有了初步了解后,教师再简介彝族的风俗习惯和音乐特征,学生能够更直观形象地理解音乐和表现音乐。这样的教学方式深深地吸引学生,从而提高学生参与课堂学习的主动性和积极性,进一步提升课堂教学质量,激发学生学习新知的兴趣。

直观性的教学能让学生形象、生动地感知音乐。运用多媒体播放音乐能使学生直观地体验音乐所要表达的内容,把抽象、不具体的音乐形象具体化、生动化。在以往的欣赏教学过程中,学生只能做到单纯的对着录音机进行聆听,所以很多学生在欣赏过程中不是开小差就是发呆,这根本就没有体现出欣赏的意义。视频资源在课堂中的运用打破了这一局面,使音乐课的欣赏环节真正成了一种艺术享受。图像是静止的,视频是动态的。我在《赶圩归来啊哩哩》一课深入拓展环节中,让学生欣赏藏族歌曲《美丽的家乡日喀则》的视频进行拓展环节的开展,通过欣赏其他少数民族音乐,丰富学生的情感体验,使教学更富有动感。视频资源中包含了大量的藏族民族风情和藏族舞蹈的内容,眼前的动态画面如同一幅优美的画卷,同学们好像身临其境且被深深吸引住了,有的同学还情不自禁地随着音乐舞蹈起来。视频资源的运用调动了学生多种感官,提升学生的音乐审美能力,实现了欣赏教学的意义。

音像资源的运用,构建了一个丰富多彩音乐的课堂。教师在教学过程中需要对音像素材进行合理的安排和运用,以达到优化课堂结构的教学目的。

二、合理运用数码钢琴,打造魅力音乐课堂

数码钢琴融合了传统机械钢琴和电子琴的优点,因此它具有强大的"数码"功能。数码钢琴不仅能逼真地模仿传统钢琴的音色,还拥有独特的多种音色节奏、变调、储存、自动伴奏、节拍器等功能,这些特有功能的运用能够辅助教师更好、更轻松地完成教学任务,达到教学目标,打造出具有艺术魅力的音乐课堂。

在音乐课堂中,教师可以利用数码钢琴的多功能优势来进行教学。例如数码钢琴的播放 U 盘/SD 卡的功能,在上音乐课之前有时同学们会提前来到音乐教室,在这 3~5 分钟的课间休息时间里,教师可以利用数码钢琴播放事先储存的一些世界音乐大师们的经典乐曲供学生欣赏,这样可以避免出现学生来到音乐教室后大声说话、打闹的现象。为音乐课的开始做好准备,在长期的欣赏中学生们也逐步记住了大量音乐作品。不同的乐器能够演奏出不同的音色,正是因为这些多样化的音色才能构成美妙动听的音乐。在我们的音乐教材中,需要学生认识、了解的乐器种类繁多,但是在实际的情况下,限于学校条件,特别是一些农村学校,不可能让所有的乐器都真实地走进音乐课堂,而数码钢琴的出现能够帮助教师快速解决这一问题。因为数码钢琴能为我们模仿演示上百种不同音色。不同音色的运用对塑造音乐形象和表达音乐内容有着极其重要的作用。例如:欣赏课《魔法师的弟子》,这部交响诗作品是由小提琴、单簧管、大管、小号、圆号等乐器演奏出来的。由于常规教学条件的局限性,教师可以利用多媒体展示出多种乐器的图片,让学生分别认识这些乐器的形状和结构。然后选择数码钢琴上相应乐器的音色,通过教师对键盘的弹奏便可模仿出这些乐器的音色,这样将图片和乐器音色综合在一起进行动态的演示,

可以大大帮助学生了解和认识乐曲中要出现的各种乐器,使学生学习得更加深刻。

在《魔法师的弟子》这一乐曲的欣赏过程中,由于学生的提前认知加上教材图片内容的展示,原本单一、模糊的音乐内容变得丰富、生动起来,学生的注意力马上都集中到音乐欣赏中。教师还可以通过对音乐主题的模仿演奏、故事情节的讲述,帮助学生塑造故事中的人物形象同时还可加深学生对音乐内容和演奏乐器认识和理解,帮助学生理解作品的内涵。

音乐课的内容和形式越来越多样化,教师如果能将教学内容与数码钢琴合理有效地结合起来,在课堂中发挥出数码钢琴的作用,我们的音乐课堂就会充分发挥音乐艺术的魅力,成为魅力音乐课堂。

三、开发新型打击乐器,创设动感音乐课堂

打击乐器作为小学音乐实践活动中的重要组成部分,对培养学生乐感、节奏感、创造力和想象力都起着重要的作用。它包括沙锤、三角铁、响板、碰铃等乐器,主要通过打、敲、碰、摩擦等方式发出声音。

在我们的生活中,随处可以见到生活、生产废弃的物品,学生能够开发想象力和创造力,利用这些废旧物品做出一些新型简易的打击乐器,将我们身边的这些被遗弃的物品"变废为宝"。在这一过程中不仅能够促进学生注意力、观察力、想象力、创造力和动手能力,更能培养学生不惧困难、勇往向前的品质。例如可以用筷子、矿泉水瓶盖或易拉罐的金属皮制作出音色不同的"串铃";废弃的两个可乐瓶里灌入小碎石和沙子制成一对"沙锤";铁圈围成三角形变成"三角铁";废弃的锅、碗、瓢、盆、纸盒等等都可以制作出新型的打击乐器。通过教学中的不断尝试,我感觉学生们非常喜欢,课堂效果也很显著。如在《哈里啰》的教学中,为了让学生体验钢鼓,我建议学生把家里的不锈钢盆制作成打击乐器,模仿钢鼓开展班级音乐活动,通过钢鼓呈现出丰富的音响效果,使课堂音乐氛围异常活跃。

新型打击乐器在课堂中能够激发学生的学习兴趣,加强师生之间的互动交流,在运用音乐材料尝试与相关音乐进行创作的过程中开发学生的思维和创作潜能,充分培养了学生独立、积极思考的能力。同时,巧妙利用新型打击乐器能创设出一个活泼动感的音乐课堂。

总之,合理开发利用音乐教学资源仅仅是一种教学的手段,主要目的在于辅助课堂教学,优化音乐课堂。音乐教学资源的开发与利用要与学生的现实需求相结合,根据学生的学习情况和教材内容,选用恰当的音乐教学资源,使二者有机联系起来。在音乐教学资源的辅助运用下,打造出精彩的音乐课堂,为帮助学生全身心欣赏音乐、表现音乐、鉴赏音乐、创造音乐提供一个良好的平台和空间。

(作者单位:天津市北辰区实验小学)

浅谈在小学数学计算教学中培养学生数学素养的几点策略

刘玉秀

　　小学数学计算教学贯穿于小学数学的始终,学习时间最长,分量也最重。培养学生正确而迅速的计算能力是小学数学的一项重要任务,也是提高教学质量的基础。传统的计算教学过于重视计算技能的训练,忽视了数学素养的培养,学生往往对于没有任何背景的、不断重复的枯燥的数字计算产生厌烦心理,"望算生畏"使许多孩子特别是计算能力弱的孩子丧失了对学习数学的兴趣和信心。因而,改善计算教学方式,运用多种教学策略,提高学生学习的积极性、主动性,培养学生良好的数学素养,成了数学计算教学的迫切任务。

　　新课程标准指出:数学素养是现代社会每一个公民应该具备的基本素养。数学教育既要使学生掌握现代生活和学习中所需要的数学知识与技能,更要发挥数学在培养人的理性思维和创新能力方面的不可替代的作用。下面谈谈我在小学数学计算教学中如何培养学生数学素养的。

一、严格计算要求,养成良好习惯,强化学生审题能力

　　培养学生认真、严格、刻苦的学习态度和良好的计算习惯是加强数学素质培养,提高计算准确性的重要内容。大量事实说明,缺乏认真的学习态度和良好的学习习惯,是学生计算上造成错误的重要原因之一。要提高学生的运算能力,必须重视良好计算习惯的培养,使学生养成严格、认真、一丝不苟的学习态度、勇于克服困难的精神,千万不要用"一时粗心"来原谅学生计算中出现的差错。因此我在教学中有意识地培养学生计算的良好习惯,做到"一核——抄题后必先核对原数,做到不错不漏。二审——审题的习惯,这是计算正确、迅速的前提是:审数和运算符号,观察它们之间有什么特点,有什么内在联系;审运算顺序,明确"先算什么,后算什么";审计算方法的合理,分析运算和数据的特点,看能

否简算,不能直接运用运算定律的,看能否通过拆分、合并、转换等方法使运算简便,然后再算。三算——仔细算、规范写的习惯。要求按格式书写,字迹端正、不潦草、不涂改,保持作业的整齐美观。

二、提倡多种算法,引导优化创新,提高学生运算能力

学生的差异是客观存在的,对同一个计算问题,由于学生的认知水平和认知风格的不同,常常会出现不同的计算方法,这正是学生具有不同个性的体现。在允许学生保留自己算法的同时,尊重学生,适时、适当地进行优化是完全必要的。学生通过评价别人和自己的算法,不断完善、改进自己的方法,展现个性,在交流比较中找到适合自己的最优算法,这实际上是一种优化思想。

在运算定律教学时,如 $88×125$,我采用放手让学生试算,结果学生出现了多种计算方法:$88×125=22×(4×125)$;$88×125=125×8×11$;$88×125=(80+8)×125$;$88×125=88×(25+100)=88×25+88×100=22×(4×25)+8800$……在学生独立思考解决的基础上,再让学生发表自己的观点,倾听同伴的解法,进行小组内交流、争论、对比,找到最优方法。这样的教学,有利于培养学生独立思考能力,利于生生间交流质疑能力,而且在解决这一计算问题的过程中,使不同的学生学会从多种角度思考问题能力。

提倡计算方法的多样化,是计算教学中实施因材施教的有效途径。通过引导,鼓励学生大胆探求和运用灵活的解题方法计算,一题求多,多中择优,拓展思路,培养优化思想,发展创造性思维,有效地提高运算能力,培养学生的数学素养。

三、尊重学生主体,注重过程指导,发展学生推理能力

学生是学习的主体,教师是学生学习的组织者、引导者与合作者。因此教师应给学生足够的时间和空间,让学生充分经历观察猜想、验证、归纳等数学思考的全过程,注重数学思想方法过程的指导和理解,这样有利于学生在亲身经历中进行"四基"培养,发展学生的逻辑推理能力。

在讲授《乘法交换律和结合律》时,学生已有前面学习归纳加法交换律和结合律学习活动经验。我根据学生的年龄特点,让学生独立思考大胆猜一猜"除了加法有交换律和结合律,剩下的三种运算中,哪种运算里还有类似的运算定律?"激发了学生的学习欲望,学生争相说出自己的猜想,为学生后面积极自主探究乘法交换律和结合律埋下伏笔。接着是老师的引导与学生的活动相结合,让学生自主探究、合作交流,亲身体验验证的全过程。在展示学生的验证结果时,通过不完全归纳的方法——列举算式验证乘法有交换律和结合律,让学生在亲身实践获取知识的同时享受成功的喜悦。最后应用找到规律解决生活中实际问题,利用多媒体课件的直观动画效果,用演绎推理的方法,再次证明学生猜想的正确性,向学生呈现了一个更加完整的验证过程和方法,同时也让学生体会到,任何一个知识都是数学家们经过无数次推理验证后才能够得出结论的,体现数学知识的严谨性,发展学生的逻辑推理能力,提高学生的数学素养。

四、创设问题情景,体验理解算理,提升学生思维能力

情景教学是经常运用的教学方法,在计算教学中,用大量情景来引出需要计算的式子,赋予计算实际的意义,避免学生单纯枯燥的计算。这样以解决问题为载体,让学生在具体情景中感受理解意义,不仅培养了学生解决问题的能力,还进一步培养了学生的数感,提升学生数学思维能力。

如教学《四则运算》的顺序和方法,学生已经有了一定的运算及解决问题的基础,只是并未对混合运算的运算顺序做明确的说明和整理。为了让学生感受运算顺序的合理性,我根据教材主题图创设了学生在"冰雪天地"活动的场景,学生根据活动区域指示牌和场景中的三条信息提出数学问题,由此引出例题。

例1:滑冰场上午有72人,中午有44人离去,又有85人到来。现在有多少人在滑冰?

这道题的数量关系分析比较简单,学生有一定的知识基础,因此例题的重点放在综合算式和运算顺序上,当学生列出综合算式后,要弄清每步算式列出的依据及表示的实际意义,先算什么?为什么要先算?再算什么?通过说理,让学生在具体情境中感受运算顺序的合理性。

例2:"冰天雪地"3天接待987人。照这样计算,6天预计接待多少人?

我注意加强数量关系的分析,重点理解"照这样计算"的含义,要引导学生用数量关系来描述解题思路,并画出线段图直观形象地表示出两种解法的数量关系,用数形结合思想帮助学生理解题意和运算顺序,突出重点突破教学难点,较好地达到教学目标。在此基础上,观察$72-44+85$;$72+85-44$;$85-44+72$;$987÷3×6$;$6÷3×987$这几道综合算式有什么共同特点?从而总结运算顺序就水到渠成。

通过创设计算情景,在解决实际问题中概括整理出四则运算的运算顺序,进一步感受、体验理解算理。把所学的理论知识应用于解决实际问题中,使学生在循序渐进中既理解掌握运算顺序的合理性、科学性,强化基础知识教学的同时,又发展了智力,提升了思维能力。

五、提供尝试空间,搭设展示平台,培养学生创新能力

小学数学教学要以学生发展为主,要关注学生的创新精神和实践能力的培养。因此在教学中要以学生发展为本,多为学生提供尝试空间,在不断尝试体验、交流展示过程中寻求解决问题的策略,并能根据问题的特点找到切实可行的方法,从而培养学生的创新精神和实践能力。例如:在教学《两位数乘法》新课后的练习课时,组织引导学生进行教材中"乘法算式与相应积的连线练习"。出示:

5460	1014	756	322	3136	2184
56×39	23×14	65×84	12×63	32×98	26×39

　　放手让学生去思考,尝试寻找解决方法,在自主探究的基础上进行合作交流:有的用竖式计算,有的用估算方法,有的没有计算而是进行分析。针对种种方法,我都让学生说明自己解决问题的思路。在汇报中,一个学生说:"先算个位,再算十位,口算就行,比如:56×396×9=54 找尾数是 4 的,再算 5×3+5=20,看谁最接近 2000。"当老师假装疑惑看着他,他着急地说:"您可以再算几组。"于是老师组织其他同学验证了两组,果真如此。同学们的脸上表情由惊讶转为兴奋,都向那位同学投去了羡慕的目光。这时,老师适时地说:"其实大家的方法都很好,在做题时你认为哪种方法好,你就用哪种方法。"接着老师安排了学生完成类似题目的练习:

1170	903	1932	918	832	992
46×42	26×32	21×43	27×34	31×32	18×65

　　汇报订正时有的学生说用了刚才口算的方法,不能全部解决,也要用竖式,但只算一题就行。他说:"我观察得数末尾的数字是 0、3、8 的各一个,末尾数字是 2 的有 3 个,因此我用刚才的口算的方法找到个位数字相乘后积的个位得 0、3、8 的,再看个位相乘后积的个位得 2 的有 46×42 、26×32 、31×32,接下来算首位相乘哪个接近 2000(46×42),剩下26×32、31×32,只算其中一道就可以了。"老师对学生的解法给予了肯定但没有限定,为学生提供了开放的空间进行数学思考,开放性的交流中获取开放的结果,这正是尊重学生的体现——尊重学生对学习方法的选择,鼓励他们用自己的方法学习数学,有利于培养积极的数学情感,有利于张扬个性和培养创新精神。

　　通过多年实践,我认为在计算教学中,要体现一个主体,即以学生为主体,不断改变教学方式方法,形成有效的教学策略,注重算理突出算法提高学生运算能力,提升数学思维,发展推理能力,培养创新能力,培养良好的学习习惯,形成数学品质,从而提升学生的数学素养。

(作者单位:天津市北辰区实验小学)

"图"尽其用，绽放异彩

——小学数学主题图使用现状分析及改进策略

张秀艳

现象一:忽略存在——淡化主题图的存在价值

很多教师对教材的知识点很清楚,认为掌握知识点,与教材呈现的主题图没有多大的关系。 如一年级上册的《8、7、6 加几》,教材只呈现了操场上情境图:

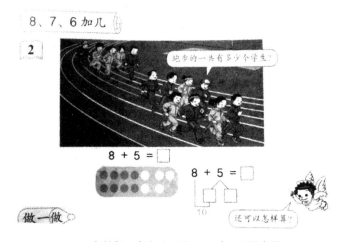

图1 人教版一年级上册《8、7、6 加几》图主题

在现实的教学过程中可以发现许多教师并没有很好理解主题图的内涵,有的教师认为学生有了"9 加几"的探索活动经验,可以让学生脱离主题图,开门见山出示"8+5=? ",进行"8 加几"的计算方法的学习。这样做其实不对,老师忘了十分重要的一点——在人教版教材中,不再单独把"应用题"教学放在一个单元,学生的分析问题和解决问题的培

养渗透在计算教学之中。这里的主题图不但承载着计算教学的功能,也承载着从主题图中发现问题、提出问题、分析问题,从而解决问题的功能。教师根据主题图设计有效的问题情景,激发学生的探究欲望,最大限度发挥主题图的存在价值。

现象二:本末倒置——忽视了目标的有效落实

在二年级上册《表内乘法一》中,有位老师这样组织教学:先出示了主题图

图2 人教版二年级上册《表内乘法一》主题图

师:"同学们,你们看这幅画面美吗?你们都看到了什么?"

生:"小朋友在玩。"

师:"那你们又看到了什么?"

生:"草地上有小火车、小飞机、过山车。"

师:"你们能提出什么问题?"……

虽然在观察了主题图后,费了一番周折,最终学生们找到了相关的数学信息,也提出了相关的数学问题,却绕了一个圈子。在短短的40分钟内,不能充分利用文本展开教学终究是个遗憾,无形中干扰了数学思维,影响了"双基"目标的落实。这就要求教师根据主题图设计有效问题,激发学生的兴趣,促使学生深入地学习,从而达到高效课堂。

现象三：机械使用——缺少了应有的灵活处理

有的教师认为教材中的"主题图"呈现形式新颖，符合儿童年龄特点，因而一味崇拜，在教学中没有再做必要的处理，对"主题图"的应用可以说是照抄照搬，因此成了名副其实的"绊脚石"。如在教学《确定位置》课时，教师只是利用书中的"主题图"展开教学，而不是利用现有的班中座次展开教学，这就显得很抽象，不利于激发学生的兴趣，也不易于学生直观的理解。

一、改变观念，发挥主题图的全面功能

"主题图"是人教版数学课程教材编写特点之一，其意图在于体现课标中"从学生已有的生活经验和知识基础出发，通过实践、思考、探索、交流等一系列活动，亲身经历知识的形成过程，获得基本技能，基本思想，基本活动经验。"它不仅色彩艳丽，内容丰富，更凝结了众多编者对教育的认识、对数学这门学科的深刻地理解。教师在改变观念的同时，尽可能发挥主题图的作用，为学生学习所服务。

（一）借助主题图，激发学生学习的兴趣

兴趣是儿童学习的动力，主题图为儿童提供了丰富多彩的画面，让他们认识到生活中蕴含着许多神奇数学问题。好奇促进了学生的不断思考和探究。如一年级上册《0 的认识》教学内容中，"主题图"安排了"小猴吃桃"的场景。

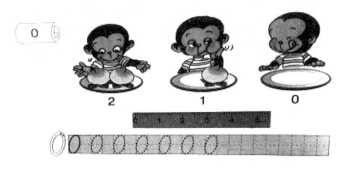

图 3　人教版一年级上册《0 的认识》主题图

学生真正喜欢、真正需要才能激发他们学习的兴趣和探究的精神。数学问题蕴含在情境中，即一个桃子也没有用什么数来表示呢？在已经学过的数中找不到，从而引起认知上的矛盾冲突，就要产生一个新数，这个数就是"0"，在这里主题图发挥了重要的作用，学生通过主题图感知到问题的存在，也感受到数学与我们生活联系得非常紧密，也有利于培养学生用数学解决实际问题的能力。

（二）依托主题图，渗透思想教育

思想教育与传授知识是相互依存的关系，思想教育贯穿于教学的过程中，在数学教学中不进行思想教育是不完整的教学。主题图不仅承载着教学资源的功能，还承载着给学生创设观察与思考的空间。培养学生从主题图中搜集信息，提出数学问题的能力，同时还要渗透思想品德教育，进行积极的情感教育。有一种常见的现象：许多新一年级的老师都会说，一年级数学有什么教的，数学课不好上。其实，这是教师没有深入研究教材，没有真正理解教材的编写意图。例如，一年级上册《准备课》主题图呈现的是一幅"生机勃勃，万象更新"的美丽的校园情景。

图4　人教版一年级上册《准备课》主题图

一方面让入学儿童感受校园生活的美好，并认真观察主题图的人和物，感知10以内人和物的数量，并体会数字在我们生活中无处不在。另一方面，根据主题图的内容，使学生意识到自己已经是一名小学生了。小学生要按时到校，讲文明，懂礼貌，还要好好学习，锻炼身体。这就是主题图教学所反映的精神实质。上好每一节课，不仅可以激发学生学好数学的愿望，还能激起学生对老师的喜爱。为培养学生优秀的品质做准备，把渗透思想品德的任务作为教学的重点。

（三）读懂主题图，提高自主学习能力

主题图作为一种文本资源，不仅仅为学生的学习创设了一个个丰富的静态情境，还有目的地设计了许多可以操作的动态场景，教师正是巧妙利用这一点，充分挖掘教材主题图的设计意图，遵循学生的认知规律，使学习资源变成学生可操作、可研究的自主学习探究平台。如六年级上册《圆的认识》。

图5 人教版六年级上册《圆的认识》主题图

教学时教师依托主题图和文本,学生自学教材第57页、第58页。自学指导:(1)弄懂相关内容。(学生用手指着从头到尾看一遍。)(2)回答书中问题。(学生将书中提出或小天使提出的问题在旁边答一答。)(3)想一想,画一画,思一思。(想:学到的重要内容是什么?画:把重要的内容画下来。思:还有疑惑的地方吗?如果有在旁边画问号,便于交流时提出来。)(4)完成"做一做"。学生顺应主题图的提示自己看书,结合动手操作,领悟要学知识的重难点。在此基础上,生生交流,师生交流,碰撞出一个个智慧的火花,自主生成概括出知识的要点,体会到成功的喜悦,收到意想不到的效果。

主题图的有效使用为学生搭建一个可培养自主学习能力的平台。促进了学生在活动中,自主探索、合作交流,各种感官共同参与数学活动,从事物的表象中概括抽象出本质特征,从而建立正确的教学概念,提升了学生的自主学习能力。为培养终身学习的能力打下坚实的基础。

二、注重方法,提高主题图的使用效率

(一)挖掘"图"的丰富内涵

理解主题图的内涵是教师把握教学目标、有效实施教学过程的前提,而让学生发现主题情境中隐含的数学问题则更是课堂教学的关键。如五年级上册《平行四边形的面积》的教材呈现了数方格的主题图:

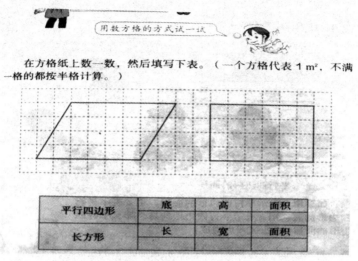

图6 人教版五年级上册《平行四边形的面积》主题图

往往大部分教师让学生在方格纸上数出平行四边形和长方形的面积,填表后再大胆猜测或者直接忽略这一主题图,进行割补的探究。从而忽视它真正的编写意图。其实数方格的知识本质就是数单位面积。我在教学中先让学生根据教材提示(不满一格的都按半格计算)一格一格的数,数后,教师用问题引领:(1)哪个图形的面积好数? 怎么数的? (2)平行四边形的面积有没有更快更好的数法?学生通过讨论发现平行四边形面积有规律数的方法——先割补转化再数。为探究割补转化求平行四边形的面积提供了强有力的支撑。因此把握好"主题图"的丰富内涵,再加上有效问题的引领,达到了完美的统一,收到了意想不到的教学效果。

(二)掌握"图"的动感效应

主题图的素材呈现在课本上都是静止的画面,有一定的局限性,往往无法同时兼顾现实意义与学生的情趣。如何使用教材中的主题图,促进学生对知识进行有效建构,是教师作为教材研发者所应该思考的。教师根据学生的年龄特点和认知水平,利用多媒体技术,把教材的静态的主题图,处理为动画呈现方式,激发学生的学习兴趣和探究欲望,帮助学生主动构建知识。如四年级下册《图形的运动》第二节平移。

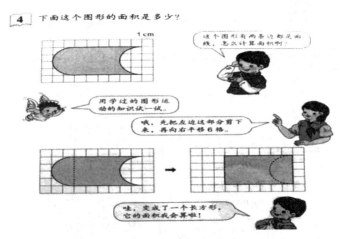

图7　人教版四年级下册《图形的运动》主题图

　　课件先出示第一幅图,学生尝试计算这个图形的面积。因为图形左右两条边都是曲线,不能用长方形面积计算公式来解决,产生了矛盾。教师适时抛出思考性的问题。问:"能不能将不规则的图形转化成规则图形,再计算呢?"学生先独立思考,再和同伴交流,最后再全班交流,得到解决问题的办法:切割—平移—补全,得到一个长方形。教师利用多媒体把静态的画面变成动态的过程,帮助学生理解了图意,让学生真正体会到成功的喜悦。在这样的过程中,使学生经历解决问题的过程,获得解决问题的方法,提升解决问题的能力,积累数学活动经验。同时转化思想得到了有效的渗透,也为以后探究多边形的面积计算做好了铺垫。

(三)把握"图"的呈现时机

　　教师要找准教学起点,选择适宜的时机呈现教学主题图。如四年级下册《小数点移动引起小数大小的变化》。

图8　人教版四年级下册《小数点移动引起小数大小的变化》主题图

新课开始,教师创设故事情景。师:"大家都看过《西游记》吗?孙悟空有一根神奇的金箍棒,大家猜猜看,这件宝贝神奇在哪里?"这时候呈现主题图,让学生根据主题图讲讲后面发生的故事?学生结合主题图讲故事,并搜集相关的数学信息。初步感受小数点向右移动,小数就变大。从而激发学生探究小数点移动与小数的大小到底有没有关系的相关问题。这样的设计让我们看到主题图的呈现时机恰到好处,学生在具体问题的情境中学习了知识,发现和提出问题能力得到了提高。以上案例中,教师巧妙地把主题图放到学生讲故事前呈现,更能引起学生的兴趣和注意力,最大限度地体现了主题图的使用价值。

三、科学运用,提高学生学习实效

主题图呈现的是一个情景,但并不是唯一的课程资源。教学中如果认为教材中的主题图不符合学生的实际生活,可以重新选择教学素材,进行合理的增、补、编。只要是有利于教学的素材,适合学生的年龄特点,符合学生的认知规律,能激起学生的学习欲望,都是成功的。

(一)去繁就简,突出学习重点

在实际教学中,有的主题图,色彩艳丽,信息量多,又由于学生的生活经验不同,兴趣爱好不一样,观察的角度和注重点不同,注意力往往偏离数学本身的问题。或者停留在某一细节上,很难集中精力学习数学。因此教师对主题图做适当的处理,去繁就简,帮助学生从数学角度思考问题。

如二年级数学上册《表内乘法一》(见图2),小飞机、小火车、过山车的游乐项目,呈现的信息量过大,学生很难找到相同的加数,不能体现用乘法计算的必要性。我们可以试着做如下处理:

1. 通过多媒体课件的演示,把静态的游乐场变为动态的场景,说出自己喜欢的游乐项目,每一项活动中有几个小朋友,从而激发学生的学习热情。

2. 重点展现小朋友乘小火车的场景:有 6 节车厢,每节坐 4 人。算一算做小火车的人数,并说出计算过程。

3. 把小火车的车厢增加到 8、9 节,在计算小火车的人数,从而得出乘法的意义等知识。

4. 再出现"过山车""小飞机"等活动主题图,用简便的方法计算参加的小朋友人数。教师及时肯定与表扬。

这样的教学处理,教师用有针对性的问题引领学生把注意力集中在乘小火车的人数上,排除了其他游乐项目的干扰。再通过增加车厢的数量,多次直观的感悟算理,自然而然地生成乘法的意义。

(二)适当增补,丰富教学内容

有的主题图情节比较简单,我们可以根据本班学生的实际状况进行适当的增补,使主题内容更加丰满,更有利于学生系统地学习知识,完善知识体系。

如四年级下册《小数的意义和性质》的主题图。

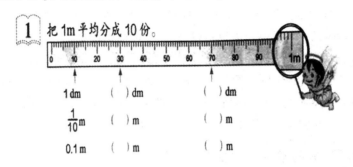

图9　人教版四年级下册《小数的意义和性质》主题图

教师引导学生观察发现概括得到：1 分米=1/10 米=0.1 米　2 分米=2/10 米=0.2 米……再由主题图联想到学生常用的直尺上,问题引领:你还能在直尺上找到 0.1,0.2 这样的数吗?学生再一次带着目标观察,讨论发现:1 厘米=1/10 分米=0.1 米　2 厘米=2/10 分米=0.2 分米……　1 厘米=10 毫米　1 毫米=1/10 厘米=0.1 厘米　2 毫米=2/10 厘米=0.2 厘米……　教师再引领学生思考:测量时,不到 1 米用零点几米表示。那生活中还有没有这样的数?学生经过思考讨论交流得到:1 角=1/10 元=0.1 元　2 角=2/10 元=0.2 元……　1 分=1/10 角=0.1 角　2 分=2/10 角=0.2 角……由主题图再结合自己的生活经验,感悟小数的产生过程,自然生成并归纳小数的意义。这样的增补使教学情境变得更加丰厚,使原本枯燥抽象的数学知识变得生动形象、富有兴趣,促进了学生的主动学习。

(三)科学创编,拓展教学资源

当我们认为教材中的主题图不适合于学生学习时,教学中如果认为教材中的主题图不符合学生的实际生活,可以重新选择教学素材,进行合理的处理。只要是利于教学的素材,适合学生的年龄特点,符合学生的认知规律,能激起学生的学习欲望,都是成功的。如三年级上册《时、分、秒的认识》

图10　人教版三年级上册《时、分、秒的认识》主题图

课本提供的主题情境是:春节联欢晚会、马路上设有计时器的红绿灯的场面,这些情境对于现在来说,并不能引起学生有多少好奇心和积极性,因此很难赋予其生动有趣的活动情境,学生并不感兴趣,对学生的学习没有挑战性。因此我对主题情境进行了重新设计,化成比较形象、直观的方式呈现。

谈话激趣

师:孩子们,今天我们的好朋友笑笑和淘淘邀请大家去动物园和可爱的小动物们一起学习数学,你们愿意去吗?

课件演示:小熊妮妮的家

1. 引导观察妮妮家墙上的一个残缺钟面。

师:你发现了什么?(钟面没有时针和分针)

师:谁能帮她修修?

(教师引导学生把钟面做完整)

2. 复习整时、半时。

师:在孩子们的热心帮助下,妮妮家的钟面终于完好如初,谁能在钟面上拨了一个时刻,考考大家? 8时怎么写?

师:刚才我们和妮妮一起复习了整时和半时,生活中还有许多既不是整时也不是半时的时刻,今天我们就和小动物们一起继续认识时间。 (师板书课题:时、分、秒)

这个主题情境通过让学生自主发现问题、解决问题来唤起学生对钟面原有认识的记忆,让学生对学习内容产生认同感和熟悉感,在此基础上导入新课,能为下面构建新知做出良好的铺垫,有利于学生深入学习。因此,教师在尊重教材意图的同时,合理拓展,进行灵活改编、使主题图发挥出最大的价值。

结束语

主题图是教材赋予我们教学的一片新天地,在教学中通过细细地品味和思考,我们可以慢慢领悟到新教材主题图的"内在魅力"。合理把握主题图,正确的处理教材,既能"走进主题图"理解它丰富的内涵,也能"跳出主题图"创造性地使用主题图,结合有效的问题的设计,促进了学生深入地学习,使学生获得更好的发展,也让教师成为一个有效处理主题图的行家里手。

(作者单位:天津市北辰区实验小学)

小学数学教学中批判性思维的培养

陈振巧

一、理论研究

培养学生的核心素养是当前教育的首要任务,同时也对教育提出了更高的要求。我们要培养全面发展的社会主义建设者和接班人,培养创造型人才,就要重视批判性思维的培养。林崇德教授认为:思维的批判性就是指思维活动中善于严格地估计思维材料和精细地检查思维过程的智力品质。发达国家把批判性思维与问题解决并列为思维的两大基本技能。而我们的实际教学中,批判性思维品质的培养却没有受到足够的重视,学生单纯模仿、盲目解题、不思事理的现象比比皆是。因此,在小学数学教学中培养批判性思维,意义极其深远。

(一)培养核心素养的需要

学生的主体性发展应表现在独立性、主动性与创造性上。学生具备了批判性思维品质,就能自觉地完成任务,主动从多个方面和不同的途径验证解题策略,并对学习过程做出恰当、合理地评价与调节,实现深入学习和创造性学习。

(二)学生健康发展的需要

小学生盲从教师的现象严重。在他们的意识中老师的话就是真理,书本是绝对正确。他们在一种规定好的、毋庸置疑的环境中复制着教师的解题思路。这不仅禁锢了学生的思维,更严重损害了学生的心理健康。学生只有具备了批判性思维品质,才会敢于向书本、教师、他人及自我挑战,才会敢于创新求异,才会在自信的心理状态下健康成长。

(三)培养创造型人才的需要

创造是在继承、批判和超越的基础上产生的,是以突破或否定前人的权威性见解为基础的。所以,要培养创造型人才必须从小培养批判性思维品质。由此可见,批判性思维将成为创造型人才必备素质之一。

二、实践研究

(一)把学习时间还给学生

由于学生在数学学习时,要获取感性材料,分析数量关系,概括法则公式等,这些都需要花费大量时间。因此,教师在设计活动或提出问题后,不要急于提供帮助,否则会使教学进程与学生的思维进程发生错位,造成学生无法以自己的方式、方法去思考、辨析、判断、置疑和交流,甚至会造成学生思维活动的停滞。事实说明,学生只有在充足的时间里才有兴趣去探索和研究,才可能从中领悟学习方法。

(二)还学生发表自己见解的权利

教师在教学过程中要为学生提供说话的机会,让他们将感知到的、发现到的东西说出来,将自己的猜想讲出来,并促使学生相互讨论,甚至争论。这样学生就可以在交流中收集更为全面合理的信息完善自己的解题计划,优化自己的解题过程。

(三)利用教材中的错误鼓励学生向权威挑战

教师要充分利用教材中出现的遗漏或错误,合理组织辩论,打破学生心目中教材就是绝对正确的思维定式,鼓励学生向权威观点挑战。使学生认识到教材也可能出错,凡事要从实际出发,客观评价;要充分相信自己,养成大胆质疑、合理分析的学习习惯。

(四)分析错题增强免疫力

分析别人或自己产生错误的原因,可以有效防止思维再次出现失误,提高辨别能力。如:用简便方法计算 $125 \times 6 \times 2$。有的学生错解为 $125 \times 6 \times 2 = 125 \times (6+2) = 125 \times 8 = 1000$。经学生剖析,产生错误的原因是与分配律发生了混淆,此题应先用乘法结合律再用乘法分配律简算,即原题 $=125 \times 2 \times 6 \times$ 或原题 $=125 \times (6 \times 2) = 125 \times 12 = 125 \times (4+8) = 125 \times 4 + 125 \times 8$。通过对错题的分析讨论,学生找出了造成错误的原因,研讨了预防措施,提高了解题的正确率,可谓吃一堑,长一智。

(五)引导学生养成自我评价的习惯

自我评价能力是实现自我监控的保障,没有自我能力就难以自我调节。就是说要培养学生的批判性思维品质,首先要让学生学会自我评价并养成自我评价的习惯。因为小学生在自我评价过程中往往是先去评价解题结果正确与否，再去评价解题过程是否合理，方法是否简捷，所以教学中可以引导学生养成三问的自我评价习惯，即：一问结果正确吗？二问过程合理吗？三问方法还能优化吗？

三、培养批判性思维品质的操作方法

小学数学教学中批判性思维品质的训练可按弄清问题、合理想象、拟定计划、解决问题、讨论反思、优化完善六步进行。下面结合 156+98 怎样计算比较简便来说明批判性思维品质训练的操作方法。第一步弄清问题："这道题让我们做什么，你怎样理解简便？"第二步合理想象，估计一下计算结果会在哪个范围，并说明理由。第三步拟定计划，为了提醒学生不要盲目做题，养成先构思、再解题的策略性习惯，教师这时可向学生提出："你打算用什么方法算？简便在哪里？还有什么不同的简便算法？"第四步解决问题，这时教师可请学生按照自己的想法进行简便运算，并在巡视中了解更多的解题方法。第五步讨论反思，为了提高学生自我评价水平，师生交流，生生交流时必然会出现这样的问题："你是用哪部分知识解题的？你的根据是什么？你的方法是否合理？你是怎样检查的？"第六步优化完善，当学生向大家说出自己的想法及解题过程后，教师不要马上加以评定，而要把机会留给学生，让大家评论该同学的解题方法和检查方法是否合理，如果不合理应怎样改进。

四、训练批判性思维品质的教学模式

良好的思维品质不是一朝一夕就可以养成的。在小学数学教学中采用文本对话的教学模式可以有效训练学生的批判新思维品质。学生在课上或课前自己学习书上的知识，思考书上的问题，大胆猜想，寻找验证的方法。实现与文本对话、与教师对话、与同学对话、与自己对话。例如在教学平行四边形的面积时，学生因为有学习长方形面积的经验，所以有的学生就会采用临边相乘的方法来解决平行四边形的面积，这时教师就可以让学生看书，看看书上是怎样解决的，和你的想法一样吗？为什么你算出的结果比书上算出的结果大？哪个是正确的呢，为什么？当学生从书中和教师的课件演示中理解了临边相乘是错误的后，不要忙着下结论，接下来引导学生猜想："是不是所有的平行四边形都能转化成长方形？"得出结论后不是忙于练习，而是让学生思考："人们是怎样想到用转化的方法来研究平行四边形的面积的？"学生长期这样训练下去，会看书、会思考、会交流、敢猜想、敢创新、敢挑战的学生才会出现在我们面前。这也正是学生的核心素养所在。

五、讨论与思考

教师观念的转变是前提条件。要培养小学生的批判性思维，教师首先要虚心与学生共同经历、探索知识形成的过程和发展方向。其次，要学会接受学生提出的批判性问题，特别是对原有思维方式有攻击力的问题。再次，教师要学会容忍学生的错误，正确剖析错误背后的合理因素，创造性地提出纠正错误的新问题，帮助学生获得正确的认识。不要一

发现学生出错就马上把正确答案塞给学生，然后再以巩固为名要求学生重复教师的答案。最后，教师要改革对学生的评价标准，全面衡量、正确评估学生的能力，并尽快教会学生自我评价，引导学生正确评价他人。

克服学生的依赖心理是必要手段。千变万化的数学试题让学生学习数学很困难，逐渐对教师产生了依赖心理，总希望教师能一一讲来。这样，理想化、公式化、模式化的解题方案就会占据学生的思维，而现实生活中的问题并非如此规范，在问题的解决过程中需要筛选材料、选择简洁方法等，学生长期在这种理想化、公式化、模式化环境下学习，钻研精神就会被压抑、创造潜能就会被扼杀，更无从谈起"严格地估计材料和精细地检查思维过程"了。所以，要培养学生的批判性思维品质就必须引导学生克服对教师的依赖心理。

正确的自我评价有利于学生走向成功。良好的自我评价对学生的发展极其重要，有时甚至会影响到一个人的一生。有良好自我评价的学生会很自信，敢于挑战。他们善于独立处理问题，敢于用创新的方式解决问题，而不会过度的怀疑自己的能力，这样的人很容易成功。相反，自我评价不好的学生，容易自暴自弃，自我怀疑，这样的人常会远离成功。

（作者单位：天津市北辰区实验小学）

浅谈"对话文本"教学促进学生发展

李淑静

在终身学习成为必然的教育背景下,培养学生"对话文本"读书学习的能力不失为一种良好的途径。自主学习的理念深入人心,学科核心素养也是我们每一位数学教师一直追寻的目标。培养学生读书学习的能力,是不是在充分发挥学生学习的自主性?读书是不是涵养学科素养的有效载体?经过这些年的实践研究告诉我们答案是肯定的。

多年来,我在数学课堂中一直坚持着在教学中推广"对话文本"的看书学习方式,这种方式长期坚持下来会促进学生养成良好的习惯。现在,"对话文本"学习已经成为我班每一名学生的基本学习技能与习惯。

要学习新课了,打开数学书看看——要学什么?新的知识是什么?哪里能看明白?哪里看不懂;学习中遇到困难了,打开数学书看看——书上怎么说的?例题的解题思路能借鉴吗;一节课的学习结束了,打开数学书看看——我们的认识和书上说的一样吗?我们的研究方法和书上一样吗?

由于这样的坚守,"对话文本"的策略研究不断走向深入。我不断地实验、尝试;不断地与同事交流、分享;结合经验不断地总结、概括。因此,针对对话文本我总结了三个层级水平:第一,看懂看细;第二,带着思考看书;第三,将在对话文本中获得的认知经验迁移类推到解决新问题中。

第一层级:看懂看细。我们怎样做来培养学生在对话文本的过程中,"看懂看细"呢?"看懂看细"是对话文本学习的基础,例如在教学《条形统计图》这节课时,结合学生的认知水平,及时找准看书时机。本节课我采用了三次看书学习,让学生与数学书进行了三次对话。其中,在展示学生自主完成的条形统计图这一环节时,出现了这样的情况:学生自主绘制的条形统计图中有的标了数,有的没标数。引发学生深入思考:到底是否需要标数?为什么?如果标数标在哪儿?此时抓住学生想探究这一知识的欲望和需求,及时抓住这个看书时机组织学生进行第二次对话文本。此刻学生非常想知道结论是什么,他们带着这样的疑问去看书,看得十分细致。回看此次活动,一方面帮助学生弄懂了条形统计图是否应该标数的问题,另一方面渗透了"对话文本"看书学习的方法——就是看书应看细。我相信我设计的这样一个活动,一定会在很多的学生中产生效应,以后他们再与文本对话的时候,学生们一定会读得更仔细,想得更全面。所谓习惯就是这样一点一滴被渗透,一点一滴积累而来的。

第二层级:带着思考看书。 这也是对学生"对话文本"提出了进一步的要求。就像在教学《比的认识》一课时,首先设计了学生在课前进行看书学习的环节,在课前学生通过"对话文本"能够看懂记住的内容可能就是"比的各部分名称、比值的计算方法、比的定义"等一些规定性知识,而教材中 48 页下半部分呈现的"神舟五号飞船的路程与时间的比是速度"这样的内容。这部分内容学生在课前看书时是不太关注,而在教学中我设计了让学生讨论西红柿的总价与数量能否用比表示时,学生各抒己见,争论不休,不能达成共识,这种时候,我用讲解是完全可以解决这个问题的,可对于学生而言,如果单靠听老师讲解学会了,就错失了一次自主学习的时机。所以,我并没有给学生讲答案,而是让学生自己看书学习。这时学生头脑中想着"西红柿的总价与数量能否用比来表示它们的关系",在自学教材时眼睛看到的是"路程和时间的比是速度",这时学生将这两个问题进行了深入思考。对于六年级的学生而言,这样的类比迁移经验和能力是丰富的,当他们看到路程与时间的比是速度,就可以想到总价与数量的比是单价,进而发现不同量之间也可以用比的关系来表示。这个问题自然而然得到解决。所以说在"对话文本"的过程中还要带着思考去看书。

第三层级:将获得的认知经验迁移类推到解决新问题中。 这一策略是我在课堂教学的实践中,为了凸显对话文本自主发展的理念形成的又一策略。经过实践研究我发现它是学生"对话文本"读书学习的较高境界。还说《条形统计图》一课,首先,我觉得教材中的气温情境图距离四年级学生的生活经验有一定距离,学生对此也不感兴趣。其次,如果看书学习后还让学生完成与书上例题同样的统计图,就是简单的复制模仿而已,没有任何有价值的数学思考。那么怎样让学生的对话文本更有价值呢?我结合我校食堂实际情况,设计了既贴近学生生活又容易引发学生参与调查的"早餐品种选择哪个"的问题情境。此时学生与文本进行对话,对话文本时学生不但能看懂书上的图、表等各种统计信息,把书中的"气温情境"的统计图迁移到"早餐品种选择哪个"的问题情境中,此时学生绘制统计图的过程,是创造性地模仿,是蕴含数学思考在里面的。看懂书上的,又会解决新问题,这样的对话文本学习才是学生真正的自主发展的过程。

学生通过对话文本学习,带来的是学习活动的灵性与色彩不断变换。课堂上学生经历的是真实的"学"的过程,在这样的学习过程中,学生的内心感受是获取新知的满足、探寻答案的迫切、思辨后的惊喜、被肯定的欣慰。因此,"对话文本"教学方式可以促进学生养成良好学习习惯,促进学生全面发展。

(作者单位:天津市北辰区实验小学)

创设真实学习情境
培养学生科学素养

赵顺廷

中国学生发展核心素养将"科学精神"纳入六大核心素养之一,强调要从小培养学生的理性思维、批判精神和勇于探究的品格。培养学生的科学精神,不能靠传统的教师教、学生学的方式来完成,必须通过学生自主学习、独立思考、积极探索来实现。学生的科学精神是一种综合素质,不是纯粹知识的教学,也不是知识、能力、情感、价值观的简单相加,离不开真实情景下的实践活动。教学实践证明,通过课本学、黑板教、纸上练、试卷考的方式很难培养学生的科学素养。只有创设真实的学习情境,让学生在活动中思考、探究,才能培养科学素养。

建构主义认为,知识不是通过教师传授而获得的,而是在一定的情境中,学习者借助其他人的帮助,利用必要的学习资料,通过意义建构的方式而获得的。真实情境的创设不仅能营造有趣有效的教学环境,激发学生学习的动机和参与的热情,还能让学生在情境中思考、探索、合作,养成主动学习的习惯。

一、只有在真实的情境中,才能产生真问题

问题是学习的依据,也只有真问题才能成为学习的依据。不从学生已有知识经验出发,不从真实的情境出发提出的问题,既不能引起学生情感共鸣,也不能引导学生思考探究。科学学科课堂上的问题,不是教师照搬教科书、参考书提出来的,而是在真实的情境中产生的。所以,教师创设真实的学习情境尤为重要。什么是真实学习情境?真实的学习情境是面向学生的现实生活,与知识内容相联系,能够体现知识发现的过程、应用的条件以及知识在生活的意义与价值的一个事件或场景。只有这样的情境才能有效阐明知识在实际生活中的价值,帮助学生精确理解知识的内涵,激发他们学习的动力和热情,把知识转化为技能。

一年级科学《植物》这一单元，包括六个方面的内容，分别是："我们知道的植物""观察一棵植物""观察叶""这是谁的叶""植物是活的吗""校园里的植物"。为了让学生了解植物，我首先利用准备课带领学生参观校园里的绿植，介绍植物的名称和特点，培养学生探究兴趣。整个单元的教学就围绕着校园的植物进行，让学生在真实的情境中发现、思考、探索、实践。如《观察一棵植物》一课，我不是让学生看图，而是拿来一株完整的菊花，将菊花的根、茎、叶完全直观展示给学生，指导学生通过看、摸、闻，观察菊花的颜色、形状、软硬、气味，通过语言、图画描述观察结果。科学学科的描画不强调美观，而是强调真实，植物长成什么样，就画成什么样，这就是科学精神。在观察菊花的根、茎、叶基础上，教师又向学生展示其他植物，学生会有这样的问题：是不是所有植物都有根、茎、叶呢？然后，教师指导学生说出各种植物的根、茎、叶。当教师拿出萝卜、大蒜、洋葱这样的植物时，学生自然要进行一番辨认、争论，这就是培养探究能力的有效方式。

在学习六年级《杠杆类工具的研究》一课时，我先出示剪刀、钳子、镊子、开瓶器、筷子等工具，让学生使用体验；然后，学生根据使用感受将以上工具分为省力、费力两类。最后，教师引导学生探究工具省力、费力的原因。真的工具、实际操作，真切体验，在这样的真实情境中，学生自然会提出哪种省力、哪种费力的问题。真实的情境包含探究的动力源泉、发现知识过程以及生活的意义价值，为学生学习提供了现实的依据，成为培养学生科学素养的最好的载体。

二、只有在真实的情境中，才会有真的探究

在科学课堂上，教师最关注的是学生对提问的反映，因为学生不着边际的回答，往往让教师束手无策、尴尬难看。其实，学生回答的问题就是思考探究的结果，之所以教师问东，学生答西，是因为学生没有和教师共处在同一问题情境中。只有学生思维的真实性，才能证明教师思维的真实性。教师必须设置真实的问题情境，让学生进入问题者的"角色"，真正"投入"到学习活动之中，达到主动探究目的。如在《在观察中比较》一课教学中，我设置了这样一个情境：找两名学生（一高一矮）进行观察比较，看看他们有什么不同。学生马上说出，一名同学个子高，另一名同学个子矮。接着，我让矮个子学生站到讲台上，再比较谁高谁矮。这时大家纷纷表示这样比不公平。那么，怎样比才算公平呢？学生提出两个同学必须都站在地上（或都站在讲台上）。两名同学必须站在同一平面上比高矮，这就为比较恐龙模型高矮、长短做了铺垫，同时也渗透了起点和终点的知识。

比如五年级下册《昼夜交替现象》一课，为了创设真实的情境，我将手电模拟太阳改为蜡烛模拟太阳，这样就避免了由于手电光柱朝一个方向与太阳向四面发光不一致的问题。用放在玻璃瓶中的蜡烛模拟太阳，用小地球仪代表地球，真实地反映了太阳与地球运动的状况，为学生探究昼夜交替现象的原因，生成太阳、地球相对运动的知识创造了有利的条件。（通过教具演示）

在真实模拟太阳、地球运动情境中，学生提出：太阳不动，地球围着太阳转；太阳不动，地球自转；地球不动，太阳围着地球转；太阳不动，地球围着太阳转，同时自转等四种

假设,为学生探究真正的昼夜交替的原因奠定了基础。

三、只有在真实的情境中,才会有真的合作

合作是学习的需要,也是交往的需要,更是发展的需要。建构主义认为,个体是在与世界环境相互作用的过程中积极建构、改组个人的认知结构而进行学习的,学习涉及学习者之间的相互效仿、协助、激发等等。学习者通过小组讨论、辩论可以看到问题的不同侧面和解决问题的不同途径,达到相互学习、相互借鉴的目的。只有在真实的情境中,才会有真的合作。

学生合作的需求是在真实的情境中产生的。如在《起点和终点》的准备课上,每名学生要自己折制一只会跳的纸青蛙。由于每个学生基础不同,学习的速度、效果也不同。教师在指导学生折纸青蛙过程中,适时鼓励学会的同学帮助不会的同学,体现了一种合作精神。学生间相互帮助是在完成真实任务过程中产生的自发的行为,体现了内在的需要,是一种真的合作。在教与受教之间,听者由不会到会,讲者由会到精,双方都有所提高、有所进步、有所发展。

低年级学生的合作学习,要减少人数,以两人合作为主。一人说,另一人听,并监督评价;一人操作,另一人观察、评判,然后换位进行。必要时,教师还可讲究合作策略,促使学生合作。例如,在学习比较恐龙模型大小时,开始每名学生只带两只恐龙,一大一小、一高一矮。老师提出:两名同学合作,将四只恐龙模型按从高到矮(或从大到小)顺序排列。这就使每个学生受到人人需要合作的教育。当两人合作有了一定的基础,再过渡到三人组、四人组等。这样循序渐进,逐步培养学生的合作能力。

真实的学习情境是血肉丰满的生活事件,知识、思维与情感在事件中融为一体。去情境化的教学不仅在知识掌握、思维发展方面有缺陷,而且对学生情感的丰富和健全人格的形成也不利。只有真实的情境,才有真问题、真探究和真合作。科学学科的"四真"课堂,是培养学生科学素养的有效途径,也是科学学科教学的改革方向。

(作者单位:天津市北辰区实验小学)

浅谈小学科学课中的小组合作

张　瀚

　　小组合作学习是当前课堂教学中,使用频率最高的教学方式之一。小组合作学习将班组授课制条件下学生个体间的学习竞争关系改变为"组内合作"的关系,将传统教学与师生之间单向或双向交流改变为师生、生生之间的多向交流,不仅提高了学生学习的主动性和对学习的自我控制,提高了教学效率,也促进了学生间良好的人际合作关系,促进了学生心理品质发展和社交能力的进步。

　　在小学科学中,小组合作的使用频率非常高,无论是实验课还是概念课,都能应用到小组合作,因此很多科学课中小组合作现象非常普遍,也正是这样,科学课的小组合作中也出现了很多问题。

一、小组合作学习中存在的问题

(一)讨论无方向

　　学生在讨论时,往往由于对讨论的内容不清楚,或者目标不明确,甚至有少数人不积极参与讨论。学生不知道自己应该做些什么,说些什么,时间就是这样一晃而过,白白浪费了讨论学习的机会,什么也没有学到。

(二)规则不明确

　　无论是讨论还是做实验之前,没有把规则讲明确,学生们不知道应该按照什么要求或者规则去做,他们只能按照自己对题目的理解或者是实验的标题,自己动手随便做。甚至有的小组把小组合作当作挡箭牌,把小组讨论或者小组实验变成了他们聊天的好地方,错过了讨论的时机。有些时候,在小组内部几个学生出现意见分歧,加上没有人协调,全组为一个问题争论不休,把这一节课要解决的主要问题抛在一边,从而与小组合作学习的目的背道而驰。

(三)优差不均衡

在很多小组内,都会有头脑灵活的学生,他们喜欢发言,也会有学生不善于表达。这个时候,组内讨论发言的机会往往都让前者占去,全是这一个或者两个学生在唱主角,后者就成了旁观者。甚至有一些学生因为说不上话,还会产生自卑的心理,认为自己事事不如别人,最后造成他们不仅在小组中得不到提高,还在小组合作的掩护下,不参与小组活动,使他们形成了不学习的错误心态。

二、有效提高科学小组合作学习的措施

(一)注重分组

在小学科学小组合作学习中,最常见到的分组形式就是按照教室座位来分,也就是直接利用教室里的座位,让前后左右四个人或六个人形成一个小组,这样的分组简便易行。但也不难发现,在这样的小组中,人员搭配非常不合理,不同层次的学生优势互补得不到体现,小组学习中,学生彼此间不能相互促进,所以效果不明显。因此,在小学科学的小组合作学习中,科学分组是极其重要的,我们应遵循"组内异质、组间同质"的原则对学生进行分组,人数一般以 4~6 人为宜,同时,还要根据学生的认知基础、能力、性格等差异将不同层次的学生进行优化组合,以促进学生间的优势互补,共同进步。需要强调一点,分好的小组不是一成不变的,应该是动态的,有时可以根据主题和学生特长的需要重新组合,提高学习的参与兴趣。

(二)明确责任

教师要培养学生在小组中学会倾听别人的意见,学会表达自己的见解,学会讨论解决问题,以友好的方式对待争议,建立小组成员之间信任和团结关系。这是小组合作学习能否良性运行的核心所在。否则,合作学习只是形同虚设,停留在表面形式上,起不到培养合作意识和合作学习应体现的科学精神和团队合作精神。所以,布置合作学习的内容要有一定的难度,有一定探究和讨论价值,问题要有一定的开放性。要让每个成员明确本组的共同任务,围绕任务,做好有效分工,落实责任。如谁负责记录,谁负责观察,谁负责实验操作等,尽可能使小组成员各司其职、各尽所能,最终达到合作学习的目标。

(三)科学指导

学生进行小组合作学习,对一个科学现象或者概念进行探讨,其具体的探讨与学习行为需要教师科学的指导。小学生的思维发展尚不健全,因此,教师要对小组合作学习的目标进行明确,让每一个学生了解到小组合作学习的目标,并根据实际情况为学生安排

合作学习与探究的步骤。合作前,小组成员要对学习与探究的方法进行讨论。合作中,各自发挥力量,共同促进科学知识的学习。合作后,要积极进行交流与讨论。而教师在这个过程当中,要学会倾听,了解学生在讨论些什么,注意学生的讨论方法,在学生讨论之后再进行学习方法与学术方面的纠正,及时发现学生的问题。教师要引导学生积极参与到小组讨论当中,将自己独立思考的成果与大家分享。

(四)激励评价

如何能使合作学习持续、有效并最终形成一种比较稳定的学习方式,需要对合作学习进行有效的评价。及时评价小组合作探究的情况,能够使每名组员更清楚自己的进步,体验成功的喜悦,从而进一步激发兴趣。老师给学生的评价要以激励为主,要表达出对学生的充分信任,帮助学生树立强烈的自信心,不断挖掘自己的潜能,成为学习的主动者。对小组学习的评价应该坚持以评集体为主,评个人为辅;以评全面为主,评特色为辅;以评过程为主,以评结果为辅。将整个评价的重心由激励个人竞争达标转变为激励小组集体合作达标,就可以不断提高小组合作探究的积极性。

总之,小组合作学习是新课程倡导的一种新的学习方式。在小学科学课堂教学中,教师应合理运用小组合作学习,提高课堂教学的实效,提高学生的素养。

(作者单位:天津市北辰区实验小学)

 ----------->>> 自主发展篇

课前预习有效性的行动研究

李 玲

预习是学生课前的一种自主认知活动,是自觉运用所学知识和能力对课文预先进行理解、质疑、思考的求知过程。课前预习是教学的起始阶段,虽然是在课前,但却是整个教学不可缺少的环节。预习的深入与否,效果好坏,直接影响着语文课的学习效率。著名教育家叶圣陶先生曾说:"学生通过预习,自己阅读课文,动了天君,得到理解,当讨论的时候,见到自己的理解与讨论的结果正相吻合,便有独创成功的快感;或者见到自己的理解与讨论结果不相吻合,就做比量短长的思索;并且预习的时候绝不会没有困惑,困惑而没法解决,到讨论的时候就集中了追求解决的注意力。这种快感、思索与注意力,足以鼓动阅读的兴趣,增进阅读的效果,有很高的价值。"这是对预习重要性的精辟阐述。可见课前预习意义重大。

虽然预习是学好语文的一个重要环节,然而,在实际教学活动中,有些教师忽视了课前预习的重大意义,肤浅地认为学生是否预习都一样。留了预习作业,学生也应付差事,于是干脆把预习新课这一环节从教学过程中省略了。有的学生认为预习作业不是作业,做不做都行;有的为了交差,查查生字读一遍课文草草了事;有的认为预习太麻烦,懒得做。所以语文课上常有这种现象:老师在台上滔滔不绝,学生在台下洗耳恭听,当老师提出问题却很少有人或是没人回答。那么,如何提高学生课前预习的有效性呢?

一、指导学生学会预习

(一)一读

指导学生初读课文时,边读边拿着笔,圈出不认识的字、不理解的词语和难读的句子。然后利用字典词典,自学字词音形义,并记录下来。遇到多音字,结合意思确定读音;

特别是多义字一定要结合上下文理解,鼓励学生反复体会,自查自悟,及时记录在书上。比如:《青山处处埋忠骨》一课"殉职"的"殉",有的同学说指的是为某种目的而牺牲,另一个同学说还有一种解释:"用人或物随葬。"这时老师引导学生读课文,结合上文了解到了课文是指毛岸英在朝鲜战场上因公牺牲,就要选择字典中的"为公务牺牲"的意思。现在参考书名目繁多,一说预习,往往就理解成抱着参考书抄答案,许多学生根本就不会自己学习,所以,切忌让学生照抄参考书。

(二)二读

指导学生练习把课文读流利。古人说:"读书百遍,其义自见。"读,不仅可以帮助学生理解课文内容、体会作者的思想感情、了解作者的写作技巧,更有助于学生自己发现问题,增强听课的目的性。所以,"读"在预习中是最不能忽视的一个环节。为了学生能够更出色地完成读的任务,可以指导他们按照读准确、放出声、抓重音、有节奏几个方面进行练习,对难读的句子进行重点练习,直到读通为止。

(三)三读

指导学生学习默读,学会边读边思考,边发现疑难。如难懂的句子、文章作者简介、时代背景、写作特点等。鼓励提出问题,课前写出要提出的问题,老师进行筛选,表扬提问好的同学。鼓励学生发现疑难问题,通过自学解决,不能解决的,课上和老师共同完成。《落花生》中有这么一句话:"那晚上天色不大好,可是父亲也来了,实在很难得。"有的同学在预习时就提出:"为什么他父亲不总回家?"课上通过与老师交流,知道了许地山的父亲许南英是一个爱国爱民的好官,颇受百姓的爱戴。中日甲午战争后,他曾率领台湾人民苦撑危局,死守孤城台南。他将多年积蓄全部充作军饷,坚决抵抗日本军队的入侵。在许地山十四五岁时,他父亲一直在外奔波,难得回家。于是就有了《落花生》课文里的这么一句话。这么忙还赶回来参加花生收获节,就是想借此机会教育子女们为人做事要脚踏实地,不求虚荣,默默奉献。从而解决了疑惑,也让学生对文章的主题有了更深刻的理解,受到了精神上的教育。《慈母情深》的第一段讲道:"我一直想买一本长篇小说——《青年近卫军》。书价一元多钱。"一元多,在如今的学生眼里微乎其微,学生不明白一元多还用那么大费周章找母亲要?他们并不理解那个时代一元多已经是很大的数字了。本篇课文写的是 20 世纪 60 年代初的事,当时正是国家困难时期,大多数老百姓的家境都很困难,"一元五角钱"买一本书在当时是不容易的事情。作者当时十五岁,他们家里很穷,一月家里才有二十七元的收入,一本《青年近卫军》一元五角,对他家来说要算很多钱了。那时一元五角可以够吃两天了。解决了这个背景问题,有许多学生把嘴张得大大的,惊讶万分,这时再理解深深的母爱就水到渠成了。学生预习《地震中的父与子》时发现:"不论发生什么,我总会跟你在一起!"这句话出现了三次,为什么?课上学习知道了这是反复的写法,并不是重复啰唆。因为这不仅是父亲对儿子的承诺,也是儿子在绝境中满怀信心的力量源泉,还是父亲坚持到底决不放弃的原因。只有反复出现,多处呼应,才能表现出崇高的父爱,才能说明儿子对父亲的高度信赖。老师告诉学生课前搜集资料是一种良好的预习方法。我们老师也可以在布置预习时,结合课文适时地留这样的作业。《狼牙山五壮士》《圆明园的毁灭》《最后一分钟》《难忘的一刻》等距离学生生活时代久远的课文,学生学起来难度大,通过布置课前搜集相关资料,课上学习气氛就能被调动起来,提高课堂的效果。

指导学生预习,要按照小学生的认知规律,由浅入深、由扶到放、由易到难。习惯不能一蹴而就,老师也不要一曝十寒。

二、对预习完成情况进行考查评价

预习情况的考查评价对培养兴趣尤为重要。兴趣是最好的老师。只有对预习作业产生了浓厚的兴趣,学生才会认真深入地进行预习,从而高质量地完成预习作业,才能达到预习的最大效率。小学生处在非常感性的阶段,如何从"要我学"转到"我要学",需要教师的引领。所以老师不能对预习作业流于形式。时间长了,学生会对预习作业变得淡漠,良好的预习习惯也不会形成。

(一)个人评价

教师要创造条件让学生获得成功,并及时、恰当地加以肯定和鼓励,充分依靠和发扬学生自身的积极因素,帮助学生获得成功的体验,从而激发学生的学习兴趣,调动学生学习的积极性。这样,即使原先表现很差的学生,也会取得长足的进步。为了考查学生的学习情况,我鼓励学生在完成预习过程中的一读任务以后,自己出试卷,自己答题。学生可以请家长帮助共同核查答题情况,对词语掌握情况自行考核,这也锻炼了学生自学词语的能力。课上老师再进行重点点拨,效果会更好。对优秀的预习作业不但在言语上表扬,还要加分鼓励,而且通过班里建立的微信平台进行展示,让学生体验到成功的喜悦,获得预习的乐趣,大大激发学生的学习兴趣。预习中的二读,请家长帮忙考查学生读书情况。在家长会上与各位家长沟通考核办法,在家按照准确、流利、声音、重音四方面进行读书情况检查,在题目旁边打分。有了明确的评价标准,学生读书的效果明显提高。我将班里朗读好的示例录成小视频播放,以点带面,效果很好。

(二)小组评价

《语文课程标准》明确指出:"语文课程应致力于学生语文素养的形成与发展,积极倡导自主、合作、探究的学习方式,努力建设开放而有活力的语文课程。"

我在检查预习环节,请每个小组由组长带领检查每个成员预习完成情况,对预习中出现的问题及时纠正,这样也及时带动了组内的暂差生参与到学习中来。对于完成好的组进行加分鼓励。而且在开学初,每个组认领全册课文中的两至三篇做成预习课件,在检查预习环节进行展示,可以由组内的一名同学作为小老师主持全班同学进行学习。效果好的同样给小组予以加分,不好的要减分。这样一来,以前布置预习作业,尤其是搜集资料的作业,总有一部分同学不愿意完成,现在大家争相完成,有了很大的收获。有一个当老师的家长见了面说,我家的孩子今年做课件比我还厉害呢?话语中带着自豪。小组评价调动了全班同学学习的积极性,合作学习培养了学生的合作精神,又培养了学生的竞争意识和竞争能力,还可以弥补教师难以在单元时间内同时面向水平有差异的众多学生进行教学的不足。

学生坚持课前预习并养成良好的预习习惯,提高了听课效率,又增强了学习的自觉性和主动性,培养了创新精神和实践能力。经过有效的预习,课堂上学生变得自信、善思,语文课堂不再沉闷,学生真正成了学习的主人。

(作者单位:天津市北辰区实验小学)

浅谈小学英语教学中的小组合作学习

宋会艳

英语课程标准倡导自主、合作和探究的学习方式。其中小组合作学习,注重了以学生为主体,教师为主导的教育教学模式,更多让学生自主参与学习,自己实践,发挥了学生的各种优势,积极主动交流,合作学习互动,提高了解决问题的能力。

一、合作学习的定义和意义

合作学习是指在教师的指导下,学生组成若干(一般 2~6 人)小组,为完成某个学习目标分工合作,并以小组的学习成果为评价依据,最终促进学生个体的成长。

(一)布鲁姆建构主义理论之一是培养学生合作学习的精神

合作学习不仅是一种学习形式,更重要的是作为一种教学思想和教学模式。教学中的民主平等,合作融洽,相互尊重信任,团结协作,共同参与的师生关系、生生关系在学生的认识发展中起着重要的作用。

(二)合作学习充分调动了学生各种器官

当学生合作学习时,每个学生必须动脑、动口、动手,耳、口、眼、脑并用,教学的效率大大提高;合作学习提高了全员的学习参与程度与合作学习的主动性,每个学生都有更多的机会参与交流;合作学习过程中,学生间增强了交往,提高了交际能力。

(三)小组合作探究学习有利于调动学生学习英语的积极性和语言综合运用能力

小组合作学习在小学英语课堂更是常见, 可以说是必不可少的。例如:Play games.(游戏),根据小学英语课的特点,孩子们的认识水平、年龄特征,在课堂中进行丰富多彩的趣味游戏,为了让每个学生都参与进去,许多游戏都需要去配合完成,所以教师往往把游戏放到小组之中开展并进行评比;Make a survey. (调查活动),根据教学需要在英语课或是课外,教师会让学生去调查,如可以调查小组成员的情况(爱好、喜欢的颜色、家庭等),调查的目的是交流,所以学生们可以在小组中去交流。这些调查看似简单,其实它们可以使学生们通过问答提高学生综合运用语言的能力,增强运用语言交际的能力;Let's make.(自动手),小组可以去配合完成英语手抄报,大家集思广益,发挥各自的特长,共同完成好任务。小组合作学习的例子还有很多,在我们的教学中随处可见。因此,合理、高效地运用这种教学模式,使它很好地服务于我们的教育教学,是非常重要的。

二、合作学习存在的问题

小组合作学习对于具有"多信息、快节奏、高密度"特点的小学英语教学和活泼好动的小学生来说,无疑是一种有效的教学模式,它已经成为当前课堂教学改革的有效途径之一,并表现出多方面的优势。但在具体的实践过程中还存在一些问题,缺乏对合作学习全面系统认识,使小组合作学习流于形式,停留于浅显的层面,出现了"无趣""无序""无声"的现象。

(一)分组的不合理性

有的教师没有按照学生的学习能力、认识水平,忽视了学生之间的协调以及学生意愿,随意进行分组,使小组合作流于表面形式。

(二)学生在小组合作中出现的问题

小组成员参与合作学习的程度不均,主要表现在不合作、各持己见。小组合作学习本来是通过小组内的几个成员分工合作,共同努力去完成任务的,但在合作学习中,有些学生只顾完成自己的事情而不懂合作、不愿合作;也有些同学表现为没主见、人云亦云。由于每组学生中都会有不同层次的学生,尤其是学习差的学生会懒于思考,不发表自己的观点,只是跟着别人走,他们对学习欠主动,坐享其成,这样的学生在整个合作学习过程中,参与度不高,听、说思维的能力得不到提高,同时还影响了整个小组合作的学习效率,使班级"两级分化"的现象更加严重。

(三)教师没有对学生进行合作学习技能的指导

合作技能的培养是合作学习的基本要素之一,是培养学生合作意识、提高学生交际能力的重要手段和途径。但是,有的教师对学生之间的合作活动观察得不够仔细,不能及时发现小组活动中出现的问题并予以解决,从而影响了小组合作活动的效果。例如在小组合作学习中,常会出现忽视弱势个体的现象,这就要求教师及时发现,去鼓励学生帮助弱势个体,因为我们是在进行小组合作。另外在交流中,有些教师不是去倾听学生合作时的声音,不是去参与合作,而是在准备教学的下一个环节,这样合作学习就成为了一个没有实效的空架子。

(四)教师的评价主观、片面

在评价上重结果评价、轻过程评价,忽视对小组内部评价、学生自我评价的有效指导。例如在玩接龙游戏时,不要单纯只看数量的多少,还可以奖励那些通过自学说出课外单词的孩子,奖励语音语调优美的孩子,而非单纯比较哪组单词数量多。

三、在英语教学中要不断优化小组合作学习

(一)科学合理的分组

教师在开展合作学习时,应采取多种多样的合作方式来激发学生的兴趣。要根据教学内容的需要去合理分组,而不是单纯地从人数上来划分,要保证组与组之间的平衡以及组内成员的差异互补。应以"组间同质,组内异质"为基本原则。如按学习能力划分,以强带弱。在开展采访活动中,可以让能力强的学生去扮演小记者,能力稍差的同学去扮演被采访者,采访时,因为有好几个被采访者,这时可以让组内最差的学生后回答,他通过观察前面的采访,自己就可以顺利回答了,这样避免了小组合作中"旁观者"的现象,解决了"无声"的问题。

(二)小组合作内容要科学合理

应考虑到不同层面的学生,要利于分层教学,内容要贴近生活,使学生乐于参加,并为学生创造良好的合作环境,使他们主动去合作完成任务。如在学习新版小学英语Unit2 Revision 一课时,如果让学生单纯地练习书中的对话,学生的兴趣不会很高,但要是改为"Let's play a game first,then act stories in groups. "(在游戏环节,学生们猜对一些有关动物的单词,然后再在故事环节使用这些词去替换书中同类词并表演)这样既达到了巩固练习、提高能力的目的,又保证了学生的积极性,避免了"无趣"的现象。

(三)优化合作学习的过程,提高合作学习的效率

合作学习过程是松弛还是紧张,是散漫还是严谨,是让学生被动接受还是主动参与,这都影响着学习的效果,在这方面时间是非常关键的。如一些教师在开展合作学习时流于形式,活动没开展完就喊停止,时间过紧。还有一些教师,对早已完成的小组视而不见,没有及时评价,小组活动成了凑时间的工具,这样又浪费了时间,造成了散漫、低效的现象。所以教师在教学中应运用教学机制,因时制宜,为学生创造宽松、和谐的学习气氛,让学生去享受合作学习的成功和快乐,同时又要严格把关,提高合作学习效率,这样可以避免"无序"现象。

(四)教师要努力提高自身的素质

主要表现在教师的言语水平、知识水平、教学机制和文化素养,这是小组合作学习是

否成功进行的前提和保障。只有教师的自身素质不断提高,才能更好地去教导学生。教师在整个活动中还要加大指导的力度,建立起监督机制,监控各个小组的合作学习情况,并适时介入,为学生提供及时和有效的指导,还要时刻关注合作中的弱势群体——学习能力较差的学生。

(五)合理的评价

合理的评价,保证小组合作学习的积极性。评价应以小组总体成绩为评价依据,促使学生尽一切可能努力达到共同学习目标。德国教育家斯多惠说过:"教育的艺术本领在于激励、唤醒与鼓舞。"在教学中要把评价贯穿于始终。由于小学生的年龄小,教师的评价更能决定他们是否能保持兴趣、激情和旺盛的求知欲。

评价时应注意对学生的评价要机会均等,要给每个学生发展的空间,对于学习能力强的给予肯定,对于小组中学习弱的也要肯定,肯定他们在合作中的进步,要给予学生积极肯定的评价。教师应多使用"Good job;Great;Excellent"等肯定评价语,对于表现不太理想的学生,也要真诚而委婉地给予"Try again;Work hard next time"等激励性的评价,坚决不能出现伤害学生自尊心的评价;对学生的评价要以形成性评价为主。

总之,合作学习方式是一种行之有效的学习方式,然而,采用任何学习方式都必须讲求灵活和适度。教师只有对合作学习不断创新和优化,才能提高合作学习的效率。

(作者单位:天津市北辰区实验小学)

同文本对话，与素养偕行

张海铃

数学具有高度的抽象性与逻辑性，数学文本中基本上都是由简单的数字、图形、符号、算式等构成。引领学生与文本对话，就是基于学生已有的认知，透过简单的图形、符号、算式，深刻挖掘其隐性的数学思维。

数学课前，许多学生会猜测将要学习的内容，并迫不及待地在课前先看一看教材。归根结底，是学生有了与数学文本对话的愿望。授人以鱼不如授之以渔，学习能力的培养更有助于提升学生学科素养，对于学生而言，"会学"远比"学会"更为重要，因此"与文本对话"的数学课堂应运而生。而在阅读自学的过程中，学生的创新意识也得到了培养。

新课程强调，教学是教与学的交往、互动的过程。这对数学教学而言，就意味着人人参与、意味着平等对话、意味着合作性意义建构，课堂教学不仅仅要使学生有所知，更要使学生有所感；不仅仅是一种告诉，更是一种体验，是课堂教学改革的一个基本方向。我们要善于挖掘教材的内涵，把重点突出，在课堂教学中展示，引发学生的学习兴趣，使整个课堂情趣盎然。

如何让学生在课堂中实现与文本的对话呢？在讲授《三角形的特性》一课时，我尝试运用多种手段，让学生走进文本，与书中的编著者对话，体味数学的简约美。

一、激趣导入，走近文本

讲授《三角形的特性》时，我首先将蕴含着三角形的生活中的图片一一呈现给学生，学生通过观察很容易能够概括出来。我让学生试着说一说是怎样快速分辨出三角形的，唤起学生对已有知识经验的回忆，三角形有三条边、三个顶点、三个角。以学生已有的知识为切入点，让学生试着用一句话概括，什么样的图形是三角形。

生甲：有三个顶点、三个角、三条边的图形是三角形。

生乙：有三个顶点、三个角、三条边的封闭图形是三角形。

生丙：有三个顶点、三个角、三条边的封闭的平面图形是三角形。

当我追问，这样的概括是否准确时，学生产生了想要学习三角形的愿望。

小学数学文本教材中蕴含着丰富的数学知识和在知识推导过程中所运用的数学思想和方法，这些内容都需要通过学生的深入学习才能发现和体验。如果教师依然采取传统的教学模式，过于强调教师的"主导作用"，把数学课堂变成教师单方面的"一言堂"，学生就会处于被动状态，失去了学习的兴趣，甚至造成不会学习、不爱学习的后果。与文本对话就为学生提供了条件，唤醒学生已有的知识经验和学习数学的兴趣，最大限度地发挥了学生的主体地位，使学生真正掌握学习的主动权，做到学会学习。所以，教师要深入了解学生掌握的知识体系，找到学生知识的生长点，创设课堂教学环境，引导学生产生强烈学习新知识的愿望，为学生与文本对话做好铺垫。

二、对比交流，走进文本

学生有强烈的学习新知识的愿望，我因势利导，让学生体会书中关于三角形概念的概括。

"对于括号中的话，表达的是什么含义？"

"概念中的哪些词用得好，好在哪儿？"

．

学生带着自己总结的概念，与数学书中的准确定义对话，体会数学语言的严谨、简洁，体验自学带来的乐趣。

学生与文本的第一次交流对话结束后，学生兴奋地汇报着学习收获。

生甲："每相邻两条线段的端点相连"就是要"围成"。

生乙："三条线段"用得好，体现了数学语言的简洁性。

．

学生通过与文本的初次交流，找到了自己与书中的异同点，满足于自己独立学习的劳动成果。自学教学模式中，要求学生学会独立看书，解决书中的问题，但与文本对话绝不只是画出书中的规范定义，更应该指导学生学会思考文本背后蕴含的知识，才是与文本对话关键所在。

三、质疑问难，深入文本

看着自学后兴奋不已的学生，我抛出了本节课的难点问题："每一个三角形都有它的底和高，你能试着给三角形作高吗？"

学生们凭借着以往学习的平行四边形、梯形的底和高，通过知识的迁移和转化，大多能够尝试给三角形作高。这之后向学生抛出这样的问题："怎么知道我们画得对不对呢？"学生们迅速想到可以看书对照。

学生再次拿起教科书，认真仔细地阅读着其中的每一个字，思考着文本背后隐含的数学知识。通过对书中文字及图例的阅读,学生们兴奋地发现,自己凭借着以往的经验所得出的作高经验是正确的。

看着学生们自己解决问题后,更加激动的表情,我及时送上了自己称赞。与此同时,提出这样的问题"你还有什么发现?"细心的孩子们会注意到"三角形有三组底和高",对此,进一步提出"你是怎样发现的""从一个顶点向对边做垂线,有一个顶点就有一条高,或是有一条边(底)就有一条高"这时肯定孩子们读懂文本背后蕴藏的数学知识。同时小结:"自学与文本交流,绝不是读一读、看一看、圈一圈答案这么简单,而是……"我故意拉长了声音,可爱的孩子们立刻接到:"要读懂文字背后的数学知识。"

四、练习巩固,走出文本

通过书中的做一做,对本节课的难点加以巩固,如何给不同类型的三角形作高,并加深理解底和高是一一对应的。

"纸上来得终觉浅,绝知此事要躬行"的意思是:从书本上得到的知识终归是浅薄的,最终要想认识事物或事理的本质,还必须依靠亲身的实践。实践是认识的基础,是创新的起点。学生在与文本对话的过程中,大多的知识是不能凭借着单纯的看就能理解和感悟的,还需学生根据自己已有的知识和经验亲自动手实践,通过摆一摆、拼一拼、画一画、量一量、剪一剪等过程才能发现和领悟,实现"再创造"数学知识的过程。

总之,"对话教学"打破了传统数学教学中的独语状态,它作为教学的又一新理念,充满了把学生从被动世界中解放出来的人文情怀,使学生在对话中丰富知识、增长见识、体现自我,成长为具有能动性、创造性、富有对话理性和合作精神的现代人。学生与文本对话是未来教育研究的重要课题,是学生实现自主学习,学会学习的最终途径。学生与文本对话能否有效进行是一门艺术,需要教师在平时的教学实践中不断摸索、不断改进,让学生与文本对话进入更高的境界,与学科素养偕行,使我们的数学课堂更加绚丽,使我们的学生更加精彩。

(作者单位:天津市北辰区实验小学)

任务驱动教学法在小学信息技术教学中的应用研究

吴作芬

一、研究的背景与意义

(一)课题提出的背景

信息技术是一门实践性很强、极富创造性、具有明显的时代发展性特点的新兴学科。目前,我国中小学信息技术课程普遍采用了"任务驱动"这一教学模式。

(二)国内外研究的现状

国外对任务驱动教学法的研究、应用较为普遍。我国近几年引进的"英特尔未来教育"教师培训项目就采用任务驱动的方法,可以说是任务驱动教学法运用的典范。

(三)课题研究所要解决的主要问题

通过探索任务驱动教学法在小学信息技术教学中应用的有效策略,在系统的理论知识指导下,以实践教学为主,理论促进实践,探索完善"任务驱动"教学模式。

1. 本课题的研究有利于激发学生的学习兴趣。

2. 本课题的研究有利于培养学生创新能力。

3. 本课题的研究有利于培养学生的技术素养、思辨能力、合作能力。

(四)课题研究的目的意义

1. 课题研究的目的。

(1)转变教师的教育教学理念,体验以学生为主体,以教师为主导的教育理念。

(2)认真学习并掌握信息技术的特点和优势,认真学习并领会通过典型"任务"激发学生的兴趣,把信息技术作为新的认知工具去自主学习。

2. 课题研究的意义。

(1)任务驱动教学法的应用可以形成师生间、同学间的相互合作,和谐、向上的学习氛围。

(2)任务驱动教学法有利于培养具有创新能力的终身型学习者。

(3)使学生学习方法由被动学习变为主动学习。

二、课题研究的设计与过程

(一)课题研究的理论依据

1. 课题概念的界定。

(1)信息技术。

(2)"任务"。

(3)"任务驱动"。

(4)"任务驱动"教学法。

2. 课题研究的假说。

学生是信息技术教育的对象,是学习的主体。任务驱动法有助于体现学生的主体地位。教师如果在整个课堂教学中精心设计任务,师生围绕任务互动,就能激发学生学习的欲望,培养学生提出问题、分析问题和解决问题的能力,为他们提供交流互动的机会,增强自主学习的能力。

3. 课题研究的理论依据。

(1)奥苏贝尔成就动机。

①认知驱力。

②自我增强驱力。

③附属驱力。

(2)建构主义理论。

(3)维果茨基的"最近发展区"学说。

(二)课题研究的目标

1. 通过教师以完成一个个具体的教学任务为线索,激发学生学习的欲望,引导学生学会如何去发现问题、思考问题、寻找解决问题的方法。

2. 通过实践初步形成"任务驱动→任务完成→效果评价→归纳汇总"的教学模式,提高课堂教学效果。

3. 通过信息技术课程拓展,使学生具有获取信息、传输信息、处理信息和应用信息的能力。培养学生协作交流的意识、创新能力及自主学习的能力。

4. 通过本课题的研究提高教师的科研能力，为本学科或其他学科提供可借鉴的实践操作的基础。

(三)课题研究的主要内容

1. 理解和掌握任务驱动教学法的内涵、特征、类型和操作过程。

2. 探索任务驱动教学法在小学信息技术教学中应用的有效策略。

(1)精心设计任务。突出目标性、情境性、探索性、综合性、可操作性的特点。

(2)合理组织教学。提出任务、教师引导、合作探索、检验与评价、拓展与细化。

3. 教学拓展延伸。

(1)采用任务驱动教学法,尝试 MOODLE 网络平台进行教育教学。

(2)丰富和完善资源库建设,使其能够让更多的学生与同行共享。

(3)建立网站(http://www. bcsyxx. com)、博客(http://www. bcsyxx. com)平台,展示成果、进行评价,激发学生兴趣和提高学习能力所产生的作用。

4. 根据教学策略,总结、形成"任务驱动"教学模式。

5. 注重过程性评价,激发学习热情。

6. 与学生生活紧密相关的资源库。

(四)课题研究的对象

北辰区实验小学在校五年级学生。

(五)研究的方法

主要研究的方法有行动研究法;辅助研究方法有文献法、个案研究法、经验总结法等。

1. 行动研究法。

2. 文献法。

3. 个案研究法。

4. 经验总结法。

(六)课题研究的步骤

本课题研究拟定两年完成,起止时间为 2012 年 5 月至 2014 年 7 月,分三个阶段完成。

第一阶段:准备阶段(2012 年 5 月—2012 年 9 月)

第二阶段:实验阶段(2012 年 10 月—2014 年 1 月)

第三阶段:总结阶段(2014 年 2 月—2014 年 7 月)

(七)课题研究的措施

1. 经验保障。

2. 硬件设施保障。

3. 制度保障。

4. 文献资料保障。

5. 资金保障。

三、课题研究的成果

(一)理论性成果

1. 导入考虑化静为动的多媒体效果,它集声音、图像、文字、动画、视频等多种媒体于一体,能最大限度地满足学生的视听等感官需求。

2. 任务设计:要将复杂的问题简单化,将知识分层梳理开,真正意义上做到深入浅出的教学。

3. 任务完成的过程:教师巡视全班进行适时指导。通过该方式有效解决了学生对计算机操作技能的熟练程度参差不齐的现状,使学生在互相帮助的过程中共同进步,完成学习任务。将评价渗透于教学之中。

4. 教师留给学生创新及自主实践的时间。

5. 教学评价应贯穿于整个教学之中,而不只是定位在完成作品的层次上。在完成练习的过程中,以及评价别人作品的过程中,培养学生的创新能力、审美能力和合作意识。

6. 板书,可以增强学生记忆,加深学生印象,甚至对知识起到一个总结概括的作用,所以不可被取代。

7. 实践课程两节连上效果更好。

(二)操作性成果

策略一:创设问题情境,巧妙地呈现任务,引导学生积极思维

心理学家研究表明,学生情绪高昂,则思维敏捷;情绪低落,则反应迟钝。我在教学中采用创设情境,呈现任务,让孩子们亲临其境,调动起他们的学习热情。

1. 善于从教材、学生的实际中提出问题。

问题的提出要立足于教材,要围绕教学任务设问。一是适度。设置问题紧扣教材的重点、难点、关键点,能激发学生的好奇心和求知欲;二是多角度。使设置的问题既新颖又富有启发性;三是有梯度。问题的设置步步推进、层层深入,逐渐接近问题的本质,把学生的思维一步一个台阶地引向求知的新高度。其次问题紧密结合学生的实际。

例如,讲《插入艺术字》这一课,我制作了一个《艺术字》的课件(这个课件里的文字是各种各样的艺术字),并编了一个小故事。故事的内容是,今天教师要带同学们去认识一位新朋友,她是一位魔术师,她会变什么呢? 同学们的注意力立刻集中到教师的身上,他们迫切地想看一看教师制作的课件。我利用网络演示了课件,同学们在看的过程中不时地发出各种惊叹:"哇,太漂亮了,艺术字!""同学们你们想不想找到这个魔术师,学习它的本领呢?"通过巧妙地设置问题,激发了学生的求知欲望。

在实践中我感受到,有了问题,思维就有了方向;有了问题,思维才有动力。古人云:学起于思,思源于疑。学生探求知识的思维活动,总是由问题开始的,又在解决问题的过程中得到发展。因此,创设问题情景能激发学生的求知欲望,能打开思维的闸门。

2. 善于引导学生在实践中发现问题、解决问题。

教师要引导学生学会自己发现,完成整体任务所需完成的子任务,以及完成各级任务所需的知识技能,并在掌握这些基础知识技能的基础上,最终使问题得以解决。

(1)运用"设疑"法培养学生实践操作能力。一切新的东西都是从"疑"字开始,所以在教学设计时要巧妙地设疑,启发学生从疑难中思索解决问题的方法和途径,引导学生用多种方法解决同一问题。信息技术中如果要达到同一效果,途径有多种多样,只有善于诱发学生积极思维,才能更好地让学生进行操作实践活动。在实践中鼓励学生发现问题、提出问题,实现教学互动效果,启动学生独立学习,积极思考,让其创新思维不断地开发。

继续以教学《插入艺术字》为例:当学生已经进入状态时,教师就可以进一步明确任务,同学们要到哪儿去找这位魔术师呢?请同学们运行 Word(文档)。这时教师提示:这位魔术师就藏在插入菜单中。它的名字叫"艺术字"。同学们快去找找吧! 谁先找到这位魔术师就请他做我们的小老师。这时同学们的兴致盎然,都全神贯注地寻找插入艺术字菜单。没过几分钟,就有同学小声说:"老师我找到了。"随后同学们陆续举起小手说:"老师我也找到了。"有的同学带着激动的心情问旁边的同学:"找到了吗? 我来帮你。"还有的同学主动小声问旁边的同学:"你找到了吗? 快来教教我。"教室里的气氛热烈起来了。这时我就请第一个找到方法的同学到前面利用网络给大家演示。这位同学不仅得到老师的表扬与肯定,还得到了一个漂亮的 Stickers(贴纸)。这令很多同学羡慕不已,没有找到的同学,通过网络演示自己也学会了。为了留给学生一个独自寻找方法的空间,我没有满足现状,继续追问:"还有没有其他的方法? 到哪儿去找呢? 请同学们快去试试吧!"

(2)在实践操作中,提供足够的时间和空间。信息技术课程本身是一门操作性很强的学科,在这一现代化的学科教学中,我们必须充分发挥学生的学习潜能,培养他们的科学态度,掌握科学的方法和创造能力,在课堂教学中应让学生多实践、多操作。只要我们给学生提供实践操作的时间和空间,学生的创造能力就能得到锻炼和提高。我们要做的是教给学生创新的方法,解开学生身上的"束缚",让他们放开手脚自己去做。如《插入艺术字》的教学,当同学们都能熟练掌握后,我提出新的任务:"请同学们仔细观察、大胆尝试,利用插入艺术字的两种方法来制作自己最喜欢的一句话或者一句古诗,将艺术字设置得更新颖、更美观。"此时,我播放一些优美轻松的音乐让学生展开想象的翅膀自由地创作。同学们都在紧张而兴奋地制作着自己的艺术字。有的同学写:"我是一个大天才";有的同学写:"天才在于积累,聪明在于勤奋";还有的同学写下:"台上一分钟,台下十年功";有的同学能够发现设置艺术字的工具栏、有的发现绘图工具栏上的按钮也可以改变艺术字的效果;有的发现艺术字可做阴影效果;还有的发现艺术字边可以修饰出很多的效果并能改变艺术字的效果……这时我穿梭在学生中间,观察学生作品,发现问题及时指导,并在共同存在问题上适当集中解答。最后在展示学生作品中,让学生互相交流,发表见解,在不同程度上提升学生的信息素养。

(3)探索尝试任务驱动教学模式,激发学生实践操作的欲望。教无定法,好的教学方法不仅可以改变课堂气氛,提高课堂教学效果,更有助于培养学生的实践能力和创新精神。学生是一个充满幻想和求知欲的锦囊,你如何将里面的东西展示出来呢?这就要不断鼓励学生主动思考,勤学好问,积极动手尝试,发掘学生内在潜藏的无限创造力。例如信息技术学科小学五年级(全一册)教材中的第五单元《我是小作家》中的第五课《亲近大自然》一课。本课是学习在 Word 文件中插入、修饰图片的一节课。这一课的主要内容是插入图片、修饰图片并将图片与文字混排做出图文并茂的效果。为激发学生学习的欲望,培养学生大胆实践、合作的学习能力以及在实践中发现问题、提出问题、分析问题、解决问题的能力。我在教学中尝试了任务驱动教学模式:①创设情境、引起注意、提出任务。②共同讨论、分析任务、发现问题。③针对问题明确思路、提示重点。④自主探索、积极合作、解决任务。⑤作品展示、经验交流、总结提升等环节,设计了教学流程(见下表):

表1 教学流程

教学步骤时间分配	教师活动	学生活动	设计意图
创设情境 引起注意 提出任务(2分钟)	引导学生欣赏教师制作的作品,并激起学生学习的欲望。	学生欣赏作品,发现问题并提出问题。	创设情境,激发学生的学习热情。
共同实践 发现问题 尝试解决问题 (6分钟)	1.插入图片的步骤。	学生与老师同步操作	引导学生发现问题,鼓励学生大胆实践并尝试解决问题。从而在实践中体验到学习的技巧与方法并从中体验成功的快乐,从而更加信心百倍地进行下一步学习。
	2. 图片插入进来后有何新发现?	学生尝试控制点的效果。	
	3. 工具栏上的工具都有那些功能?如何将图片移动位置?尝试工具栏上的每一个工具。	学生实践	
	4.小老师进行讲解	学生与小老师同步操作	
提示重点 解决难点 大胆实践 (9分钟)	"同学们请你们选择一种文字环绕方式,仔细观察图片的变化。"	图片四周的小方块变成空心的了。	通过实践发现问题进行对比,从而提高学生发现、分析、实践、理解、总结问题的能力。
	"控制点的变化对图片的操作有影响吗?"	图片放大缩小不变行,可以任意移动图片的位置。	

教学步骤时间分配	教师活动	学生活动	设计意图
自主探索 领会意图 解决任务 （2分钟）	"通过刚才的学习，你们能将一篇文章为它配上修饰过的图片让它看起来更加生动吗？请同学们为自己的作品打分。非常满意：五颗星；比较满意：四颗星；以此类推。"配上轻松的背景音乐。	孩子们制作作品，并为作品做出自己的评价	将前面所学的知识进行梳理与应用，并培养学生通过作品对自己本节课进行评价。
检查结果 发现不足 （5分钟）	教师选择自评为五颗星的部分同学作品进行展示，	请同学们为他提合理化建议。	培养学生在学习的过程中及时发现问题并解决问题的能力。
思想升华 课堂小结 （4分钟）	教师播放图片，一组为近两年自然界发生的重大灾难；一组为美丽的自然风情；	请同学们通过欣赏，谈谈感受与启发。	启发学生关心爱护自然。
家庭作业 （1分钟）	家庭作业：插入剪贴画（方法与步骤每人一张） 第一步：打开 Word 文档，将光标移动到需要插入图片的位置； 第二步：单击菜单栏中的"插入"，选择"图片"，在弹出来的子菜单中单击"剪贴画"，出现"剪贴库"对话框； 第三步：在对话框的图片列表框中单击选择插入类别；单击你需要的图片，出现图片处理选择框； 第四步：单击选择框中的"插入剪辑"选项，即可将选定的图片插入到文章中； 第五步：关闭"插入剪贴画"对话框。		

教学流程设置了七个环节，以任务为主线，师生围绕任务互动，充分体现了以教师为主导，学生为主体的教育理念。教学中，在教材的基础上进行了适当的拓展，例如图片工具栏的使用，通过欣赏启发引导学生热爱自然、保护自然的思想意识。将插入剪贴画的内容作为学生课后自学的部分。学生们在教师的引导下，通过实践活动完成一个又一个的任务，在完成任务的过程中，激发了学生的学习兴趣、锻炼了学生的思维能力，提高了学生的思想意识，形成一个感知心智的良性循环。

策略二：改变教学组织形式，为学生创造参与探究的空间

1. 开展辩论会，渗透信息的安全意识。

当今网络上的信息量是非常大的，其中不乏垃圾信息。怎样才能保证孩子们不会被垃圾信息所侵害呢？我采用讨论、辩论、交流等方法，给学生思想中注射御苗，事实证明效果很好。

2. 开展网络交流。

利用网络平台让学生谈谈本节课的收获与感受，并对你喜欢的同学作品进行评价，全班畅所欲言。这样，学生们能够学会换个角度看问题，不仅学会了知识与技能，还学会了观察、思考、分析、反思并组织成语言用文字表达出来。

3. 组织学习互助组。

就是允许相邻的同学互相谈论、帮助，这不仅使学生之间增加参与学习的机会，而且可以使学生互相帮助。

4. 聘请小老师。

教师就教材中的某个内容或问题，让学生尝试利用网络演示并进行讲解，或小老师进行个别指导与检查，教师则适时地进行点拨与指导。

以上几种教学组织形式，为学生创造了参与探究的空间，使每个学生都能享受学习的快乐。

策略三:改变评价方式,提高学生参与评价意识

建立合理的评价机制对学生开展自主学习是很有必要的。学生通过对学习任务的分析，建立自己的思维方法，提出解决问题的办法，并形成个人成果。这时，组织学生积极参与成果评价，会让学生感到成功的喜悦。例如母亲节到来之际，请学生们将自己对母亲最想说的一句话设计出来。我结合生活实际首先输入"祝天下的妈妈快乐"。学生们恍然大悟，带着几分激动与兴奋投入到文字工具的使用学习中。很快在他们的显示器中展示着各种各样的"节日快乐"。"母亲是世界上最疼爱我们的人，请同学们在母亲节到来之际，思考一下，你最想对母亲说些什么？并根据自己以前所学知识配上你喜欢的画面。"教师播放优美的轻音乐，学生们开始设计并制作，母亲节贺卡，教师适时展示有创意的同学作品，指出他们的闪光点，学生们在用心与取长补短的过程中，尽自己最大的努力，通过作品表达自己对母亲的爱。最后，学生们不仅要提交作品，还要通过邮箱保存，回家送给妈妈。

再如在学习画图中的文字工具时，结合国庆节这一主题，启发学生们用最美的语言，最能表达对祖国妈妈的爱的话，设计文字效果。结果，一幅幅生动的歌颂祖国生日的文字作品展示在眼前，有的学生在此基础上还利用以前的工具对画面做了进一步的丰富与完善，喜庆、吉祥、对祖国母亲深深的爱与尊重的作品应运而生。

每当一节课即将结束的时候，我都要选出同学们自己制作的优秀作品，采用两组对换参观评价的方式进行评价。这样评价会更公平，能够让学生心服口服。小组内被评为优秀的同学作品将利用网络展示给大家。然后，将一些作品收藏到学生作品集中。这不仅为学生提供了展示的平台，还对学生进行思想教育，激发了他们的实践创新能力。

策略四：利用网络平台进行信息技术的知识拓展

信息技术的外延是非常广阔的，而网络则是信息技术发展最蓬勃、影响最活跃的内涵之一。网络,也称信息高速公路。正是凭借这一条条无形却有神的高速公路,将地球变成了名副其实的地球村,使时间和空间不再成为人们交流、交往的障碍。网络,正在以不争的事实改变着人们固有的交往、娱乐、学习的方式。

1. 加强培训。

我在教学中,通过信息技术课程使学生具有获取信息、传输信息、处理信息和应用信息的能力。这些能力的培养只靠信息技术教师的每周一课时是根本不够的,于是我在工作中借助学校网(http://www.bcsyxx.com)的建设对本校五年级的学生进行了信息的获取、传输、处理应用和信息的安全等方面进行了培训。对五年级的学生进行登录学校网站获取相关信息的培训。经过一段时间的运行,我感觉应该对学生在任务驱动中的附属驱动力方面进行培养。对于学生来说,附属的内驱力表现为:学生为了赢得家长或教师的认可或赞许而努力学习,取得好成绩。附属的内驱力有比较明显的年龄特征。在年龄较小的儿童身上,附属的内驱力是成就动机的主要成分。随着儿童年龄的增长和独立性增强,附属的内驱力不仅在强度上有所减弱, 而且在附属对象上也从家长和教师转移到同伴身上。在青少年时期,来自同伴的赞许或认可将成为一个强有力的动机因素。

2. 尝试建设班级博客。

建立了班级博客,并成立了博客管理员小组,学生们的积极性很高,家长和班主任教师的积极参与,使他们的博客变成了空中的乐园。家长利用博客与教师交流;教师利用博客反馈学生情况,学生们在博客里为大家提供各种有趣的信息,每当听他们热烈地讨论博客的内容,我的心里也是美滋滋的。于是我将每节课的教学情况与学生的表现情况及时反馈在博客里,学生们对信息技术的兴致更高了。班级博客为生生交流、师生交流、家长与老师之间的交流,搭建一个崭新的交流平台。

(三)技术性成果

1. 搭建教师、学生和家长交流的平台。

借助(http://www.bcsyxx.com)学校网站,建立了 http://www.bcsyxx.com —德育平台—班级博客。这一平台的搭建,充分体现了多元评价的优势,使学生在相互交流和经验总结中取长补短、共同进步,使每个学生都能享受到成功的快乐。

2. 建立了素材库和补充素材库。

整理学生的课堂电脑绘画作品二百多幅, 其中 Word 软件作品 170 多幅,Powerpoint软件作品 30 幅；整理了 Falsh 软件课堂优秀小作品和笔者所在学校参赛的电脑绘画作品。利用网络平台进行信息技术知识拓展,使学生的信息素养得到提升。

3. 多媒体设备的使用。

以前我在课堂中发现的部分共性问题,只能采用广播软件,现在可以利用大屏幕直接演示,既满足了部分学生技能方面的需求,也满足了其他层次学生保持创作的激情;每个学生作品中的闪光点都可以利用设备直接演示,更加便捷地起到启发其他孩子们的作用;广播软件中有对每台设备监控的功能,大家制作作品的时候,我将它转播到大屏幕,想偷玩游戏的孩子没有了可乘之机,慢慢地断了念头,也就踏踏实实地制作自己的作品,多媒体设备的使用在信息技术教学中达到了事半功倍的效果。

四、课题研究的效果

(一)学生效果。

1. 改变教学内容呈现方式,激发了学生学习热情。

原来信息技术教学是教师利用网络直接演示操作步骤,学生模仿操作,可是学生并不感兴趣,而且操作起来很吃力。基于这种情况,我在课堂上尝试任务驱动的这种教学模式,发现学生们不只是兴致提高,而且在老师的引导下,通过一个个的任务完成学习目标,提高了课堂教学效率。

在上课之前,我都会将国内外发生的大事进行了解,有必要的话,我会收集整理相关素材并将它加入课堂教学中,这样不仅提高了孩子们的学习热情,而且潜移默化地进行了德育教育,采用任务驱动教学法,结合所学软件,让学生利用所学工具与实事相结合,制作作品。

六一儿童节,学生们都知道那是自己最快乐的日子。于是在课堂中,我们学习在绘图工具栏中输入汉字。教师首先输入"祝同学们六一快乐"。学生们非常兴奋,特别愿意学习。很快在他们的显示器里展示着各种各样的"六一快乐"。这时,教师提问:"谁知道六一节的来历",没有人举手。当教师讲到德国法西斯枪杀儿童时,孩子们的表情非常严肃。大家都明白了六一儿童节中最重要的一个意义是对在战争中死去儿童的悼念和对儿童们的美好祝福。接着,老师播放一首国际儿童节的歌曲。请同学们伴着美妙的歌声为"六一快乐"这四个字配上一幅画来表达你的一种心情,这样做是引导他们关心父母,关爱他人,珍惜我们现在和平美好的生活。

通过教师潜移默化的引导,激发了孩子们内心最柔软的部位,也激发了他们的创作激情与思想。

2. 改变教学组织形式,学生享受到学习的快乐。

信息技术课通过开展辩论会、网络交流、组织学习互助组、聘请小老师等方式,改变教学组织形式,为学生创造参与探究的空间,使每个学生都能享受学习的快乐。

我与五六年级各班学生通过网络论坛、腾讯 QQ、邮箱等多种形式与学生进行交流。利用网络平台讨论电脑游戏的利与弊,然后利用邮箱将自己的总结与感受发给我。

现在我将两名同学的小结摘录如下:

非主流:通过这节课我知道了网络游戏的利和弊,虽然网游构建的虚拟的社会生存环境为普通大众带来全新的娱乐方式,它不仅是一种消遣,而且通过游戏中的角色扮演,人们可以体验到另一种角色的别样人生,可谓乐趣无穷。但是网络游戏对小学生的影响是很大的,由于学生们的心智还没有发育成熟,很容易被网络游戏所诱惑,沉迷其中,不能自拔,从而荒废学业。而且目前不少网络游戏都宣扬暴力,因此网络游戏玩家在现实中斗殴的事情屡见不鲜,导致未成年人的身心受到极大的伤害。

宇琦:诺贝尔研究炸药,是想让它造福人类……游戏是用来开发智力的,因为沉湎于游戏,你却捡了芝麻,丢了西瓜,那是你的错,游戏是无辜的。

这样的交流方式可以达到人人都参与、人人都思考、人人都有发言的机会。学生们的思想通过键盘、借助网络传递给全班每一个人,每一位同学又是通过思考、分析、甄别、提取、汇总,然后形成自己的观点并进行小结以邮件的形式发送给我。学生们无形中也都留下了学习的痕迹,这样的课堂气氛紧张而活跃。

通过实践,我发现学生们看我的眼神变得越来越温暖与亲切,他们愿意与我交流;很多学生都将我加为好友,我们像朋友一样在网上交流,通过任务驱动,利用网络架起了一座友谊之桥。

3. 学生思辨能力与合作能力方面都有所提高。

制作作品的时候,我将孩子们分成两人一组,一起打开教材,按照教材提出的问题,思考、制定小组制作计划;同时我会为同学们提供一些素材,尽最大的努力激发、拓宽他们的思路。第一次尝试的时候,孩子们既好奇,又兴奋,认认真真地在小册子上画。很多孩子还很痛苦,认为自己绘画水平不高,于是我解释给孩子们设计出基本的框架就可以,不是让人画一枚邮票,然后再计算机上在制作出相同的作品。学生们豁然开朗,他们的设计草案我都一一给出建议,合格了才允许进入作品的制作过程。孩子们按照教材上动手操作的方法一步步进行操作,一个人操作计算机,一个人看提示要求,互相商量应该用什么样的字体、字号、颜色、版面的设计等,由于同学们的进度不同,遇到的问题也不同。能力强的小组我提供《技能手册》,通过查找资料,尝试自己解决问题。有的小组我会帮着解决问题。两节课连上,孩子们紧张地忙碌着,完成一个作品刚刚好,我将个班级的课程设置两节连上,其他班级按照传统模式授课。经过对比,发现实践性课程特别适合上大课。实验班的孩子基本做到每节课每个小组都能完成一件比较优秀的作品,本学期提交的作品邮票 100 多张,海报 50 多份,地图 50 多份,课程表 50 多份,绘画作品 50 多份,电子贺卡 50 多份,还有 PPT(演示文稿软件)、Flash(固态储存器与动画编辑器)等相关作品。

本学期我与中国科协签订完成 2 个班 80 名学生的培训任务。现已将作品通过网站上传,完成了本学期的任务。要求一学期完成 3 个单元模块的作品,每个单元 2 位同学作品,每位同学 3 件作品,其中一件 PPT 必须要有 3~5 人共同完成。共 12 件作品。接受了这个任务,我给自己增加了很大的压力,可是我也有很多的收获。看到学生们积极、认真的态度,体验着自学、实践、交流的快乐与收获,我感到无比的幸福。

4. 任务融入爱心,情感浸入课堂。

教师面向全体学生,细心观察,捕捉每个孩子身上的闪光点及时给予赞美。实践使我懂得教师的一句激励的话语、鼓励的眼神、赞美的动作,都会带来一想不到的收获。

小哲是个很淘气的孩子。在我的信息技术课上经常出洋相来引起大家的关注。尽管这样,我从来不讽刺、挖苦他,而是常常鼓励他:"小哲你要认真学,肯定没问题。"他用怀疑的目光冲着我笑着说:"老师,我不会!"有时我耐心帮助他,有时我一生气根本就不理他。可是有一天,他突然间变了。

那天的课我们是设置不同样式的艺术字,我讲授的内容是:"相信自己,我能行。"要求用不同的艺术字效果将它表现出来。我发现小哲居然认真地做起来。我及时走到他身边小声对他说:"你真可爱,就这样认真学多好呀!"同时,用手轻轻地摸摸他的头;并向大家表扬小哲认真学习的态度,希望他继续努力。

他完成了任务,这时我又及时通过网络展示了他的作品。同学们用热烈的掌声向小哲表示祝贺。虽然作品不完美,但这是他第一次完成了老师交给的任务。下一项内容是让同学们配上与文字相符的图片,设置图文并茂的效果,最后对自己的作品进行自评。认为自己优秀的给作品画上五颗星,较好的四颗星,认为不太满意的画三颗。小哲跑到我身边说:"吴老师,我要给自己得三颗星。"这时我激动地说:"孩子你的态度变了,你所取得的进步不止得三颗星而是五颗星,你在学习态度上有了质的飞跃。老师真心为你感到高兴。"同学们再一次用热烈的掌声对他的进步表示祝贺。

孩子需要老师的关注、宽容、鼓励和爱,我们把爱撒向哪里,哪里的幼苗就会茁壮成长。

2012年指导学生在全国中小学信息技术创新与实践活动Flash作品《中华武术系列》获全国竞赛二等奖;2012年指导学生获天津市第十三届中小学电脑制作活动和第十届中小学信息技术创新与实践活动视频创作小学组一等奖;2013年指导三名学生电脑绘画,其中两名市级一等奖,一名市级二等奖。这些成果与学生们的努力是分不开的。

(二)科研效果

1. 初步形成"任务驱动"教学模式,培养了学生信息素养。

原来的教学只是老师传授,学生模仿,停留在传统的教学模式上,并不能让学生感受到信息技术的魅力。现在的课堂教学通过教师设计一个个任务,让学生通过实践与感悟找到成就感与快乐,课堂效率有了大幅度提高。初步形成"任务驱动"教学模式。即任务驱动→任务完成→效果评价→归纳汇总的教学模式,突出了教为主导,学为主体,任务为主线,使教师在课堂上能够更好地调动学生的积极性,让他们乐学、爱学,这不仅培养了学生自主学习、协作学习和创新能力,养成自评、互评、利用博客进行点评的多元评价习惯,还达到了更有效培养学生获取信息、传输信息、处理信息和应用信息的能力。本模式具有可操作性,可供其他学科借鉴尝试。

2. 搭建教师、学生和家长交流的平台,促进学生共同进步。

起初在很多学生的心目中认为信息技术课就是游戏课,想尽办法偷着打小游戏,通过本课题的研究为学生搭建多种展示作品的平台,他们已经对游戏不感兴趣了,他们对制作优秀的课堂作品充满了信心。在实践中借助学校网站(http://www.bcsyxx.com)建立了 http://www.bcsyxx.com —德育平台—班级博客。学生通过网络平台,对其他同学作品做出评价,他们在评论他人的作品或是谈谈自己的收获与感受,全体学生都能利用网络平台获得信息。这样,不仅能学到别人的优点,还能通过对比找出自己的不足,对自己作品的创意有所帮助。这也充分体现了附属驱动力功能。另外,通过博客将学生优秀作品的情况反馈给家长和班主任,让家长和教师参与到评价之中,孩子们学习的积极性大大提高了。这一平台的搭建,充分体现了多元评价的优势,使学生在相互交流和经验总结中取长补短、共同进步。

3. 建立了素材库和补充素材库,使学生的信息素养得到提高。

整理学生的课堂电脑绘画作品 100 多幅,Word 作品 100 多幅,Powerpoint 作品 8 幅;整理了 Flash 课堂优秀小作品和今年笔者参赛的电脑绘画作品。利用网络平台进行信息技术知识拓展,使学生的信息素养得到提高。

4. 信息技术教学中,教师利用广播软件进行教学。

从表面上看,能够达到控制学生,将他们的注意力强制集中到教师要强调的知识与技能上,实际上这样容易让学生产生反感和抵触情绪,同时也强制中断了学生的思维,不能实现层次教学,对学生的实践能力与创新能力的培养起到的是妨碍的作用,我在教学中尽量少使用广播软件控制学生,但还是避免不了。

在校领导的大力支持下,为信息技术教室安装了多媒体设备,多媒体设备的使用,为我的课堂增添无限的活力,以前课堂中发现的部分共性问题,只能采用广播软件,现在可以利用大屏幕直接演示,即满足了部分学生的技能方面的需求也满足了其他层次学生保持创作的激情;每个学生作品中的闪光点都可以利用设备直接演示,更加便捷的起到启发其他孩子们的作用;广播软件中有对每台设备监控的功能,大家制作作品的时候,我将它转播到大屏幕,想偷玩游戏的孩子没有了可乘之机。多媒体设备的使用在信息技术教学中达到了事半功倍的效果。

以下是个人成果:

2012 年论文《小学信息技术教学中任务驱动的应用研究》获中国教育学会《中国教育学刊》举办的“中国教育实践与研究论坛”征文评比大赛一等奖,并在《中国教育学刊》上发表。同年获第二届“中国移动校讯通杯”全国中小学教师信息技术与教育创新论文大赛市级一等奖,国家级三等奖;该成果被天津市教育学会认定为天津市基础教育教学成果;论文《小学信息技术教学中任务驱动的应用研究》获第一届全国基础教育课程改革教研成果一等奖;

2012 年论文《尝试小学信息技术课堂任务驱动的教学策略》获天津市基础基础教育“教育创新”论文评选三等奖;同时获天津市教育技术装备与实验教学优秀论文评选中获优秀奖;论文《信息技术课如何培养学生创新能力》被天津市教育学会认定为天津市基础教育教学成果;

2012 年被评为全国基础教育课程改革先进个人;2013 年获中国发明协会中小学创造教育科研先进个人;2013 年教学设计《第一次启航》发表在北辰教研第一期;获中国教

育学会《中国教育学刊》举办的"中国教育实践与研究论坛"征文评比大赛一等奖,并在《中国教育学刊》上发表。

2013年论文《小学信息技术教学中渗透德育教育》获北辰区双成果三等奖。获天津市"第十二届、第十三届、第十四届中小学电脑制作活动"和"小学信息技术创新与实践活动指导教师奖。

2014年获市级双优课三等奖。

五、研究的结论与讨论

经过为期两年半的实践研究,使研究假说得到了验证。初步形成的任务驱动教学模式在理论指导下具有可接受性和可操作性,凸显了以教师为主导、以学生为主体,在师生互动中以任务完成为标志,激发了学生学习的兴趣。通过改变教师的教学行为、评价方式,同时潜移默化的渗透德育教育,教学效果显著。通过大胆尝试建立网站、博客,邮箱、QQ为学生创建了学习交流的平台与空间,培养了学生协作学习的意识和主动学习的习惯。同时也让实验小学的教师、学生和家长都能利用学校的网站进行学习、交流、展示作品,得到同行教师和家长的支持。通过利用网络平台知识拓展,产生很多优秀作品,并在参赛中获奖,使学生的信息素养得到了发展。增强了学生信息意识和创新意识,培养了他们的自学能力和创新能力。

今后笔者要认真钻研理论书籍,提高理论反思的能力,并用理论指导自己教育教学实践。

(一)进一步深化任务驱动教学模式的应用研究,使之成果转化让一线教师更具有可借鉴性、操作性和科学性;

(二)课堂评价进一步规范化、科学化、系统化;进一步研究将评价贯穿于教学之中。

(三)将教案、反思、素材库等工作进一步完善;

(四)结合学生的水平与现代技术发展的情况尝试教材的整合。

(作者单位:天津市北辰区实验小学)

浅谈构建以学习者为中心的
小学信息技术课堂

孙莹莹

　　小学的信息技术课程,集动手与动脑于一体,相较于其他学科,更注重学生的实践操作能力。它以培养学生的信息素养为宗旨,以综合实践活动为课程形态,立足于学生的直接经验和亲身经历,倡导"做中学"和"学中做"。

　　实践性是此课程的特性标志。实践探索是基本手段,动手操作是主要途径,学会学习的方法是目的,获取处理信息是过程,最终将知识与技能内化,以解决日常生活中与学习中的实际问题。学以致用,在解决问题的过程中提升学生的信息素养。

　　简单的模仿和记忆不能形成有效的学习活动,尤其是在小学信息课堂中,学生学习的重要方式最好为动手实践、自主探索与合作交流。在小学信息技术课堂中构建以学习者为中心的教学模式,就是通过构建自主、合作、学习型课堂,充分发挥学生主观能动性,提高课堂教学效率。

一、转变思想,做课堂引导者

　　自主,是指每个学生在学习过程中表现出的一种积极、主动、自觉的学习行为,是学生个体非智力因素作用与智力活动的一种状态现实。学生在教育活动过程中的强烈求知欲、主动参与精神、积极思考行为,充分地表现出学生将学习的需要内化为自己想学的行为和趋向,并付诸实际。由学生主宰的课堂,必将激发学习动机,并从学习中获得积极的情感体验,小学信息技术课堂以任务驱动,激发学生学习兴趣与解决问题的欲望。

　　"以学为主"替代"以教为主","以合作学习为主"替代"以个体学习为主",课堂逐渐改变为"学"堂,真正体现教为主导、学为主体的教学思想。小学信息技术课堂本身就是一个多元、开放型课堂,教师通过引领,使学生通过潜在的积累和体验获得知识的最大化。

　　以小学五年级学习如何插入图片为例,我只是为学生们提供了图片素材,至于如何在 word 文档中插入图片,并没有直接说明,而是给予学生研究的时间,让他们自己去发现方法。同时提供教材(书本学习资源)、网络信息教室(网络资源)、小组式座位(合作人员资源)。通过观察,我看到学生们使用了很多途径去获取信息(学习新知),有的翻看教材,从书上寻找解决问题的方法;有的借助网络,搜索关键字;有的学生信息素养较高,已经知道如何操作,而他们往往会成为其他同学求助的对象;有的学生比较"懒",看谁研究出来了,就直接求助该同学……方式方法多种多样,但都殊途同归,大家都为了同一个目标奋进。这样将学生从以往的被动参与课堂教学转化为主动参与,强烈的求知欲(渴望寻求解决问题的方法)促使学生不得不进行积极的思考,充分利用身边的各种信息资源(教材、网络、同学、旧知等)去搜索,并进行信息的收集、整理,最后应用于实践,进而将技能内化(学会了如何插入图片)。但不排除,还是会有一小部分学生已经习惯教师的讲解,习惯被动地接收信息,主观能动性稍差,这就需要教师及时发挥引领作用,指导学生的学习过程,让学生知道"学什么""怎样学",并通过提问、展示、练习等多种形式进行反馈矫正。

二、评价展示,在肯定的基础上点拨提升

展示环节相对重要,既可以肯定被展示作品学生的思维过程,肯定他们的创新意识,进一步激发他们的学习欲望,又可以为其他学生树立榜样,提供参考。展示是点拨思想的过程,让所有的学生共同参与课堂,互相切磋,从而达成共识。展示后给学生留出一定的反思时间,让学生进一步回味感悟,并及时做出调整。

三、合理把握课堂"放手度"

在这个过程中,过度放手"自学"也会存在一定的弊病。有的学生一旦"放任自流",学习的内容可能就会慢慢偏离主题,而且他们自己又不容易察觉到,会造成时间的浪费,想找的东西没找到,找了一堆旁枝末节的东西;又或者有的学生从一开始就偏离航线,随心所欲。这就要求教师充分发挥引导作用,利用授课技巧,成为舵手,掌控航向;成为灯塔,指引方向;或成为风筝的线,时不时地拽一下……帮助学生随时整理自己的思想,让学生带着问题去思考、去探索、去解决、去应用,尝试运用课堂理论知识去解决实际生活问题。

(作者单位:天津市北辰区实验小学)

信息技术与音乐课程中的整合优势

戴　钰

　　音乐是人类最古老、最具普遍性和感染力的艺术形式之一,是人类通过特定的音响结构实现思想和感情表现与交流的必不可少的重要形式,是人类精神生活的有机组成部分。它既是一种表现艺术,又是一种听觉艺术,在音乐课堂中应用多媒体信息技术辅助音乐教学,可大大提高课堂容量,加强教学的情景性、直观性、示范性。融视听为一体,将抽象的音乐形象化、复杂的乐理知识生动化,可有效地激发学生的学习兴趣,开阔学生的音乐视野,拓宽学生理解音乐的思路,进而使学生产生强烈的情感共鸣,深刻理解音乐形象,感受音乐内涵,提高音乐审美力。音乐与信息技术整合,将给音乐学科教学带来新的生机和活力。

优势一:利用多媒体的趣味性,充分调动学生学习主动性

　　传统的教学模式把音乐的教授限制在"黑板、钢琴、录音机、乐谱、书本、挂图"中,不具备形声性、灵活性和高效性等,学生对单一地听老师演奏(唱)或放磁带录音感到枯燥、单调,这样往往使学生在欣赏音乐时显得很被动,学生的注意力容易分散,教师也达不到预定的教学效果。而充满美感的动画、影像等多媒体综合信息,则能很自然地调动起学生欣赏音乐的积极性、主动性。

　　例如《十面埋伏》是一首描绘楚汉在垓下最后决战情景的琵琶独奏曲,在欣赏时,学生对那个年代发生的事情理解得很抽象,所以没有兴趣。为了让学生体会乐曲表现那种四面楚歌、悲切壮烈、气吞山河的历史场面,我通过网络剪辑了电影《西楚霸王》的片段,配上乐曲,让学生边看边听,营造了一个身临其境的环境,使他们仿佛置身于楚汉之争的战场。这不仅让学生非常直观地通过电影了解了乐曲的时代背景,也更好地让学生理解了乐曲表现的涵义,达到了理想的教学效果。

在上音乐童话《龟兔赛跑》欣赏课时,为了能让学生更快地了解代表乌龟和兔子的两种乐器的形状结构和音色特点。我通过电脑分别插播每种乐器演奏的主题音乐片段,然后展示两种乐器图片,使学生对乐器从形状到音色都有了一定的感性直观认识,并自然感受它们所表现的动物的性格特征。然后,通过 Flash 动画讲述与音乐相符合的情景片断:兔子打水、摔跤、挑衅乌龟、拼命狂跑、树下睡觉、失败认错、乌龟坚持不懈赢得胜利、大家欢呼起舞等情节。学生们都专注地欣赏着,并模仿表演了起来,享受着音乐带来的乐趣,表达了个人的情感。

优势二:运用信息技术手段,拓宽师生知识面,拓展音乐技能

在以往的音乐教学中,学生所掌握的音乐知识和技能,几乎全部来自教师。可以说,教师本身音乐修养的高低,最大限度地制约了学生在音乐上的发展。由于一位教师所掌握的信息量非常有限,面对知识面日益扩大的学生,许多教师的知识已经不能满足学生的需求,但随着信息技术的广泛应用,互联网为师生提供了搜索大量音乐信息的平台,几乎平时遇到的音乐问题都可以在网上找到答案。

比如一首两声部的合唱歌曲。为了让学生在演唱时做到声部和谐、音高、节奏准确,我利用幻灯片课件将高低声部用不同颜色显示在屏幕上,并利用"音频解霸"分别录制两个声部的伴奏。学唱时,轮到哪个声部就播放那个声部的伴奏,并且将歌曲中的渐强、渐弱等速度记号设置成"移动播放"从而提醒和帮助学生,更快更好地学唱歌曲。最后,在合唱时,我还将在网络上找到的动画 MV 播放给学生看,指导学生看着画面,有感情地演唱歌曲。

优势三:利用多媒体的表现力,充分提高学生的审美鉴赏能力

一切审美活动都是从对于美的形态的直接感受开始的,感受美与欣赏美能活跃人的思维,启迪人的智慧,促进人的灵感与顿悟,有利于发挥人的创造才能。音乐是以审美为核心、以形象性、情感性、愉悦性等独特形式来表现艺术美的。

审美能力是人们在长期感受美、鉴赏美、创造美的实践活动中形成的一种能力。新课程标准本着"以人为本"的现代教育理念,以"提高学生的审美能力,发展学生的创造性思维,形成良好的人文素养"为内涵,更加关注"人"的发展。提高学生审美能力,是音乐教学的关键。在音乐教学中,通过充分运用网络信息技术,为学生学习提供一个声情同步、形声并茂、时空统一的多媒体音乐世界;通过五彩缤纷、千姿百态的多种信息呈现方式以及演示、交互、自学等形式,引导学生去感受美、欣赏美和理解美,启迪学生去想象美与创造美,从而激发和培养学生学习兴趣和自主学习与协作学习能力;通过建构"以学生发展为本"的新型音乐教学模式,使学生真正能在音乐知识的海洋中遨游,充分发展他们的艺术创造才能,切实提高他们的审美能力。

优势四:运用信息技术,拓宽学生四维空间,激发创造精神

近年来,通过新课程标准的改革,学生的主体地位已被充分重视,多媒体的使用能够引导艺术创新,发展学生创造美。音乐教育的过程,不仅仅是听音乐,还要通过联想,以及视觉、触觉去感受、体验、创造和表现音乐。多媒体信息的情景性则能启发、引导学生去自由自主发挥他们的聪明才智,发展他们创造美的能力。

例如,我在教授《粉刷匠》一课时,目标不仅仅是让学生学会这首欢快活泼的歌曲,还要让他们能自编简单的动作和歌词。因此,我根据歌词内容做了一段动画,学生看后觉得满脸颜料的粉刷匠既可爱又好笑,情绪很快被调动起来,情不自禁地随着音乐旋律跟着主人公一起"刷"起房子来,通过目视、耳听、口唱、体动,表现出劳动时轻松愉悦的动作情境。接着,我轻点鼠标,又播放了几个其他职业的工作画面(动画人物),让学生自己想象,入情入境地去体会,学生们扩散思维又创编出了许多精彩的歌词。通过课堂不仅培养了学生创造美的能力,更重要的是活跃了他们的思维,充分发展了他们的聪明才智。

总之,实践使我深刻认识到多媒体技术与音乐课教学的有机整合,能够收到很好的教学效果。在素质教育不断发展的今天,信息技术将得以更加广泛应用,我们每一位音乐教师也要不断学习新的教育思想和理论,不断更新观念,协调好信息技术与音乐教学的关系,掌握并利用现代化多媒体技术来推动音乐教学的进一步发展,担负起创新教育的重任,为学生的音乐学习创设轻松、愉悦的气氛,展现出优美的观赏效果,促进学生德、智、体全面发展。

(作者单位:天津市北辰区实验小学)

信息技术助力小学英语游戏教学

李浑灵

　　游戏教学是近年来兴起的英语教学模式,它强调小学英语课堂教学必须使活动与游戏相结合。马丁说:"游戏是一种有趣的活动,它能让儿童以一种轻松的、享受的方式练习外语,而教学游戏是指围绕教学目标,将特定教学内容融合于游戏活动之中的一种教学方式。"教学游戏不仅有娱乐的作用,而且有"认知挑战"的作用,促进了学生的认知发展,体现了"教师为主导,学生为主体"的教学规律。

　　随着信息技术的发展,教学拥有了更广阔的空间。在日常教学中,我们可以利用多媒体,通过游戏的形式把枯燥的文字转化成图片、音像呈现出来,使教、学生动化。现代化教学手段的运用可以使教学更为生动有趣,把抽象的文字通过游戏形象地呈现给学生。我面对的是小学低年级的学生,他们都有发掘新事物的能力。利用现代化的教学手段,我们可以创设多样性、趣味性的游戏去进行语言教学,给学生提供充分的语言活动。这样,学生在轻松愉快的环境中巩固了内容。

　　我国的英语学习存在着这样的窘境:英语的重要性不言而喻,因此,很多学生从小就开始学习英语。面对外语这样新奇的语言,几乎所有的学生在学习伊始表现出了很浓厚的兴趣。同时,我国的英语学习强调"听说领先,读写跟上"。但是,由于传统应试教育的影响,学习内容越来越深,学习要求越来越高,学习形式持续单一,再加上为了完成任务,很多教师重视培养学生的读写能力,从而导致了学生学习困难的不断出现,越来越多的学生对英语失去了昔日的热情。

　　综合以上国内外对游戏教学重要性的分析,本文从游戏教学在小学英语低年级的实施原则和有效性方面进行了分析。

一、游戏教学的设计原则

(一)游戏设计要有明确的目的性

小学英语课堂游戏的开展不是随意的,它必须以教学目标为导向,具有明确的目的性,为教学内容的良好传递服务,实现教师"教"与学生"学"的统一。因此,我们在设计游戏时,必须提前在头脑中勾勒本单元以及本课的重难点,以此为依据,选择游戏类型,设计游戏环节。比如,在快乐英语第一册 Unit 2 学习表示水果的英语单词时,设计了一个 touch and guess 的游戏:我提前准备了一个精美的袋子,里面装了本课涉及的 4 种水果: apple,banana,peach,orange。一年级的小朋友活泼好动,同时自我约束力较差。所以,我提前告诉他们,只有坐得端正,表现好的学生才可以上台来摸物。这样,不仅学生们的纪律好了,同时也调动了学习的积极性。对于猜对的同学,我给予小贴纸并且给其所在小组加分,增强了他们的集体荣誉感。这种游戏具有很强的目的性,同时,学生的参与热情也极其高。又如,在学习快乐英语第三册 Unit 2 Shapes 中的歌谣环节时,我设计了这样的游戏竞赛:让学生在纸上画下 triangle、rectangle、circles、squares,选中最棒小画家,同时,让学生用这些图形组合成一个 robot,最后再呈现这首 robot 歌谣。通过自己的动手与想象,学生的思维、想象能力得到了拓展,同时实现了学生主动地学,对歌谣内容的记忆更加深刻。

(二)游戏设计要以全体学生为对象

作为教师,我们的教学对象是班级中的每一个学生,他们每一个人学习与发展都应当值得我们的关注。因此,我们在游戏的设计与安排中应当考虑学生现有的学习水平与层次,设计的游戏应当难度适中,让各个层次学生都可以参与其中。对于那些成绩突出的学生,我们的游戏设计要有一定的难度和高度,使他们时时刻刻都处在积极思考当中,不会因为教学内容难度的降低而"开小差";同时,对于那些"暂困生",我会设计一些简单的游戏,或者让其参与游戏中的简单环节,积极引导并给予及时鼓励,激发他们学习英语的自信心和热情。

(三)教师对游戏实施要及时调控

好玩、好动是小学生身心发展的特点,而良好的课堂纪律又是实施教学的必要要求,因此,游戏不应当成为英语教学的主旋律,它只是为课堂教学服务的,是教学内容的副歌部分。作为教师,我们要把握好游戏的实施环节和时间,不能让游戏喧宾夺主,让游戏发挥它应有的作用,实现预期的教学目标。我在任何一种新的游戏开展前,都会提前告诉孩子们游戏中的纪律要求,并且给予遵守纪律的小组额外加分。另外,我还在每个游戏中加入了 One、two、three,Three、two、one 游戏,即在游戏需要终止时,教师快速说出 One、two、three,而学生则要随后快速说出 Three、two、one 并且坐好,最先坐好的小组又可以得到奖励。这样,既维持了课堂纪律,又训练了孩子们的反应能力。

二、游戏教学的优势

(一)游戏教学可以培养学生的兴趣

"兴趣是孩子最好的老师。"英语世界对于我们的孩子们来说是陌生的,且把英语作为第二语言的国家来比,我们缺少用英语进行实际交流的真实场景与需要。英语语言的学习更多是为了应试。

小学生具有其独特的身心发展特点,他们好奇、好乐、好玩,尤其对游戏情有独钟。游戏教学法可以帮助教师把教学内容与游戏结合起来,使学生在乐中学、乐中练,展现自我能力,强化英语技能,满足其寻求知识、发挥自我的心理需要。同时,竞赛的开展又能够迎接同伴的挑战,活跃自己思维和想象的空间,使学习变成一种真正的自主行为,真正发挥学生的主体地位。可见,在小学阶段,特别是低年级,激发和维护学生对英语学科的兴趣是非常重要的。例如,在教学 Doing housework 一课时,我把需要学生掌握的几个表示动作的动词 jump、walk、run、sleep 及句型 What are you doing 都串在歌曲中,利用多媒体播放出来。教师和学生们边唱边跳,在潜移默化中更激发小学生学习英语的兴趣和热情。

(二)游戏教学可以培养学生的自信心

学生大多是内敛、含蓄的性情,羞于开口,怯于表现,总是喜欢把机会让给别人。在英语课堂上,我们也喜欢读写,不喜欢听说,害怕出错,害怕同学们嘲笑。

游戏教学很好地避免了这一情况的发生。在课堂游戏中,学生们不会再像往常一样,有那么多的学习压力,反而有助于他们积极参与语言训练活动。游戏获胜,学生会产生自豪感,享受到成功的喜悦;落后了,也由于是在做游戏,不会产生失败感,反而会产生一种动力,希望下次成功。比如,我经常采用的时间游戏:在 30 秒内,每个大组的每个学生都要说出需要操练的句子,中间要求不间断。一旦发音不准确,老师会及时纠正。学生们为了减少时间的浪费,会尽力去准确发音。最后,正确说出句子人数最多的小组会得到更高的分数。这样的游戏,学生们特别喜欢。每一个学生都有开口的机会,也都有获胜的机会。

我们有一个疑问:为什么学生对于学习的知识遗忘得特别快?对于之前学习过的单词,学生很快又忘了怎么读。究其原因,这与学生复习认真有关,另一方面也与学生缺乏学习兴趣有关。课堂上没有很好的学习是英语学习效果不好的主要因素。而游戏教学有使知识形象化,增强记忆强度,促进儿童记忆力发展等特点。如在教学《精通小学英语》三年级 Unit 3《Family members》中这几个单词:grandfather、grandmother 时,在屏幕上出现表演捋着胡子的 grandfather、捶着背的 grandmother,同时让学生表演 grandfather、grandmother、father、mother 等,全班学生问:Who's that man/woman?教学中由于多媒体的运用,把本来枯燥单调的单词学习变成了生动形象的游戏,收到了很好的学习效果。

(三)游戏教学可以培养学生的合作和竞争意识

为了使课堂中的每个学生都能得到开口的机会,我通常会把学生分成三个大组。每个成员的良好表现都可以为其小组赢得分数,赢得小奖贴。同时,每个大组都渴望成为今日之星,所以会形成浓厚的竞争氛围。游戏教学符合小学生身心发展特点,它既可以改变枯燥无味的教学内容,又可以缓和课堂上的紧张气氛,再加上教学游戏经常具有比赛的性质,参加游戏的人都抱着渴望获胜的心理,这样就可以促使他们积极参与和思考。合理的游戏规则,适当的奖惩,培养了学生的组织性和纪律性。

游戏教学法在小学英语课堂中起着举足轻重的作用,它可以把枯燥无味的语言学习转变为学生乐于接受的、生动有趣的游戏形式。在小学英语教学中,通过现代化的教学手段,把游戏引进课堂,可以更好地调动学生学习的积极性。如果让信息技术助力小学英语课堂,那么,我们的小学英语课堂一定会生机勃勃,趣味盎然!

(作者单位:天津市北辰区实验小学)

利用多媒体培养
小学生的自主学习能力

孙 芳

在探索培养小学生自主学习能力的实施中,多媒体辅助教学已由开始的优质课上的"表演",向实施素质教育的主阵地——课堂教学正式迈进。这无疑给课堂教学改革注入了新鲜的血液,为改变传统的注重认知、灌输、封闭的课堂教学模式提供了新思路。多媒体辅助下的英语课堂可以更好地培养学生们的自主学习能力,激发学生学习的兴趣、动机及求知欲,使学生在学习过程中积极发展各种思考策略和学习策略,在思考中交流,在交流中实践。下面我结合教学实践谈一谈如何在教学中利用信息技术来培养学生们的自主学习能力。

一、借助多媒体激发学生学习兴趣,调动学生自主学习欲望

心理学家认为,凡是新颖的、直观形象的、灵活多样的刺激物或手段,都容易引起学生的注意,唤起学生的兴趣,激发他们良好的学习情绪。从小学生的年龄特点来讲,新颖的活动最容易引起他们大脑皮层有关部位的兴奋,以致形成优势的兴奋点。而利用多媒体教学,教师可以恰当地把握小学生特别好奇、好动、好胜的心理特征,挖掘教材中的趣味因素,以生动的画面、鲜艳的色彩、恰当的解说、感人的音响等丰富的媒体表现形式,采用故事、游戏、直观、操作、设疑等方法,创设出一个个引人入胜的情境,来调动学生学习的积极性和主动性,充分激发学生的学习兴趣和求知欲望,进而培养学生们的自主学习能力。

例如,在三年级上学期学习有关水果的词汇 apple、pear、banana 时,本人就利用白板为学生们呈现了一个 Greedy Monkey 的小故事。故事中的小猴子在路上分别遇到了苹果树、梨树和香蕉树,可这些都不是小猴最喜欢的,在故事的曲折变化中,学生们主动探究,自主学习,把新单词和句型都学会了。在操练"I like……"句型时,学生们利用白板的随

意拖动的功能,通过自主探究,很快理解了这个句型的意义和用法,这是传统教学所不能企及的。因此,我认为根据学生的年龄特点,巧用多媒体,精心组织教学,能很好地激发学生的学习兴趣,进而激发学生的自主学习的欲望,培养学生的自主学习能力。

二、借助多媒体创设真实的语言环境,培养自主学习能力

英语课程标准主张"学生在语境中接触、体验和理解真实语言,并在此基础上学习和运用语言",这是传统教学所不能达到的。而我们利用多媒体技术则可以通过各种各样的方式让学生亲身体验,理解不同情境所表达的信息和语言材料,激发他们的表现欲望,进而培养小学生的自主学习能力。我从以下几个方面具体阐述:

(一)创设生活情境,培养小学生的自主学习能力

生活情境能激发学生作为生活主体参与学习活动的强烈愿望,同时能将教学目标和要求转化为学生的内在需要,使课堂教学过程变成学生积极参与、乐于参与的生活过程。

例如,在人教精通四年级下册 Lesson 1 中,我为学生们创设了搬家的真实情境,在学习新单词 chair 和 desk 时,我并没有直接将两个单词以图片或单词的形式直接呈现给学生们,而是首先给学生们呈现一辆卡车,我告诉孩子们里面装满了我的各种家具,同时让孩子们猜里面都有什么,在猜测的过程中学生们很自然地便学会了本课的"There be"句型,并理解了句子的意义和用法。在这样的情境中学生们乐于去主动探究,自主学习的能力也得到培养。

(二)利用故事情境培养小学生的自主学习能力

爱听故事是孩子们的天性,如果把所学的内容编成故事,则能激发他们的好奇心,吸引他们的注意力,引导他们兴趣盎然的去操练所学内容,进而培养孩子们的自主学习能力。

例如,人教精通四年级下册 Lesson 20 中,教材原版内容语言材料简单,内容枯燥乏味,无法激发学生们的学习兴趣,学生对表演课文的积极性也不高。针对这一现象,我将本课内容改编成了一个有趣的小故事:小猴子想和妈妈找一个合适的地方盖房子,他们分别去了动物园、海洋馆。可小猴子都不喜欢,最后他们来到了大森林。孩子们特别喜欢这个故事,所以在操练环节中,孩子们都兴致勃勃、争先恐后地扮演小猴子,与妈妈表演对话。这样的故事情境极大地激发了孩子们的自主学习的意识,不仅让学生们巩固了所学的知识,而且激发了学生的创造性思维,陶冶了良好的情操,体现了以学生为本的课堂,也培养了学生们的自主学习的能力。

(三)创设想象情境,培养小学生的自主学习能力

培养学生的观察、记忆、思维、想象能力和创新精神是基础教育阶段英语课程的任务之一。教师要充分利用学生丰富的想象力,创设蕴含想象空间的语境,实现语境最大化

利用。

例如人教精通六年级下册 Lesson 18 中,我为学生们创设了争做小导游的真实情境,让他们结合本课词句和自己能力来为旅客介绍一条自己认为比较好的旅游线路,并为游客介绍每个景点的特点。这样学生可以根据生活经验和本课所学,发挥想象,创造出很多不同的路线,表达出更多精彩的句子。在这样的情境中,学生们自主学习,合作探究,为终身学习打下了一个良好的基础。

三、借助多媒体,通过线上阅读培养学生自主学习能力

信息技术的应用,可以根据阅读内容呈现情景,使阅读过程变得形象、生动、活泼,同时,可以营造良好的学习氛围,使学生乐学、爱学,激发自主学习的欲望。它能加速学生感知过程,促进认识深化,加深理解,增强记忆和提高实际应用能力。

(一)在线故事引人入胜

为了提高学生们的阅读能力,扩大学生们的阅读范围,我在本课题研究阶段为学生们引入了蓝思阅读能力养成系统。那里面的故事短小精悍,是学生们喜闻乐见的一些童话故事,而且这些故事都被配上了美丽的图片,学生在欣赏动画图片的同时学习英语,怎么能不被吸引呢? 这些故事把旁白、任务的话都显示在屏幕上,学生一边看着纯正的英语,一边欣赏着精美的图片,阅读的过程就在轻松的状态下完成了。在整个阅读的过程中,学生不必担心阅读内容过难或过于简单,系统进行首测后会分类检索出适合个人阅读能力的电子书。而且,这些在线故事一般都还设有互动练习。例如,根据故事内容选择正确的答案,或者在故事的一开始就让学生自己给人物命名,选择自己喜欢的形象,接下来故事中的形象和任务名字都是根据学生自己的选择出现的,怎能不让学生感到惊喜和雀跃? 由于是英文网站,所有的知识都是英文的,学生多浏览几次后,对 enter、start、back、choose a character 等词汇、句子都能驾轻就熟。这种英语故事图文并茂,有声有色,环环相扣,处处设置悬念,十分引人入胜,实现了寓教于乐的教育境界。学生的阅读能力也会稳步提升,语感的形成更是不言而喻了。

(二)对英语网站流连忘返

根据乔姆斯基儿童语言自然生成说,儿童具有获得语言的天赋能力,儿童的第二语言,可以不依赖于母语而直接获得。也就是说,儿童的英语教学可以直接以英语为教学语言,不必以母语为中介。在教学中,教师完全可以用英语面对儿童,不使用母语做解释。儿童在全面、完整的语用情景中,不仅能感知语言内容,而且能学习语言的使用条件和环境。那么,我们为什么不放开手脚,让学生去尝试浏览英文网站呢?所谓"在游泳中学会游泳",学生应该在浏览英文网站中学英语。当然我们并不是说让学生去看任意英文网站,那是不可能的,不要说是学生,就连成年人,对于一些全英文网站也是莫衷一是。

我们可以有选择、有目的地给学生介绍一些英文网站,让学生带着任务去发现一些

信息,这样的浏览才是有效的。 例如,我在四年级教授"Weather"一课时,给学生推荐了几个英文的天气预报网站,并让学生去查 New York、Tokyo、Paris、Moscow、London、Hong Kong 等一些著名城市近三天的天气情况,学生在浏览中发现了 humidity 这个生词,查了在线词典发现是湿度的意思。虽然在网页上还有很多生词,但学生基本能完成教师布置的任务,说明这一阅读过程是有效的。

新浪网、搜狐网、K12 学习频道等各种免费电子杂志网站中,有很多英语阅读材料,如趣味故事、小诗、童谣、谜语等资源,学生结合使用金山词霸等软件,可以进行自主阅读。在真实的多媒体网络环境下,教师运用新的英语阅读教学模式培养学生获取信息的能力,学生也可根据自己的需要,扩大知识面。网络阅读教学充分体现了学生在学习中的主体性。

(三)E-mail(电子邮件)交流其乐融融

国外很多研究与实验表明,E-mail 除了能加强人际交流外,在辅助阅读、写作教学方面优于传统教学。学生在互相写信的过程中,不仅提高了写作能力,也扩充了阅读量。

教师首先在课堂上展示致全体学生的信,让学生自行阅读,了解信息,然后鼓励学生给教师回信。或者在条件允许的情况下,鼓励学生之间互发邮件,或鼓励学生交国外的笔友,这样的话,学生的英语阅读、写作能力肯定有很大的提高。

在实践中,我们一方面利用信息技术来创设真实的或模拟的语言环境,让学生更多地参与语言实践;另一方面利用网上资源,培养学生获取信息、分析信息、处理信息、运用信息、传递信息的能力,更好地培养学生自主学习的能力,为终身学习打好基础。

总而言之,在我们的小学英语课堂教学中,如果我们能合理地使用多媒体辅助教学系统,创设学习英语的情境,激发学生的学习兴趣,充分发挥教师的主导作用,引导学生自主阅读,发挥学生的主体性和创造性,这样就能引导学生在量多而质优的课堂上提高自主学习的能力,掌握英语基本技能,提高综合语言运用能力,进而提高学生们的学科素养。

(作者单位:天津市北辰区实验小学)

用电子书包多维度促学生能力发展

刘学荣

随着信息技术的迅速发展,全新的信息化教育教学手段层出不穷。作为教师,我们要与时俱进,及时更新教育观念,学习新的媒体技术,改革教育策略,迎接新时代的挑战。因为,只有教师个人教学理念和教学方法改变了,才能让"软环境"产生最大变化,进而让学生的学习方式从根本上发生变化。

通过多年的语文教育教学改革实践,让我深刻地意识到:无论教育教学以及信息手段发生怎样的变化,教育信息化始终服务于教育事业的改革和发展,它的最终目的,就是让学生发展得更好,让学生可以拥有更强的自主学习意识,从被动接受教师传授知识到主动与教师探究知识。对语文教学而言,我们的改革不仅要引领学生从浩如烟海的文化领域中汲取精华,从飞速发展的信息时代中获取新知,更好地进行社会沟通交流,还要引导学生将所学的新知进行激活、发展乃至创新,进而提高自身的综合素养,以适应时代的发展和社会的需求。

如今, 教育信息化的发展逐渐从融合应用阶段走向创新发展阶段。"电子书包人人端"作为辅助教学的一种手段,通过近几年不断地发展、完善,足以具备促进教育教学改革的能力。它强大的功能、绿色环保的网络平台和丰富的学习资源,不仅能提高课堂效率,更能为学生提高自主学习、合作探究等能力提供最便捷的途径和强有力的支撑。

一、借助"蘑菇树"进行课前有效预习,提高自主学习能力

学生是学习和发展的主体。我们要根据学生身心发展的规律和语文学习的特点,关注学生的个体差异和不同的学习需求,保护学生的好奇心和求知欲,为学生创造充满活力而开放的学习空间,充分激发学生的主动学习意识。但培养学生主动学习的意识不仅仅局限于课堂之中,更应该在课前预习环节。因为有范围、有方向的预习,可以让学生实

现预习的有效甚至高效,这样才更利于课堂教学的正常进行,使学生在课堂中的交流不受阻碍,从而实现课堂教学的高效,同时也能更好地培养学生学习的自信心,使学生的学习变得更加主动。

传统的预习方式,就是教师根据课程进度,提前布置一些读书标注、搜集资料等任务。学生在家完成,有的学生搜集资料,还要借助家长帮助。第二天课堂上,随着学习,教师可能会以某种形式进行检查交流,这样不仅会耗费一些课堂时间,有时检查不全面,还会使部分学生滋生应付学习或是偷懒的惰性,不利于学生学习成长,造成学习质量低下。

由此,我借助电子书包内部资源"蘑菇树"的"课前预习"功能,借助其中的"汉字学习""背景助学""词语清单"等多个板块,根据课程进度为学生布置相关的预习任务,使学生学得既有兴趣又能达到预习收获。

如学习《桃花心木》一课之前,为了让学生在第二天的课堂学习中有效交流探讨,我借助"蘑菇树""课前预习"板块,布置了让学生提前识记字词,了解桃花心木的成长过程,了解作者的写作背景等预习任务。学生们根据任务,自己识记字词,阅读"背景助学",不仅掌握并理解了字词,通过阅读课文,对文章结构、脉络,主要内容等进行了梳理,还丰富了对文章背景资料、相关资料甚至是延伸内容的了解。大多数同学因为兴趣使然,还通过"绿色上网"功能,实现资料的扩充,了解林清玄的生平及其其他作品等。

第二天上课伊始,我通过"电子书包人人端"发布试题功能,让学生进行闯关练习,检测他们的预习情况。学生提交后,我根据系统生成的统计图发现问题,依据显示的每项出错人和出错情况,再进行针对性讲解,使学生预习时出现的问题能够及时得以解决。同时,根据学生答题情况,我对做对的和进步大的学生,利用电子书包发奖形式,当堂奖励,鼓励了学生主动预习的行为,增强了学习的自信心。渐渐地,学生们感受到了借助电子书包人人端带来的便捷,体会到了课前预习的兴趣和作用,因而更加积极预习,自主学习的能力提高了,学习质量也随之提高了。

二、"绿色上网"体现课堂以生为本,提升合作探究能力

教育教学改革,就要求课堂教学模式从"以教师为中心"逐步转变到"以学生为中心"。"以学生为中心"的课堂,就要求教师必须树立正确的学生观,将"以教定学"的观念转变为"以学定教"的理念,而"以生为本"又必须在倡导学生自主、合作、探究的学习方式的基础上,才能得以实现。

语文课堂教学中,阅读与习作都是重头戏,又紧密相关,读写结合是学习语言、运用语言的良好途径,对学生语文素养的提升有着不可或缺的作用。《小学语文课程标准》中指出培养学生"初步具备搜集和处理信息的能力,积极尝试运用新技术和多种媒体学习语文""扩大知识面,根据需要搜集信息。"但是,传统的课堂教学中,如果想让学生根据所需进行资料的搜集了解,在课堂中是实现不了的。一般都是安排学生回家搜集,教师既不能了解学生搜集的内容及完成情况,又不能保证学生上网的安全性。而对搜集资料的检查,也只能是在课堂上让学生读一读,或是借助投影仪进行展示,使教学耗时低效;如果

想让学生在课堂上进行资料的拓展,也只能是教师借助课件展示,学生集体观看统一内容。想要在课堂上根据需要上网搜集资料进行拓展,更是一件难事。更多时候,也只是教师或某一学生上网搜集,其他学生被动接受,并没有自主选择的权利。因此,这样的教学,我会借助电子书包上课,利用电子书包"绿色上网"搜索功能,让学生在绿色安全的网络平台上,根据要求自主选择搜索拓展,然后进行小组探究。这样,不仅提高学生搜集处理信息的能力,丰富语言积累,还通过交流探究,促使学生学会倾听、表达,提高语言表达和思维能力。

以《各具特色的民居》一课为例。为了让学生在课堂学习文章结构与写法之后,能及时运用所学梳理自己的写作思路,在比较阅读两篇文章,明确了抓住民居特点,从不同方面、运用不同说明方法进行介绍之后,我让学生说一说想要了解哪处民居或是自己喜欢哪处民居。根据学生们所说,将想要了解或喜欢同一民居的学生结合成一组,让他们充分利用"电子书包人人端"的"绿色上网"搜索功能,从不同方面进行资料的搜索。搜索之后,组内进行交流,意在丰富对这处民居的认识,然后根据对课文思路、说明方法等学习,小组内共同探讨如何介绍这处民居。在小组合作探究的基础上,学生们绘制这处民居的思维导图,而后再依据思维导图进行习作。

借助"电子书包人人端"的"绿色上网平台"进行教学辅助,让学生在学习之后,及时、自主地搜集拓展资料,丰富素材,为课堂练笔,帮助学生掌握写作思路和方法打下坚实的基础,使学生将所学方法及时运用,真正做到了"以生为本"。不仅体现了课堂学生自主学习,成为课堂学习的主人,更让学生在合作探究中提升学习能力,同时也为实现《小学语文课程标准》总目标中提出的"能根据需要,运用常见的表达方式写作,发展书面语言运用能力"提供最及时和最有效的保障。

三、"便捷板块"模拟实践活动,促进学生立体思维发展

《小学语文课程标准》中指出,"语文课程的建设应密切关注现代社会发展的需要。拓宽语文学习和运用的领域,注重跨学科的学习和现代科技手段的运用,使学生在不同内容和方法的相互交叉、渗透和整合中开阔视野,提高学习效率,初步养成现代社会所需要的语文素养。"

为了让学生既有兴趣,又能将语文学习更好地与生活密切相连,我除了将语文课文的学习与生活相连、带领学生阅读简单的非连续性文本,从图文等组合材料中找出有价值的信息,便于学生在实际生活中运用外,还借助电子书包人人端,为学生设计了一些不同寻常的语文实践活动,让学生在有趣的活动中,学会搜集、处理信息,学会运用语文,学会在数字化信息环境下,掌握一些生活技能。

我在"电子书包人人端"中下载了"百度地图"和"大众点评"两个软件。在中午休息活动时间,我带领学生进行"开心玩儿"的活动,让学生在玩中了解新事物,在掌握如何搜索相关信息、如何使用这些生活软件的同时,让学生从获取信息、处理信息、生活技能、思考判断力和择优做出选择等方面中获得能力的提升。

例如"十一"放假前,我说如果假期要去天津水上公园玩,你会选择怎么去。学生们便进入百度地图开始搜索,有的说让爸爸妈妈自驾车带着去,可以选择常规路线,也可以选择距离短、红绿灯多的路线等,但为了省时间又少等红灯,所以他会选择常规路线。因为常规路线从家到水上公园的距离是 20 公里,用时 30 分钟,需要等 11 个红灯,而距离短的那条路线虽然从家到水上公园的距离是 18 公里,但用时 45 分钟,需要等 35 个红灯,既耗时,又要等很多红灯,太麻烦了。有的学生选择乘坐公交车,方案有 5 种,根据乘车时间、换乘次数和需要步行的距离等项目,她选择乘坐 735 路内环公交车,换乘地铁一号线,再换乘地铁三号线,因为这个用时最短,虽然换乘两次,但是地铁一号线换乘三号线在一起,换乘很方便,和其他几个选择相比起来,省时间、步行少,又方便……学生们根据老师提出的要求进行路线搜索,又根据搜索到的信息进行最合适的选择。然后我又问他们暑假想去哪里玩,根据他们所说,进行小组结合,让他们在"百度地图"上搜一搜自己最想去的地方,分工合作找出合适的路线,以及目的地周边的停车场、饭店、住宿等,为出行做好准备。学生们的兴致高昂,大家共同搜索,有的负责记录出行路线,有的查看住宿宾馆,有的查看目的地附近的美食,有的查看到目的地后出去游玩的交通路线,还有的查看目的地周边的景点等。在这样的活动中,他们搜集信息、处理信息的能力得到了提升,还做到了将语文与生活相融。

还有一次,我们一起讨论大家都比较关心的关于吃的问题。一提到吃,学生们可开心了,纷纷说着各种口味的各种好吃的,迎着他们的兴致,我又引导他们在"大众点评"中进行搜索,了解周围哪些店经济实惠;根据评论,你会选择附近哪家店用餐,理由是什么;如果是小组几个人一起去某个小店吃饭,怎样既能满足大家的口味,又做到节约不浪费;如果不想出门,又想吃到想吃的好东西,该怎样选择……虽然只是模拟活动,但学生们兴致很高,在搜索商讨中,他们了解到数字化、信息化给生活带来的便利,进而也使他们意识到作为小学生,不仅要学习书本的知识,拓展阅读,还要有选择地接触新媒体、新技术,发展立体思维,做能够适应社会发展的青少年。

现代社会要求公民具备良好的人文素养和科学素养,具备创新精神、合作意识和开放的视野,具备包括阅读理解与表达交流在内的多方面的基本能力,以及运用现代技术搜集和处理信息的能力。语文教育应该而且能够为培养和造就新一代信任发挥重要作用。

因此,作为语文教师,本着学生是学习和发展的主体的意识,依据学生身心发展规律和语文学习特点,爱护学生的好奇心、求知欲,充分激发学生的主动意识和进取精神,倡导新方式,巧用电子书包人人端,引导学生在自主、合作、探究的学习和实践活动中,不仅可以开阔视野,增强学生自主学习意识,提高学习效率,还能从多个维度促进学生能力发展,促使学生初步形成现代社会所需要的语文素养。

(作者单位:天津市北辰区实验小学)

E 时代让网络架起
教育沟通的桥梁研究

王懿颖

一、课题的提出

(一)背景意义

中小学教育是全社会共同关注的问题,但教育工作常常给人一种落伍的感觉,教育观念、内容、方法往往跟不上社会发展的要求和学生身心发展的变化,教育效果往往是事倍功半。尤其是随着信息网络技术的迅猛发展,以庞大的信息数据库和信息高速公路等要素构成的国际性互联网,将人们带入了全新的网络时代,人类开始步入信息社会。不少学生在"信息轰炸"的环境里陷入思想迷惘、道德困惑和心理偏执之中。面对数字化、全球化为特征的信息时代,学校教育正面临着重大变革。这场变革不仅仅是教育形式和学习方式的重大变革,更重要的是对教育的思想、理念、模式、方法等产生了深刻的影响。如何使教育真正做到面向现代化,提高学校教育的实效性,是急需解决的现实问题。

本课题的研究旨在通过搭建网络平台为学生开拓一个丰富多彩而又充满童趣的网络天地,使师生展开交流互动,促进教师、学生、家长等沟通与了解,同时也促成学校、班级,积极健康向上的文化氛围。学生们享受着校园网络带来的快乐,在愉悦的情境学习以及心理体验中,培养学生的道德观、人生观,从而提高教育的实效性。

(二)理论实践依据

1. 概念。

沟通是人与人、人与群体之间思想与感情的传递、反馈的过程,以求思想达成一致和感情的融合。

教育沟通是指教育者与受教育者之间通过有效语言和其他方法,运用合理协调方式达成共识或形成共识的一种人际沟通。

2. 理论实践依据。

首先,本课题的研究基于"以学生为中心"的教育模式。这种模式与传统的"以教师为中心"的教育模式有本质上的区别,是对传统教育的变革,集中体现在以下 4 个要素的转变上:

(1)教师不再是口头上生硬的说教者,而是教育的引导(组织、指导、帮助、促进)者、育人的设计师。

(2)学生由被动地接受转变为自主构建,并成为良好品德养成的主体。

(3)教育内容由教师硬性命令转变为学生自主行动。

(4)师生充分互动,拉近了学生与教师之间的距离。

其次,依据实验心理学家特瑞赤拉做过的两个著名心理实验。人们获得的信息从视觉中可以得到80%以上,在交谈中能够记住自己所说内容的70%以上。网络平台的构建改变了传统教育中听觉有余而视觉不足的状况,满足了学生受教育时视觉、听觉的需要;同时开放式的设计改变了传统教育中讨论交流不足的状况,使人与人之间讨论交流更容易,进而提升思想认识。

再次,心理学家认为,人在受教育时,当他亲眼看到育人的内容与图片或亲身参与、体验、实践时,有音乐、谈话的声音相伴,教育效果最佳。这就要求我们为学生提供主动参与教育活动的机会,使他们获取有价值的信息,通过思考分析提高解决问题的能力。

基于以上的认识与分析,要达到预想的目的,我们就可以通过网络这一现代化手段的隐蔽性、开放性、虚拟性、互动性和娱乐性来实现。

二、实践研究的目标

(一)理论层面的研究目标

1. 探讨网络技术与高效教育沟通的理论基础,开发教育新途径。

2. 探讨网络技术与教育沟通的契合点,运用信息技术与网络特点,结合教育原则提高教育实效。

(二)操作层面的研究目标

1. 构建有效的网络平台,实现家校间、师生间、生生间的相互了解与沟通,从而实现教育的全面性。

2. 根据学生个性特点,利用网络平台,用不同方法积极开展互动、交流和沟通活动,提高学生自我教育的能力。

3. 通过各项活动的综合开展,培养学生良好的思想意识、道德修养、行为习惯等,使之受益终身。

4. 全面提高教师的信息素养,促进教师教育观念的转变,教育思想的更新,提高教师专业素养。

三、实践研究的内容与方法

(一)研究内容

1. 构建网络平台,转变班主任及任课教师的教育理念。

2. 运用网络平台营造宽松、和谐、互信的班级氛围和教育环境,网络环境下的班集体建设。

3. 利用网络资源,实现学校、家庭、社会的三维互动,打造班级品牌。

4. 网络环境下的师生间、生生间的交流与沟通;家长与班主任任课教师的交流互动。

5. 创建网络环境下的家长学校。

(二)研究方法

1. 调查法。了解班级学生生活和思想现状,借以发现存在的问题,确定研究主攻方向,以便日后了解实验效果。

2. 文献法。搜集、学习、研究文献,以了解国内外在运用网络平台促进教育沟通研究的现状和研究成果等,从中寻求到本课题研究所要探索的基本方法和理论依据。

3. 运用个案研究法、比较法、教育经验总结法等相结合进行课题研究,获得课题研究成果。

四、课题研究的过程

(一)深入调查,针对问题展开研究

课题研究前期,全面调研,了解本校教师、学生教育沟通的现状。

1. 课题组从教育理念、沟通态度、技巧及日常沟通中存在的问题和思考等方面对教师进行了问卷调查。调查显示:本校教师具有全新的理念,深知有效沟通在教育管理中的重要作用,日常工作中比较重视师生间的交流,但是沟通的途径比较单一,方法比较贫乏。

2. 课题组对四至六年级全体学生进行了问卷调查,参加调查的共 951 人,其显示的结果令人深思,耐人寻味。这里有几组"学生回答问题的百分比"数据,向我们呈现了存在的问题:

(1)你与老师交流思想时希望以下哪一种情况?答:A. 别太庄重了 13%;B. 庄重点 3.7%;C. 放松点 68.5%;D. 秘密点 14.8%。

(2)你与老师交流思想时觉得拘束吗?答:A. 不拘束 22.2%;B. 拘束 27.8%;C. 紧张 38.9%;

D. 无所谓 11.1%。

(3)你有思想问题时会主动找老师谈吗?答:A. 会 7.4%;B. 不会 40.7%;C. 会,但希望保密 24.1%;D. 不会,怕老师告诉家长 27.8%。

(4)在班会上交流思想时,你跟老师所谈的思想:答:A. 真实的 40.4%;B. 不会全真实的 50.3%;C. 应付 5.6%;D. 不会是真实的 3.7%。

(5)你愿意老师去家访吗?答:A. 愿意 7.4%;B. 不愿意 55.6%;C. 无所谓 22.2%;D. 害怕 14.8%。

(6)你愿意到老师办公室去吗?答:A. 愿意 11.2%;B. 不愿意 40.7%;C. 无所谓 37%;D. 无奈 11.1%。

(7)当你有心里话或烦恼要对老师讲时,你希望得到老师怎样的态度?答:A. 特别关注并保密 66.7%;B. 同情 16.6%;C. 在班会上讲给同学们听 3.7%;D. 告诉家长 7%。

通过问卷与谈话,我们还得知:学生最喜欢的沟通方式是聊天;交流的最佳地点是在回家的路上;最喜欢的谈话方式是个别谈话。

通过分析,我们得出以下结论:

(1)学生与教师之间存在着明显的代沟,虽然这是事实,但教师的职业需要填平这个“沟”,教师的教育思想与手段陈旧,必须根据学生需要更新思想观念。

(2)学生强烈要求教师与他们平等交流,站在他们的立场上看问题、引领未来,与他们交朋友。

(3)绝大多数学生对教师存有戒心,他们认为教师在很多问题上,很大程度上在利用他们或把他们当成教师要达到某种目的的工具。

(4)学生不愿意也不需要高谈阔论,或长时间的谈话交流。他们更愿意接受的是心灵上的撞击,真情倾诉如朋友般的交流。

通过以上的调查分析,我们发现教育手段单一不能满足学生成长发展的需要。我们认为利用网络可以建起教师与学生之间广泛沟通的桥梁,增强教育的广泛性、生动性及实效性。我们把握课题内涵,通过调查了解到:学生家庭普遍拥有电脑,可以实现网络连接;教师、家长、学生基本掌握网络操作的技能,虽然部分人员此项技能不够熟练,但大家有深入学习的愿望,这些数据为课题深入研究奠定了基础。

(二)硬件保证与软件开发

微机室、电子阅览室、多功能教室和校园网络设备,学校内部“班班通”“室室通”,教师人人配备电脑……本校校园网的建成为实验教师掌握网络技术提供了良好的硬件环境,提供了有效操作的平台,为课题研究创造了学习条件和活动空间。

软件开发使课题组教师得到智力支持。

1. 校本培训。

聘请电教老师定期举办以实验教师为主的中青年教师计算机知识实际应用能力的业务培训,使全部教师能够独立熟练地使用计算机进行备课、上网、下载以及制作课件和网页,并通过了计算机高级考核。同时,还培养出了一批能独立制作课件、网页和管理应用软件的专、兼职骨干教师队伍,为学校网络教育工作的顺利开展提供了教师的智力支持。

2. 学生网络特长班。

学校除利用信息技术课普及学生的信息技术知识外,还创办了计算机网络特长班,学生们不仅学到了信息技术课程以外的许多新知识、新技巧、新方法,而且还具备了一定的计算机综合应用能力,能够较好地分析、处理和解决教育教学和德育网络工作中遇到的问题。

3. 课题组实验教师学习网络教育理论,对现行教育方式进行评价与反思。

我们通过开展自评—互评—学习等方式的活动,抓教师的思想转变。即:自评—评网络沟通的成功、缺失、困惑之处,明确改革方向;互评—交流教育经验与观点,为网络沟通发展奠定基础;学习—请专家讲座,请优秀教师进行案例分析并与教师就教育如何关注学生个性发展的问题进行研讨,使教育思想得以更新与充实。围绕着借助网络吸引更多的学生积极参与接受教育,通过对话、沟通和合作活动,产生交互影响,师生间、学生间达到互补与协调的发展。实现了教育理念的转变,从而具体明确研究的方向和目标。

(三)网络教育的途径研究

通过调查我们了解到现在学生最需要与教师有一个宽松平等的沟通交流环境,得到教师如朋友般的理解与关怀,在交流中获得心灵的碰撞。为了满足他们的心理需要,我们构建了资源丰富便捷、互动的网络教育途径,使学生不受时间、空间的限制,自觉主动地接受教育。

1. 规划、完善校园网,强调教育的实效性。

(1)利用网络资源的丰富性和开放性,整合优化教育资源。互联网有海量的信息资源和德育教育素材,内容极为丰富。同时,网络是开放的,由于它不受空间和时间的限制,这样大大拓宽了教育的时空范围,我们的教育工作也就不再受课堂、课时的限制,网络将现实中不同地域之间的距离缩短至零。教师与学生之间更可以利用八小时以外的时间,以更易接受的形式进行个性学习,从而使教育工作得以延伸和高效。

①建立少先队网站。我们根据自己的教育工作需要,建立少先队网站,把丰富的德育资源分门别类地以生动活泼的形式如图片、视频、案例等呈现给学生,打破枯燥的说教,让教育变得更加形象、更加感人,真正触动学生的心灵,潜移默化地接受教育。例如我校的"时事之窗""校园动态""世界真奇妙""红领巾之窗""家乡巨变""雏鹰展翅""绿色教育"等栏目,就汇集了大量的教育资源,学生可以通过网站开展阅读、游戏、争章、互评等活动,在活动中接受教育。

②建立教育教学资源库。信息网络为教育工作提供了丰富的资源,教师开展教育工作时不再只是单调地说教,活动时也不再感到没有资源可用,没有案例可参考。学校为教师建立教育教学资源库。按照小学的德育工作内容设立不同的教育单元,每个教育单元里有不同的教育主题,每个主题有各类的教育图片、教育视频、教育案例、教学设计。老师在

开展班会课、队会课、纪念日主题活动等教育时,可以利用"教育教学资源库"的资源设计活动方案和制作教学课件,这样就可以大大丰富活动的内容,同时因为资源的多面性和生动性,也大大激发了学生的学习兴趣和受教育的效果,从而提高教育教学效果。而教师每次的教育教学活动,也不一定非限制在校内、课堂内,可以校内启动和引导,校外进行网络学习及观摩,然后学生开展实践活动和汇报活动即可。

教师的每次教育活动设计的活动方案和对资源的重新整合优化,又可以放进"教育教学资源库"中,作为新的教学资源补充。另一方面,教师还可利用无限的网上资源,查阅各地教育工作信息,了解发展动态,学习新的具体方法,提高工作水平。这样大大丰富了教师在德育教学方面的资源,开阔了教师的视野。

(2)利用网络的虚拟性和趣味性,开展丰富多彩的网络教育活动。网络具有虚拟性和趣味性,它们为学校开展丰富多彩的德育活动,提供了更直接更便捷的途径与空间。

①建立虚拟社区开展体验活动。网络具有虚拟性,我们可以利用网络的虚拟性特点建立虚拟社区,可以虚拟创设情景,可以虚拟身份和角色,可以虚拟创设德育实践活动,这些虚拟活动都有助于受教育者身临其境地感受人生哲理和道德准则。 这些都是常规教育无法做到的。特别像"重大灾害的避险""毒品危害""科技发明"等这些教育主题,利用网络设计虚拟体验社区的形式开展主题教育会便捷、高效许多,同时还可以邀请家长一起参与指导教育。另一方面,由于网络的虚拟性,学生更容易说出自己真正的思想观点,在虚拟社区的体验活动中也会更真实地表现他们的价值观和实际心理状况。再者,通过网络可避免由于直接面谈带来种种不便,学生可更大胆地、更自由地表达自己的意见和观点。而学生在体验过程中的表现可以让教师有针对性地开展教育和辅导工作,从而提高工作的实效性,避免学生"双面性"的表现。

②开展趣味性的网络教育竞赛活动。 网络信息丰富、生动,网络技术不断进步,为网络德育课堂提供了无穷无尽的乐趣。我们可以根据教育的需要设计不同的网络教育竞赛课堂,把说教变为竞赛活动,让学生在竞赛的刺激下,不断地完善和提高自己。设计有趣的游戏活动,让学生在做游戏过关的过程中接受教育。比如围绕"安全生活"的主题,设计生活中各种安全隐患的游戏,让学生选择正确的方式解决遇到的安全隐患,游戏由浅入深地引导学生解决安全隐患和处理遇到的各种危险,促使学生为了尽快过关而自觉地去查找资料和学习相关知识,顺利过关后,学生也比较全面地接受了安全教育,同时教师根据学生完成情况进行相关总结和表彰。这样网络和传统教育相结合,大大提升教育的效果,学生学得生动,教师教得有效果,两全其美。

学生在活动中主体地位得到充分的体现。同时,也能选择适合自己的教育内容进行自我教育。学生利用网络自主地摄取教育知识,使他们在感性中形成道德认知,从而养成良好的行为习惯。

2. 利用班级主页、网上论坛等方式,加强班集体建设。

在信息技术水平允许的情况下,着手班级网的建设。在班主任的指导下,各班同学依据自己的特长,分别成立了技术组、资料组、美工组,并联合班内原有的宣传组以及文学兴趣小组,利用课余时间,投入到这项展示班集体建设成就的活动中来。其间,大家既展现特长又密切配合,充分发挥每个人的特长,同时,又增强了班集体的凝聚力和执行力。

3. 利用网络做好学生心理健康教育。

校园网上创设心理专栏,提供心育知识,引导学生进行自我心理调适。"知"是"行"的基础,学生理解掌握了心理健康教育的知识后,就可以认知自己的心理和行为,达到"无师"自通。因此我们让学生上网学习,丰富多彩、活泼生动的内容深深地吸引着学生,"学"而忘返,促使学生在愉快中正确认识自我,自觉地进行自我心理调适,形成良好的心理品格。

例如在"心理美容"栏目中,收集了怎样交朋友、怎样克服考试焦虑等内容,学生通过上网浏览,网上聊天谈体会,互相交流,互相感染,更加深切地懂得怎样想、怎样做才是对的、才是好的,怎样想、怎样做是不好的。此外我们鼓励学生通过看报纸杂志、浏览其他网站等途径去获取更多有益的心理知识,并带回来充实学校德育网的资源,让全校同学共同学习。

在"心情故事"中,我们收集了许多有趣生动的故事,这些故事寓心理教育于其中,学生非常喜欢阅览,并互相交流,共同品评,形成同学间的良性影响。

在"游戏测试"中既可以由教师对学生进行心理测试,也可以让学生自行测试,经常进行心理状况的调查了解,可以及时做好心理调整,保持健康、良好的心理情绪,愉快地开展学习生活。现在的独生子女多,不少学生是家里的"小太阳",以自我为中心,在与同学交往过程中,总会出现这样那样的矛盾,不能很好地与同学相处。在教师的帮助下,进行心理测试,他们认识到自己在待人接物方面的不足,学会了宽容、不计较,学会了正确处理同学之间的摩擦。人际关系融洽了,班集体凝聚力增强了,成为互助互爱的温暖大家庭,孩子们笑了,家长放心了。

特别值得一提的是我们根据小学生知之不多,涉世未深,但受现代迅猛发展、复杂多变的社会和紧张学习压力的影响,存在一些心理问题,但又有了隐私意识的特点,在网上设立了"心语留言板"。学生不论在家在校,都可以到这里倾诉心事,由心理辅导老师或家长在网上进行答复,克服了学生不愿当面倾诉的弊端,增进了学生与老师、家长的联系和沟通,学生的情绪和心理得到了很好的调适。如今聊天室和留言板成了学生最喜欢的地方。

这不仅避免了传统的说教,又使学生在自我教育中向健康的方向发展。

此外,为了增加与学生沟通的机会,师生在班内建 QQ 群,大家亲密往来,咨询生活、学习问答、与老师对聊空间;家长、教师的沟通等等,既节省了电话约定、路途往返的时间,又能及时沟通解决问题,这让我们体会到网络沟通的便捷、有效。

4. 在"家长学校"构建家校合力教育的网络平台。

通过调研,我们了解到 90% 的学生能够在家里上网登录学校网站,我们认识到这是拓展家长学校的重要途径。在校园网家校互动部分开辟了"教育动态""教子有方""与师同行""健康顾问""亲子活动""课外娱乐""问题解答"等几个栏目。家长与家长、家长与老师、老师与老师之间,可以畅谈家校互动教育心得、成功经验,并可向专家提出咨询。让家长了解学校,了解教育,在学校与社会、家长、学生等各方面进行互动,形成教育合力,这正好是发挥网络最大优势的有效手段。

五、研究成果

(一)开辟网上新课堂,调动了学生自我教育、网上互动

由学校组织精干教师在校园网上面向全体学生建立少先队网站,使之成为思想政治教育的主阵地,促进学生教育活动的开展。

通过创建少先队网站,调度教育资源,把与教育资源相关的文本、图形、图像、动态资料等进行知识结构化重组。

1. 设置形式多样的栏目,为学生提供丰富的资料。

(1)"家乡巨变":进入这个栏目,就可以领略到坐落在渤海之滨的这座城市的美丽、神奇,可以看到未来津城的发展、壮大,会油然而生一种自豪之情,从而更加热爱自己的家乡,热爱我们的祖国,并会立志为建设家乡而努力学习。

(2)"模拟实验":针对某一德育主题,设计虚拟校园、社区、家庭,让学生进入其中活动,活动者在不同道德观念支配下的不同行为反应将导致不同的行为结果。如"毒品的危害""竞争与合作""知法守法""道德警戒线"等无法在实际生活中尝试的问题,都可以通过仿真实验使学生身临其境、设身处地去感受,把教育工作与社会实践结合起来。

(3)"校长热线":校长是学校教育的第一责任人,通过校长亲自抓德育,带动学校全员参与德育工作;通过校长热线可以实现与教师、学生、家长及社会的沟通。主动接受社会对学校办学的监督和支持。

(4)"教师频道":为教师依法从教、规范从教,特别是班主任的工作提供理论支持和开展德育工作的新渠道。

(5)"学生频道":教育学生学会学习、学会做人、学会合作、学会做事、学会选择、学会明判是非,培养学生良好的思想政治素质、公民意识和社会责任感;为学生创设展现个性、倾诉心声的环境;让学生通过班级主页增强对班集体的认同,对学生进行集体主义教育。

(6)"家长频道":为家长提供教育基本规律的指导,让家长更便捷更全面地了解学校的工作,倾听家长进言,接受家长对学校办学的监督,争取家长配合,并参与学校德育工作。

(7)"心灵之约":探索德育心理化的新方法。由于网上心理咨询活动是间接进行的,避免了某些话题因面对面的尴尬而难以启齿的现象,便于学生消除心理障碍。通过提供网上心理健康指导和心理测验,促进学生形成良好的心理素质和健全的人格。

(8)"红领巾之窗":学校教育的目标就是向受教育者"传递正向价值、培养良好的习惯和态度。"通过少先队之窗让队员掌握少先队基本知识和党的基本路线、方针、政策,帮助学生树立不断追求进步的人生理想。

还有,"我的校园""时事之窗""校园动态""学校信箱""世界之窗""知识竞赛""时事追踪""自我测试"等。并与相关资源网站的链接,扩展教育资源,如:与"北辰教育网""中国少年雏鹰网""中国中小学教育、中国基础教育网""中国素质教育网""中小学德育资源

网""中国环境保护网""班主任俱乐部"等网站链接,充分运用互联网上的德育资源,体现学校德育的新观念和现代气息。

学生通过访问"少先队网站",就可以直接学习有关少先队的基础知识,了解时事政治,关心国家大事,并且能根据自己的需要、兴趣、爱好,选择不同的学习方式、学习内容。学生由原来被动地学变为主动地要求学习,在主动学习的过程中丰富了知识,净化了心灵,培养了爱国主义精神,产生了报效祖国的决心,达到了德育工作的目的。经过一段时间的学习之后,还可以通过自我测试来检测自己的学习效果,进行自我监控,促进学习的积极性。

2. 建立班级网页,培养学生的集体意识。

在校园网上学生自己动手建立班级网页,通过发挥集体协作的精神,集中集体的智慧来增强集体意识。各班级可根据本班的实际情况和学生的思想动态,灵活地设置栏目,如班级展示、德育目标、学习园地、知识窗、队员之友等,内容丰富多彩,形式灵活多样。而且通过班级网页评比,又能增强竞争意识。在制作中不断地扬长避短,使内容更丰富、页面更新颖,不但能使访问者耳目一新,更能使制作者在技术上得到很大提高。

3. 建立个人网页,培养学生的自信心。

每个学生都可以在校园网上建立自己的个人网页。学生根据自己的思想实际和掌握的计算机技术,建立具有自己独特风格的网页。可以设立成长档案、学习体会、生命信仰、理想风帆等栏目,在网上展示自己的才华,提高自己的知名度,同时又能使自己的辨别能力、分析能力有所提高。学生通过访问个人网页,在比较学习中能够形成自己的理想信念。通过开展学生个人网页的评比活动,使网页制作技术进一步提高,网页内容更加丰富,做到思想性和艺术性的完美统一,这样既培养了学生学习的自信心,又增强了他们的审美能力。

这种教育工作形式,把抽象的理论变成了具体可感的材料,把空洞的说教变成了精彩的画面,引起了学生强烈的好奇心,激发了学生的学习兴趣,使学生容易接受教育,并对受教育做出反应,在自身发展的过程中获得成就感,体验到受教育的快乐。

(二)创设跨时空的交流互动平台,实现心灵的沟通

利用信息技术提供的各种网络通信工具,创设交流互动平台,进行平等对话、协商、讨论和答疑等教育活动,实现心灵的沟通,极大提高教育的实效性。收集与学校教育相关的问题,利用网上测试、调查,让学生进行自我评价,实现行为自律的教育目标。

1. 网络环境下师生沟通、家校沟通的基本模型。

(1)在彼此尊重、信任、理解和相互配合的基础上,寻找多种沟通新途径,共同商讨科学的教育措施,配合研究完成教育任务。

(2)探索教育新途径,与家长沟通,及时交换意见,鞭策教师、家长努力去发现并挖掘孩子的闪光点。因材施教,及时解决学生出现的各种问题,促进他们身心的健康发展。

(3)利用校讯通、手机(短信)、电子邮件、博客、微博、微信、QQ群、教育信息平台等

开展家长工作,挖掘教师与家长联系的快捷通道,

(4)利用校讯通、手机(短信)、电子邮件、博客、微博、微信、QQ 群、教育信息平台等促进教师与家长、教师与学生、家长与家长、学生与学生之间的相互了解全面交流。而且可以达到教育资源的补充和分享,使多方面思想达成共识,形成观念一致的连心桥,优化家校教育,达到"多赢"目的。

网络环境下师生、家校沟通的主要通过以下模型实现:

① 班级 QQ(群)、校讯通、手机(短信)平台、电子邮件、微博、微信等同步沟通模型。

② 班级主页、班级博客、微信公众平台等异步沟通模型。

③ 教育信息平台建立论坛交流模型(如图示 1)。

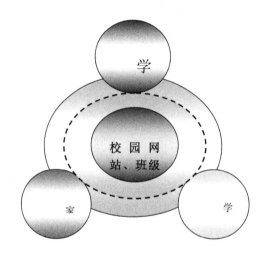

图 1　教育信息平台建立论坛交流模型

2. 开发 BBS(电子公告牌系统)功能,发挥学生的主体能动作用。

学生与老师之间、学生与学生之间可以在"网上论坛"上互相讨论学习;可以就学生遇到的问题发表自己的看法,提出自己的观点,通过充分的研讨,达到求同存异之效;可以对学校或班级工作进行讨论,指出存在的不足,提出好的建议。网上讨论有其特有的优势:讨论时可以隐去真实的姓名,也就摆脱了"随大流"的状态,有利于敞开思想、讲真话,因此能够及时发现学生的思想动态,纠正其偏差,解决真实的思想和学校问题。

在闲暇时,学生也可以进入聊天室,谈未来、谈理想、谈爱好,广结朋友。

3. 利用 E-mail(电子邮件)做学生的思想工作。

开设心理咨询信箱,运用 E-mal 进行交谈,避免了面对面的尴尬,有利于克服心理障碍,能够谈心里话,容易沟通。学生有些心里话或一些敏感的话题,心里存在困惑又不便当众讨论,就可以用 E-mail 的方式寄给老师,老师针对学生的疑问直接解答,然后用 E-mail 直接寄给这个学生。这样既解决了思想上存在的问题,帮助学生树立正确的人生观、价值观,又不会让学生"丢面子"。如果学生的问题具有普遍性,老师可以在网上解答或发表公开信。

设立校长信箱,学生可以通过 E-mail 的方式直接与校长交谈,这样既缩短了校长与学生间的距离,又增进了师生间的感情,还有助于尽快解决思想上存在的问题。

4. 班级主页搭建了有效的沟通平台。

班级主页建设为学生、教师和家长搭建了有效的沟通平台,有利于师生沟通、家校沟通。通过班级的主页这个平台,班主任或者是管理员可以把班级中发生的事情及时醒目的在自己的班级主页中显示出来,有利于家长及时了解自己的孩子在校情况,有助于教师跟踪学生的心理发展状况和了解班级动态。通过成绩管理系统,使家长及时了解学生的学习情况。通过家庭作业系统,使家长正确了解学生的作业,并且帮助各科教师了解学生的作业量,协调各科作业量,而不至于让学生的作业负担过重。通过论坛、电子信箱等,也可以让老师及时了解到学生的家庭情况,以及在家庭教育中存在的问题,与家长取得教育的共识。这一平台有利于学习形式交互化。教师与学生、家长与学校之间,通过网络进行全方位的交流,拉近了教师、家长与学生的心理距离,增加家长、教师与学生的交流机会和范围,更加有针对性地指导学生。

5. 发挥班级博客在教育沟通中的重要功能。

班级博客作为班级数字化管理的新平台,可以由师生合作共同管理,记录班级发展过程中的点点滴滴,定格班级成长的精彩瞬间,在师生间架设一座心灵沟通的金桥。

通过互动交流,让班级博客成为情感的"黏合剂"。它可以超越时间、空间的限制,延长交流时间,拓展沟通空间,让对话变得更及时有效。在"班级博客"中,孩子们少了面对面的那份尴尬和顾忌,可以实话实说,畅所欲言。老师可以在这里了解孩子的思想动态,和学生进行心与心的交流,进行情感的"零距离接触",让心灵走得更近,从而奏响班级发展的"同一首歌"。孩子们在"班级博客"中说出了自己的心里话,相互交心。有时,他们也会对老师提出自己的建议和意见。对于孩子们的这份信任,教师总是细心呵护,认真对待,通过各种途径与他们交流沟通,或班级集体解答,或留言回复,或个别谈心……班级博客就像情感的"黏合剂",促进了老师和学生的交流与沟通。

班级博客还是家校"直通车",促进家庭教育。教师可以利用班级博客这个平台积极主动地争取家长参与到班级的建设中来,对家长来说,班级博客可以成为他们了解孩子的渠道。他们可以通过博客在第一时间了解自己孩子的学习生活情况,还可以在博客中看到较有针对性的家庭教育信息以及家长的观点。对于教师而言,我们可以充分利用家长资源,让他们成为"编外辅导员",对班级中的一些事件,及时分析引导,实现教育效益最大化。

6. "家校通"——教育沟通的好助手。

家校通是班级管理的重要辅助手段。它为班主任减轻了负担,节省了时间。

(1)使用家校通,时效快、简单又方便。进入班级留言或个别留言,短短几分钟,输入简单的几十个字以单发或群发的方式,方便快捷地把学生在校表现、家庭作业、考试成绩、特别辅导、健康状况、应急事件及学校、班级的各类通知、重大活动安排、假期注意事项等传递给学生家长,大大提高了工作效率。而家长也会很快将信息反馈给教师,便于工作的顺利开展。

(2)班上的重大活动、放假安排、学生获奖情况在第一时间告知家长。

(3)成绩发布,让家长及时获得第一手资料,重视平时的每一次考试,真正起到查漏补缺的作用。通过家校通的成绩群发功能,及时将学生的个人成绩,以及全班最高分、平均分等告知家长,并短信通知家长在试卷上签字,便于家长客观地分析孩子的考试情况,并和孩子一起分析存在的问题以及补救措施。

(4)平安信息,筑起一道安全屏障,让家长对安全无忧,有效避免偶发事件的发生。家校通的"平安校园"服务,很好地解决了这一难题。学生在进出校门刷卡时,系统便自动以手机短信的形式,将进出校门的信息实时发送到家长的手机上,让家长及时了解孩子到、离校的准确时间,省去家长对子女的挂念。同时,班主任也可以上网查询系统记录,准确了解学生到校、离校的情况。

7. 发挥 QQ 群交流平台的教育优势。

通过电子互联网的交流方式的教育,具有常规教育所不可比拟的优点。主要体现在该交往方式的可沟通性强,学生的认可度高等方面。利用 QQ 平台进行沟通存在以下优点:

(1)班级 QQ 群是师生间最便捷、最轻松的联络工具。现在,一个班级学生较多,作为班主任,在上学时没有时间和他们单独谈心,而 QQ 群却可以不受时空限制,便于师生间聊天、交流和沟通,他们在这样的环境里与教师进行交流,没有精神压力,没有面对面交谈的尴尬,他们完全处在一个宽松的环境里进行对话、进行交流。从教师角度来说,对于一些言语用词等,会有足够的思考和斟酌时间。如在进行批评时,常规的面对面批评可能存在表达上的欠缺或者失误,从而导致学生的接受困难,加剧师生之间的隔阂。对于不太善用口头语言表达的老师来说,通过 QQ 的文字表达,效果会好得多。从学生角度来说,文字具有比语言更大的影响力,对于教师的教诲,学生或许能够记住一些词句,但留言在 QQ 上的文字,在相当长的时间内,学生仍然可清晰看到。另外,避开了师生面对面或者面对很多老师或同学的场面,学生的表达也会更加积极、诚恳。正处在生长发育阶段的学生,在生理上和心理上有很多地方需要成人的帮助,但又不便当面言明,通过这种方式,效果就好得多了。

(2)班级 QQ 群可以增进师生之间、同学之间的友谊,并增强班级凝聚力。人们总在抱怨,现实中人与人的关系越来越淡漠,而网络正好弥补了现实世界的不足,学生在家里也可以利用网络与教师、同学互相问候,互相学习。比如:在节日或同学生日时,给同学发送电子贺卡,献上一首歌,以此送上自己的祝福,增进同学之间的友情;班集体有紧急通知或活动,可以通过网络及时传递给每个同学,弥补了不能集中通知的不足,这样师生之间、学生之间的交流、研究、沟通因网络而得以拓展和延伸,同学情谊在网络交流中得到升华,班级的凝聚力在网络里得到加强,同学间的隔阂通过网络而化解。

(3)家长 QQ 群拉近家校心距离。众所周知,QQ 群里,是一种"点对面"的聊天形式。这就便于大家在网络上交换各自对某一问题的看法,达到更广泛交流的目的。通过班级老师家长 QQ 群,就像召开一个"网络家长会",老师与家长可以全方位的了解孩子情况,是教育沟通方式的进步。班级老师家长QQ群有利于学校或班级的透明化管理,可以避免误会的产生。学校或班级新出台什么制度,可以在群里征求家长意见,有什么问题,家长都可以参与讨论。班级老师家长QQ群一律采用实名制,增强发言人的责任感,不要伤害其中一方。群管理员要负起责任,严格把关,对不相干的外人禁止入群,以免影响群的质量。

8."微信"成为教育沟通新宠儿。

摇一摇、扫一扫、朋友圈、点赞……随着智能手机的普及,这些新名词已不知从什么时候开始"飞入了寻常百姓家"。微信,一种时尚的交流平台,凭借着网络快速发送免费的语音短信、视频、图片和文字,支持多人群聊的手机聊天模式受到大家的热烈追捧,俨然成为大家茶余饭后的话题"新贵"。 教师利用它的潜在教育契机,进行愉悦的家校沟通。

(1)家校关系在朋友圈中巧妙转换。朋友圈,顾名思义,大家都是朋友。一句话、一个赞、一个拥抱,轻轻悄悄地传递着作为朋友间的关注、牵挂、鼓励。家长们与教师虽难得一见,但通过微信,却心心相印,如同多年好友一般,彼此间的称呼也一下子亲热了起来。

(2)班级动态在晒照片时及时分享。家长最关心的就是孩子在校的学习、生活、就餐情况,利用微信这个平台,及时地进行现场直播,晒上孩子的各种照片,以供这些家长粉丝们一睹为快。或分享班级活动精彩瞬间,或展示班级学习成果,或秀秀孩子的才艺展示。家长粉丝们及时了解了班级动态,一个劲儿地点赞。他们分享着孩子成功的喜悦,欣喜孩子成长的同时,也感受到教师平时教学的辛苦,育人的精心,对学校教育就更加支持,对教师也越发信任了,家校彼此的心贴得更紧了。

(3)携手同行共品美文,与家长共勉。家长是教师教育孩子的最佳同盟者。由于生活环境的不同,学习阅历的不同,彼此教育起孩子来,也会有些不太和谐。将精彩的人生感悟美文、丰富的教子经验与家长分享,传递正能量,变"我说"为"他说",变简单交流为共同学习,与家长一起提高,借他力助推教育。在学习中,彼此的观念得到更新,思维火花得到碰撞,教育方法得到交融,孩子教育也越发畅通起来。

七、课题研究的分析和讨论

(一)收获

1. 独具特色的校园网络得以建立,开创了学校德育的新途径。

2. 网络德育教育沟通模式日渐完善,得到了学生、家长、社会的认同,社会影响日升,良好效能显现。

3. 学校初步形成环境育人特色和网络育人与求知成才为一体的现代教育框架。

4. 提高了教师专业素养,终身学习的理念日益提升,学习型组织的建设正步入坦途,特别是课题组成员的教科研水平和计算机操控能力明显提高。多篇课题论文获得全国及市级一二等奖。

5. 学生自我教育能力大大提高,在和谐环境中阳光快乐成长。实验班级中一个获得区级突出进步集体,其他所有班级都被评为区、校级三好班集体;还涌现出许多学有所长的优秀学生;实验班级转化问题学生有两人获得市级突出进步生,一人获得区级突出进步生;一人获得区级学雷锋树美德先进个人。

(二)体会

1. 网络环境下小学教育活动的开展需要物质基础。在课题开展之初,我们调查实验班100%的学生能够在家中或在家长单位上网,90%的学生知道学校网站并经常浏览,这为课题研究提供了充分的物质基础。每项教育活动的开展都能影响到每一个学生。

2. 网络撬开了教育改革之门。"学会学习、学会做人、学会合作、学会生活"这四个观点是先进的教育思想,也是小学德育的工作目标。基于网络的教育,因建立在充分的自主、协作基础上,突破了传统的管理、督促模式,为真正实现"四个学会"创造条件,营造环境,打造平台,提供可能。

3. 在网络环境下,各方共同进步。建立学习型社会是党的战略目标,终身学习已经成为每个人的生活方式。在实施网络教育的过程中,无论学校管理者,还是教师、学生及学生家长均受益匪浅,收到了多赢效果。

4. 网络需要教育,教育更需要网络。教师要与时俱进,不断接受新事物,了解新时期孩子的新特点,开发新技术,引导孩子主动加入教育活动,充分发挥互联网优势,认识科技发展的双重性,让先进技术为教育服务。

(三)需要注意的问题

1. 应加大网络平台建设力度,吸引更多的专业人才和建设其他硬件设施,为实践研究提供硬件保证。

2. 应不断丰富网络资源类型,及时更新内容,向学生提供能吸引他们注意力,满足他们需要的,方便他们学习、娱乐、交友、咨询的内容丰富、形式引人的青少年服务网站和学习网站,强化网络内容建设,开展各种健康有益的网上活动,给学生以正确的引导。

3. 网络具有两面性,在为我们提供机遇和条件的同时,又提出了严峻的挑战。应积极采取防范措施,对网络信息进行过滤,为校园网安装有关"禁读"的软件,同时,堵住社会、家庭网络信息污染的源头,学校、家庭、社会互相配合,尽力为学生网络学习提供一个外在的良好环境。

(作者单位:天津市北辰区实验小学)

落实公平教育观
关注学生健康全面发展

王　辉

　　和谐教育的一个重要特征就是公平,在班级建设中践行公平教育观,创建和谐的班集体氛围,对于培养学生初步形成和谐的理念十分重要。

　　公平的教育实践表明师生之间特别是班主任与学生之间和谐关系的形成离不开公平教育。面向全体学生,以平等民主的态度,学会爱与宽容,真心为每一名学生喝彩,及时激励和赞美学生,促进班集体凝聚力的形成。

一、为每一位学生搭建平等竞争的平台

　　很多时候,我们选拔班干部、评选优秀学生往往带有一些偏见,单凭第一主观印象或参考学生档案就确定了班干部人选,因此有些学生从小学到大学都是资深干部,这些学生得到了师生的信任和支持,自身便有了更多的锻炼机会,作为教育工作者特别是班主任老师,应以平等、公平的理念对待全体学生,特别是更加关注学生中的弱势群体,为他们创建更多展示自己才华的机会,对于学生健康愉快地成长尤为重要,甚至影响他们的一生。

　　近几年,我接的班大多都是低、中年级,学生小,不懂事,每接一个这样的班级,我都要搞一次这样的调查,哪些同学在幼儿园或低年级担任过班干部? 很多学生会叹息或感慨:"干部我没当过,连小组长都没担任过。"我在班里设置了很多岗位,同学们推荐或自荐选择适合自己的职责岗位,班委、队委、各学科代表、小组长、图书杂志管理员、包括开关门窗教室电器灯光专员等,有些岗位设置两组同学,采用轮岗的方式,还有几个性格内向的同学没有申请岗位,就任命为班级量化评比监督员。这样的平台搭建有助于培养学生的责任意识,同时也都获得展示自身才能的平等机会。其实,学生之间本就没有太大的差别,得到老师重视的同学增强了自尊和责任感,其自身的潜能和特长得到充分发挥,他

们感受到公平,得到了理应得到的尊重和关爱,逐渐从自闭自卑心理阴影中解脱出来,和其他同学一样享受到了应有的快乐和幸福。很多毕业的学生交谈中往往听到一个共同心声,如果当年不是老师创造一个机会,尽管可能是微乎其微的一个岗位,可能还不会懂得承担责任和把握机会,更不能培养和释放自己的优点。

二、对学生的赞美与喝彩

师生都有一个快乐幸福的心态,教与学才有良好的心境氛围。

(一)让每个学生写出自己的优点、长处

成绩不高也许守纪,纪律散漫也许聪颖,思维不敏也许厚道,相貌不佳也许真诚,体育不行声乐好,人缘欠缺独立性强等。有一个男生弱弱地说,您说的这些我都不具备。我说你诚实、谦虚、低调。有个女生也说自己没有任何优点。我说你没有注意吧,刚一进教室你就给老师一个微笑,笑得很自然、甜美。你知道吗,老师带你们班也是有些紧张的,别的班班主任经验丰富,老师年轻,也非常希望你们能接受、能喜欢,你刚才的微笑让老师心情放松了,你是老师记住的第一个喜欢微笑的学生。记住,每一节课都要给每一个老师一个微笑,老师带着好心情上课,你就是为这个班做贡献。

(二)让家长写出孩子的优点

很多时候,家长向我们抱怨自己的孩子有较多缺点,不爱学习、天天上网、无法沟通、逆反等。我们懂得,那是家长对我们做教师的希望,他们把最艰巨的育人任务交给了我们。班主任对学生的尊重就是对家长的最大尊重,让家长和我们一起为每一个学生喝彩。

(三)在开展丰富多彩的活动中展示学生的才华,感受成功的喜悦,同时把卓雅教育落到实处

教师需要公平公正地全面评价每一个学生,在各种有益教育实践活动中发现学生的优点和长处,培养成功感、快乐感。演讲、朗诵、声乐、绘画、书法、体育等实践项目,在综合素质教育中让学生品味卓雅,同时老师也全面了解每个学生。放大优点就少了对学生的偏见,多了赞美和鼓励,你会收获更多学生对你的信赖和尊重。

三、对弱势群体的特别关爱

公平教育要求教师要关爱一切学生。在班级建设实践中我们明白这样一个道理,决定这个班级是否先进的不仅仅是几个优秀生而是班级整体实力,特别是那些学困生。

试想,如果班里有几个纪律涣散生、活动淡漠生、学习头疼生、心理脆弱生……班级建设会有怎样的困难?如果这样的学生集中到某一个班级必然会得到年级组、德育处格外关注,这种关注会是各项荣誉吗?可能更多的是批评处分。而教育法规、职业道德又不允许我们对这样的学生有任何偏见和歧视,更不能放任他们,唯一的选择就是要担当起

教育、引导、转变他们的责任。在这样的学生面前,老师更应该充分展示自己的人格魅力,教师最光彩的人格魅力其实就是对全体学生的尊重和关爱, 以平等公平的心态对待他们,用更细微的方法去引导他们,用最珍贵的爱心感染他们,为他们的点滴进步而喜悦,当他们感受到了老师的人格魅力后,才会自觉地接受你的教育和教学,甚至严厉地批评他们都会理解为那是对他特别的关爱。

(作者单位:天津市北辰区实验小学)

给他一个支点
——从兴趣入手促进心理问题生转化

李　玲

　　父母是孩子的第一任教师。在儿童性格形成和发展的过程中,父母的影响是巨大的。和谐、和睦的家庭能给孩子更多的关心和帮助,孩子容易形成良好的性格品质。父母离异,后果往往会影响到子女,会使他们的性格发生变化,甚至出现许多不良的性格特点,最终导致心理和行为上的偏差。

　　我们每个班里或多或少都会有单亲家庭的学生。他们中有的心理上受到压抑,性格孤僻,没有自信,遇到挫折容易灰心;有的唯我独尊,自控力差,容易冲动等。班主任对这些学生不但要充分了解情况,还要主动关怀、信任他们,并结合学生特点因材施教,正确疏导。尤其要用一双慧眼发现他们的优良心理品质和行为习惯,用他们身上的积极因素去克服消极因素。这样,他们会从心理上相信、接近老师,进而自觉地接受老师的教育并付诸行动,健康成长。

　　在教育实践中,我发现,从兴趣入手,是转化心理问题学生的一个好方法。

　　2017 年 9 月,新学期开始了,我接手新班——三年级二班。开学第一天,我就发现在教室一角坐着的男孩与众不同。他上课时很少抬头,不知在玩什么。书桌上的物品不一会儿工夫就散乱不堪;周围散落了很多纸片;写作业磨磨蹭蹭;下课时,他东逛西逛,捅捅这个,逗逗那个。举行升旗仪式时,他根本站不直,挠挠这儿,挠挠那儿。升旗仪式结束后,我找他谈话,他并没有认识到自己的问题,眼睛直勾勾地看着我,身体依然乱晃,一副吊儿郎当的样子,言语中透着不服气,还带着一股敌意。一天下来,就有好几个同学告他的状。在解决问题时,一张嘴就强调别人的错,毫无悔恨之意。看来我碰到一个"困难户"了。他就是小杰。怎么办?

　　第二天,刚好是周二半天课。放路队时,我看到小杰妈妈,就和她单独谈了谈孩子这两天的表现。我看到这位母亲的眼里闪着泪花。经过交流,我得知小杰父母离婚了,妈妈在某企业上班,工资也不多,平时娘儿俩和姥姥住在一起。姥姥比较宠爱外孙子,唯恐他受委屈,从小很少管教他。他还患有多动症,需要定时吃药。肢体协调能力方面发育不健全,大夫建议多练习游泳对他的治疗有好处,所以妈妈每周都带他去学游泳。我听了小杰妈妈的话后,恍然大悟,这孩子的家庭环境和家庭教育应该是造成他现状的重要原因。

我想了想,语重心长地说:"小杰妈妈,孩子的情况我知道了,我不会放弃孩子的,但是你一定要配合老师进行教育,我相信他会越来越好的。不过现在孩子问题确实挺大,如果不抓紧正面引导,随着年龄的增长,问题会越来越多,将来您后悔都晚了。"小杰妈妈连连点头,激动地说:"李老师,我一定会配合您。"有了家长的认可,小杰的教育就会容易很多。那天,我们约定用微信随时沟通,在每周二中午他妈妈接孩子的时候再进行细致交流。我还教给她每天可以和孩子进行亲子阅读,读一些能培养良好品质的文章、故事,多吸取正能量,耳濡目染也会产生良好效果。"李老师,我一定听您的。"这位母亲高兴极了。

果然,过了一周,小杰有了一点进步,课上偶尔能回答问题了。小杰妈妈听到我的反馈高兴地说:"我现在每天都跟他读书,他也跟我说要做好孩子……"是啊,哪位母亲不希望自己的孩子好呢?"那咱们就继续努力,千万不要松懈。""李老师,谢谢您没有放弃小杰。"后来,我还给小杰复印了一份《小学生行为规范》,让他反复阅读。在多次重温《规范》的过程中,他进一步懂得了学生要遵守的规则,如何做才是一名合格的学生。后来,听小杰妈妈说,他还让妈妈影印了一份贴在自己的书桌前。这些都证明了他的内心是渴望进步的。

偶然的一次机会,我又发现了小杰身上的秘密——他对电器感兴趣。这一发现,像一把钥匙,为我今后对他的教育开启了一扇新的大门。

"十一"假期结束后,我组织大家以"'十一'假期生活"为主题进行了一节口语交际课。同学们兴高采烈地发言讨论。这时,小杰的手举得高高的。我把他叫起来发言。他津津有味地讲了起来。他讲到假期做了一个新门铃的事情。从买材料到制作,第一次没做成功,然后又怎样改进……说得头头是道,言语中充满了自豪感。我内心一震,原来他擅长科技制作,尤其对研究电器感兴趣啊。三年级的学生对电器知识这么在行,这让我对他刮目相看。那节课,我大力表扬他:"小杰的'十一'假期过得真充实,李老师在这方面真不如你,你太棒了!"同学们也向这个平时的"淘气包"投去了赞赏的目光。他骄傲地把头抬了起来。

放学时,我和接他的姥姥谈起这件事情,姥姥也很骄傲地说:"是哪,他平时就爱鼓捣这些。家里的东西总是让他给拆了。他说将来要当工程师。"啊,小杰还是个有远大理想的孩子!从那天开始,我就想,我可以从他的兴趣入手,教育引导他不断进步。

在以后的接触中,我总会和他交流小电器方面的话题。声控灯、调速风扇、声光报警器、温度报警器……他的电器小制作小发明真不少。这一招还挺灵,拉近了我和他的距离,也使他找到了自信,走出了自己的世界。我发现他比以前听话了。眼神中不再充满敌意。

"心理问题生"的教育不是一蹴而就的,一定要允许他们有反复的情况出现。所以,作为老师要有耐心和信心,适时地启发引导他们,使其不断进步。

果然,好景不长,过了三周,小杰一些毛病又出现了,课上精神不集中,学习任务完不成,写的字也乱哄哄的。一天放学,我把他留下来了。他不大乐意,磨磨蹭蹭。我灵机一动,和他聊了起来。"小杰,你最近又有什么新制作?"他眼睛一亮。"以后再有制作可以让妈妈录下来参加科技比赛,你愿意吗?"他兴奋起来:"最近那家卖材料的商店搬家了,我会和妈妈再找一家。""好好学习,将来你一定会实现理想。""对!"他低下头,写起了作业。不大一会儿,就写完了。还问我:"李老师,这回写的字行吗?""你说呢?""我觉得行,干净了,也规矩了。"他笑着说。

第二学期的社团活动开始了。他特别想参加机器人社团。可是三年级没有这个班。他妈妈几次给我打电话说孩子想参加。我找到主管校长说明情况,得到校长同意后,小杰和二年级同学一同进入一个班。我叮嘱他一定要遵守纪律,否则就不能参加了。他一听说能参加特别高兴,说:"没问题,我一定遵守纪律。"第一次上完社团课回来时,他非常兴奋地说:"李老师,社团的曹老师夸我很聪明,还让我当助教,帮助其他同学呢!"我也高兴地说:"你是个有潜力的孩子,不过一定要坚持啊!""您放心吧,妈妈也和我谈过,我一定当小朋友的好榜样。""那好,李老师看你的行动!"我摸摸他的脑袋。他开心地笑了。

小杰在慢慢变化着。他的心灵中有了向善,有了追求。不再是人见人躲的孩子了。今年他还主动参加了作文竞赛。学校组织冬令营时,他积极参加科技小制作和航模比赛。在三月份学校的科技节活动中,有一项"玩转风火轮比赛",每个班只能选择五人参赛,我和学生商量谁在家练习得好就择优报名。第二天他就把在家练习的视频发到班级微信群里了。我欣喜万分,在群里告诉他怎样改进。那天晚上都快十点了,他又把改进的视频发了过来。"李老师,我能参加了吗?"虽然动作不大熟练,但我从他的言行中看到了一个积极向上的小杰。"算你一个。""谢谢李老师!"就这样小杰从不断成功中找到了自信,找到了前进的动力。

一次大课间,宁主任参加完大课间,主动和我说:"李老师,你们班的小杰变化挺大,二年级的时候可调皮了,现在乖多了。"我听了感到很欣慰。后来,小杰在北辰区第三十四届青少年科技创新大赛创新项目中荣获一等奖;在第十四届中国少年科学院"小院士"课题研究成果天津地区答辩展示交流活动中表现突出,成绩优异,被聘为天津市预备小院士。相信小杰未来会更加健康的成长。

"心理问题生"的教育转化是每一位教师必须面对的一道难题。教师对待他们要充满感情,不放弃,不歧视。教师要善于走进学生心灵,发现契机,探索发现适合他们的教育方法,给予积极的引导。尤其从他们的兴趣爱好入手,挖掘潜力,给他们一个支点,享受到成功的喜悦,以趣促进,帮助他们走出阴霾并形成良好的习惯和人格,走上健康快乐地成长之路。

(作者单位:天津市北辰区实验小学)

撑起那片天

王 然

当我走进教室的时候,科学老师怒气冲冲地对我说:"你班那个叫孙瑞(化名)的学生,今天上课时都要闹翻天了,和我大喊大叫,还拍桌子摔椅子,不仅如此,和同学也闹得不可开交……"我不禁皱起了眉头,脑海里浮现出前一天他被同学告状的情境。

当时,我正在批阅作业,我班的小干部急匆匆跑进办公室对我说:"老师,您快去看看吧!孙瑞无缘无故地把好几个同学的笔都摔坏了……"

我一听顿时火冒三丈。这个孙瑞,从小娇生惯养,是家中的"二宝",妈妈视他为掌上明珠,无论谁都不能说孩子一个"不"字,对他缺乏规范性的教育,因此,该生依赖性和特权性极强,自由散漫唯我独尊。从我接班开始,就没有让我省过心。尤其是他对老师、同学无休止地乱发脾气,更让我头痛不已。我喝令他离开座位,站到教室的一隅,暗暗告诫自己,一定抓住这个"茬"狠狠地教训他。

终于等到放学,同学们陆续回家了。孙瑞还在座位上,隔着晃动的人影和我对视,一脸的倔强和漫不经心。我耐心地等着同学们离去,想起他的种种表现,我酝酿着情绪,想给他来一场雷霆般的爆发。

我使劲地咳了咳嗓子,为怒吼做充分准备。就在这时,有个学生气喘吁吁地跑来告诉我,我班王泽(化名)在武术社团课时不慎受伤,疼得哇哇大哭。于是,我赶紧跑去武术馆处理意外事件。

一切处理妥当后已是暮色时分。我长长吁了口气,就在我即将离校的时候,忽然想起孙瑞来,我想他大概早就回家了,也许又在他妈妈的庇护下肆无忌惮地吃着零食打着游戏、目无尊长地大喊大叫……不过我还是放心不下,转身向教室走去。

出乎我的意料,在昏暗的暮色里,那个小小的身影居然还站在那儿。我的心动了动,怒气也随之消散了几许。心想,算了,反正无数次的说教也无济于事,还是让他回家吧。就在我想对他草草了事的时候,他在角落里打了个寒战。那一刻,我心里突然升起了一股温情。

我摸着他的头,俯下身子和气地说:"孙瑞,谢谢你还在这等我,天快黑了,为什么没回家?"他猛然抬起头来,眼睛很亮地闪了一下,随即又暗淡了下来,支支吾吾地说:"不……不用谢,我妈妈今天去看病可能要住院,没人接我,我不着急走。""没人接你?你妈妈住医院啦?"我诧异地说,"这么晚了,干脆我送你回家吧!"他没有说话,默默地跟在我身后,坐上了我的自行车。他的衣服穿得很少,我怕夜风冻着他,随即脱下自己的外衣披在他身上。路灯已经亮起,远远看过去,像星星列阵,很美。按照他告诉我的地址,我在他家小区楼下停下。"谢谢老师!"他一边大声说着,一边飞快地跑进了大门……

几天后的家长会,我见到了孙瑞的姥姥,这才知道孙瑞是单亲家庭的孩子,刚出生不久父母就离婚了,他和妈妈、姥姥、姥爷一起生活,祖孙四人相依为命。孩子如今已经十岁了,却很少见上爸爸一面……老人的眼神里充满伤感。

"老师,谢谢您,那天晚上您把孙瑞送回家,孩子告诉我说,他犯了错,但老师却没批评他,不仅如此,还专程送他回家,老师的衣服披在他的身上,就像妈妈陪在身边。您说他小吧,不懂事,可是孩子问我:'姥姥,其实我挺想自己也有一个爸爸的,我爸爸离开是因为我不乖吗?是不爱我了吗?爸爸为什么不跟妈妈住?是因为不想看见我吗?我要是考第一名,我要是能当上三好生,我爸爸就能回来了,是吗?'孩子说的这些话,让我多么难过啊!老师。他妈妈自从离婚后,身体就不好,得了盆腔炎,最近肚子疼得厉害,现在住院了。从他妈妈住院起,这孩子每天放学后为他妈妈买一枝康乃馨,回到家就一头扎进他妈妈的房间,久久不出来。现在他妈妈的床上已经摆了好几支康乃馨,有的花已干枯,但我一枝也不舍得丢弃……"姥姥眼含热泪的一席话,让我内心五味杂陈,怔怔地坐着,一时语塞。

难怪孙瑞最近每日趴在桌子上黯然神伤,难怪他落寞的目光时常注视着远方,难怪他脾气暴躁,用蛮横掩饰内心的不安。幼小稚嫩的心灵需要强大的支撑,那倔强的背后是怎样一颗脆弱的心啊。过早地顶风沐雨,过早地承受悲伤,不谙世事,"爸爸"于他只是一个幻影,只是一个字符。我背过身,忍住夺眶欲出的泪。不仅为了孩子的不幸,更是为自己曾经对他的冷漠和成见而惭愧……

在一个家庭之中,起到支柱作用的是父母两人,他们共同给子女营造了一个温馨的避风港。当父母离婚、家庭离散之后,孩子便会觉得自己在一夜之间变得一无所有。因此,父母离异的孩子,更容易做出非同寻常的举动。北京某中学曾在校内做过一次单亲孩子的心理调查,结果表明,由于经历了家庭破损的全过程,孩子们在心理、情绪、行为等方面都受到了不同程度的影响。其中,自认为有烦躁、焦虑情绪的占28%;羞愧、做噩梦的占28%;有恐惧感的占27%;敏感、多疑、情绪消极的占25%,还有两成学生对成人抱有敌意。而另外一项对比测试也显示,小学低年级阶段父母离异的儿童,在表达能力、性格特点、智力发育三个方面均明显弱于双亲和睦家庭的儿童。许多专家也经多方面调查研究证明,父母离异对孩子的伤害仅次于父母死亡。离异家庭子女由于经受过心灵的创伤,往往性格内向、自卑,总感到自己和别人不一样,喜欢远离伙伴群体,对社会和家庭生活失去美好的憧憬,变得懦弱、孤僻、暴躁,缺乏自信心。

　　找到了孙瑞行为的症结所在,我不仅从生活上关心他,从精神上鼓励他,从根本上教育他,消除他的烦躁焦虑与消极情绪,特意为他量身定做了一套教育方案:

　　1. 设法与孙瑞的爸爸取得联系,要求他能经常打电话与儿子沟通,时时关注孩子的心理感受,不要因任何借口忽略孩子。我的手机特地为他们父子开辟了"亲子热线",孙瑞的爸爸非常感动,并感谢我为孙瑞的健康成长所做的努力。在长达两年的时间里,我和孙瑞的爸爸一直保持联系,架起了父子俩心灵互动的桥梁。当我看到孙瑞坦然地接受了父母离异的事实后,心里感到无比的宽慰。

　　2. 努力营造温馨的成长环境,构建和谐的人际关系。任何人的成长都不可能一帆风顺,更何况是离异家庭的孩子。他们比一般孩子更敏感,更脆弱,更容易受伤。为了帮助孙瑞走出心理阴雨天,我积极为他创设一个更宽松的环境,让"大爱"包容"小爱"。我从来不在班上提到与父母离异有关的话题, 总是通过各种途径告诉孩子每个人都是独立的个体,我在班上给他过生日,让他戴上生日帽点燃蜡烛,请同学们一一向他道贺。我让他参加班级里的各项活动,并告诉他我们活动的目的重在参与,与快乐同行。我请孙瑞做英语课代表的小助手维持班级纪律,让他感受小主人的责任……各种各样的活动让孙瑞意识到他自己在班级中是不可缺少的。班级需要他,同学们喜欢他,老师爱他,生活中"爱"无处不在!他不会因为父母的离异而失去家长、老师和同学的爱。他渴望友谊却不会处理人际关系,因此我提供方法,帮助孙瑞学习与同学交往。我鼓励班内学生们主动团结孙瑞,让他在班集体中学会与人交往,学会包容理解与换位思考,让他感受团结友爱的幸福、感知自己的存在。我给他设置一个特殊的评价表——争当"大拇指",从自觉遵守纪律、获得表扬、感恩家长、友爱同学、完成学习任务等几方面综合评价,让他在日常生活中把规范当成一种习惯,学会自我约束和自我管理。

　　经过两年多的跟踪辅导,孙瑞的笑容又回来了,如小树经历了风雨,变得更坚强,更乐观。我还有了新发现:孙瑞再没上过"不做作业黑名单";任课老师表扬孙瑞上课听讲很认真;再也没有和同学发生口角、无理取闹。我们还经常看见孙瑞为同学盛饭,和同学讨论试题,去校园做义工。孙瑞还活跃于"科技社团"和"无人机社团",在无人机操作代表区里,参加市级比赛获得了二等奖……我想,这就是所谓的"精诚所至,金石为开"吧!

　　我们在教育教学过程中经常会遇到父母离异的孩子,他们都有自己的哀愁,每当看到这些特殊孩子,我总会感到作为一位小学教师的无奈,但愿他们每个人的心里都装满爱!但愿那些为人父母的家长们学会尊重孩子,关注孩子身心健康,给孩子撑起一片晴朗的天空,让他们健康成长。

　　　　　　　　　　　　　　　　　　　　　　　　　　(作者单位:天津市北辰区实验小学)

适合教育理念下
运动会改革的实践探索

韩凤枝

《国家中长期教育改革和发展规划纲要(2010—2020)》指出:要"尊重教育规律和学生身心发展规律,为每个学生提供适合的教育"。提供适合的教育,必须提供适合的课程,没有课程的支撑,任何教育目标和教育理念都很难落到实处。

学校运动会是学校体育工作的重要组成部分,也是学校重要的教育活动,是学生提高体质技能、培养健全人格、锻炼协作能力、促进亲子关系、融合家校关系的重要平台。在适合教育理念下,学校运动会应转变观念,创新方式,突出特色,使之成为学生全面健康成长的平台,促进每个学生能够生动、活泼、健康、持续发展。顾明远先生说过,只有适合的教育才是最好的教育,而学校运动会是学校体育教学活动中重要的活动形式和重要的杠杆桥梁,是以年级为基础,以班级为基点,进行竞赛和评比的体育活动。从广义上说,是体育课程的"隐性"部分,因此学校运动会必须适合学生的全面发展,才能真正达到它的价值与育人功能。

一、理念上的"变"

运动会在追求更快、更高、更强的同时,把育人目标放在首位,让学生通过运动会的比赛变得更快乐、更高兴、更强健,进而成为适合学生发展、学生喜爱的平台。为此,学校运动会作为学校体育的一门课程,其内涵是深广的,其基本含义可概括为以下四点:

1. 真正把学校运动会办成以学生为主体,在体育竞赛及评比中,成为检验学生体能和运动技能、健全人格、发展学生能力的平台。

2. 培育学生遵守规则、裁判和对手,教育学生积极参与公正、公开、公平的竞赛及评比活动,规范体育文明行为,遵守竞赛和评比秩序。

3. 培育学生体育精神和品德,成为展示学生积极进取向上,敢于拼搏,团结协作,荣辱不惊等良好品德的平台及优良校风、校貌的窗口。

4. 促进师生及家长情感的交融,体验体育竞赛乐趣,密切师生、亲子关系,推进学校体育建设,拉动家庭体育、社区体育的协同发展,使之成为共享体育成果的乐园。

二、赛制上的"变"

传统的学校运动会,都是以竞技项目为主,突出个人能力。为了让运动会更适合学生的发展,让人人参与、项目有趣成为运动会初期设计的方向,同时深化运动会改革,让运动会发展更适合现在教育的发展,达到其应有的功能。

(一)全员参与

学生不管体育素质高低强弱,必须全员参与,全员共享,全员欢乐。家长代表、校长教师、家委会代表必须参加,共同创设浓郁的体育氛围,加深师生、家长、社会对体育价值的认识,对提高整体育人水平有深远的意义。

(二)集体项目取代个人比赛

运动会项目由原来的个人比赛项目全部替换成集体比赛项目,让每个学生在展示自己的同时培养他们为集体拼搏的精神。达到互相帮助、互相鼓励、取长补短,共同提高的目的。

(三)设置亲子项目

孩子的成长离不开家长的呵护,学校的发展离不开家长的支持与理解。运动会上亲子项目的比赛让每位家长再一次重温年轻时代的风采,为家长与孩子搭起一座沟通的桥梁,拉近教师、家长、学生的距离,为学生的健康成长奠定基础。

(四)设置家长志愿者

家长参与学校的工作与管理现在已经不是什么新鲜的事情了,但是想让更多的家长理解学校、了解教师也是一件困难的事情,学校运动会就是一个良好的沟通途径。成立家长志愿者团队,让更多家长帮助学生练习比赛项目、参与裁判任务、摆放体育器械、练习展示节目、设立医疗救护等,让家长们全面融入其中。家长志愿者的设立,让家长们更了解学校的工作性质,更体谅教师的辛苦,更愿意为学校付出;家长志愿者的设立,还解决了教师少无法满足现场多轮次多器械的摆放问题、弥补了运动会现场班级管理问题,帮助裁判老师点名、带队、鼓励学生等,极大地减轻了教师在运动会中的工作;家长志愿者的设立,培养家长为校为生服务的意识,了解孩子的学习环境,感受学校的教育,在培养学生的同时,让家长也上一堂真实的教育活动课。

三、评价方式的"变"

评价是教育发展的指挥棒,我们用什么样的尺子去衡量,就会变成什么样子的教育。在适合教育理念下,学校评价方式呈现多元化,而作为学校重要组成部分的运动会评价也在不断深化中发展。

(一)组织形式模块化

随着适合教育的理念不断深入,使评价方式更具简洁化、操作化、透明化,学校运动会的组织形式也随之发生变化,以往单调的班级制被新颖的团队制代替,一个团队由1至6年级各一个班组成,并用颜色来代表,团队名称由原来的班级变为红队、蓝队等,由原来的班级对抗变成团队对抗,模块评价。

模块评价更适合学生的发展需要,提高了年级间的了解与配合,特别是在比赛前,高年级学生帮助低年级学生练习的场面天天都在发生,一个团队的建立把不同年级的学生捆绑在一起,让他们互相帮助,共同提高。让每个学生在关注自己班取得成绩的同时,更好关注其他年级的比赛情况,如,一年级学生在比赛,全校2至6年级学生全部为一年级学生加油助威,因为一年级的比赛结果直接影响到2至6年级每个班的比赛成绩。因此整个运动会场面非常热烈,也突显出模块评价的优势。

(二)团体总分多元化

为了让评价发挥最大值,让学生形成长期锻炼的习惯,培养他们终身体育意识,学校对运动会团体总分排名进行了多元化改革,设立基础分和竞赛分相结合的方式,学期初进行宣传,并进行阶段评价。如《学生体质监测》完毕后,进行年级排名,并以30、25、20、15分的得分带入运动会团体总分的基础分中,形成制度,让每个学生都知道他们在进行体质监测的时候不只测出成绩、进行年级排名,还要把测试成绩代入到运动会中,让他们知道运动会的成绩与平时锻炼紧密相连。

另外,加强学生体育文化培养,让学生用不同的方式记录下运动会的发展历程。通过板报、手抄报、电子报、绘画等形式,把理想中的运动会通过各种形式展现出来,达到育教育人的目的,培养学生的价值观。形成学校运动会完整的评价体系,为学生全面健康成长,营造空间搭建平台。

如下表:

表1　全员运动会团体总分名次表

团队	得分						评价	
	基础分			现场分				
方阵	运动会宣传20	文化展示20	体质监测成绩30	开幕式表现20	运动会成绩90	精神文明班级20	总分	名次
红队	18	20	20	20	70	10	168	1
黄队	20	20	20	18	60	15	153	4
蓝队	20	18	25	20	50	15	158	3
绿队	18	18	15	18	60	20	149	5
橙队	16	16	10	20	80	20	162	2

四、运动会效应在"变"

(一)学生积极性更高了

适合教育理念下的运动会,突出以学生发展为本,把学生放在主体地位上,让学生不知不觉中学会了锻炼、合作、互助的意义,激发了学生的斗志。四年级学生李然(化名)在运动会体会中说道:"盼星星,盼月亮,我们终于盼到今天,比赛项目不知练了多少遍,但我们却一点都感觉不到累,反而特别高兴。比赛前,我们就暗地里和别的班比,就等着今天一决胜负,虽然今天我们拿了第二名,但是我们不会气馁,从现在开始加强锻炼,有朝一日,一定夺回冠军宝座!"

(二)家长更认同学校体育了

家长通过参与此项活动,对学校体育的态度改变了,由怀疑变为肯定了。家长们亲身参与活动,重温童年乐趣,感受到了体育带来的活力和快乐,品读出了学校的教育理念和体育的育人价值,同时也学到了体育锻炼的新方法。都变得了解学校,认同学校,支持体育运动,他们表示以后会重视体育活动,让孩子以饱满的激情去追求体育带来的愉悦。活动后,一年七班郭道泽家长激动地讲出心里话:"由于工作原因,我很少与孩子沟通。参加亲子游戏,突然让我的心和孩子的心紧紧贴在了一起,想多陪陪孩子的感觉变得十分强烈,学校体育活动办得太好了,让我感受到了久违的校园气氛,我们家和学校是个大家庭,我现在更加热爱这个学校了。"还有一位家委会代表讲:"在我的记忆中,学校运动会并没有给我留下特别的印象,一年开一次,不过是例行公事罢了。而对于这次运动会而言,是年年岁岁花相似,岁岁年年'会'不同,让我们家长理解了学校'以人为本,成全生命'的办学理念,我想真心地说一声:是学校的体育运动带给了我们快乐,我们要把所有快乐传递出去,感谢学校和教师! 为学生健康成长无私的奉献。"

(三)学生身体素质得到明显改善

通过运动会的创新理念,学生上体育课的态度变了,由讨厌到喜欢,出勤率达到98%(除病假)。学生们每次上体育课,都是排着整齐的队伍,喊着响亮的口号,精神抖擞地来到操场,期待着在体育课上尽情释放运动的激情。学生的速度、耐力、力量等各项身体素质明显改善,在国家体质检测项目的优秀率提高了 3%,良好率提高约了 5%,各项体育项目报名踊跃,近年来学校体育成绩硕果累累。

总之,"适合的教育"是国家教育的新表达,也将以生为本理念变得具体化。学校运动会作为课程改革项目之一,努力创设适合教育,遵循学生成长规律,满足学生成长需要,为学生全面健康成长不断努力,力争用越来越鲜活,越来越能引起学生兴趣的活动为载体,让他们在活动中感受运动的快乐、团队的精神、集体的力量和成果的喜悦,培育他们从小树立健身意识,为实现体育强国梦奠定基础。

(作者单位:天津市北辰区实验小学)

浅谈在适合教育背景下立德树人在小学体育课堂教学中的实施

朱雅静

"适合的教育"是国家教育的新表达,也是以生为本理念的具体化。著名教育家顾明远先生说:"为每个学生提供适合的教育就是最好的教育。"由此,学校提出以"适合教育"的办学目标。适合教育是让教育变得适合学生,而不是让学生适合教育。基于这一理念,在新课标提出以来,广大一线教师改变教学观念,提升教学理念,更加注重学生的身体健康、品德教育。

党的十八大报告指出:"把立德树人作为教育的根本任务,培养德智体美全面发展的社会主义建设者和接班人。""立德树人"是对"德育为先"教育理念的深化,为我国教育事业的改革与发展指明了方向。教育部体育卫生与艺术教育司司长王登峰指出:"学校体育已经进入一个新的战略转型发展期,要紧紧抓住'立德树人'工程实施的契机,把学校体育植入到教育的整体改革发展之中,并进一步明确职责,确保体育教育可持续健康发展。"

体育不仅可以锻炼身体,还可以塑造良好的品行。随着社会逐步实现现代化,学校愈加重视对学生进行道德和思想教育。

一、统筹规划,加强单元、课时教学的设计

当前学校体育教学在德育工作中的目标达成并不理想,其原因在于体育教师备课不充分,课前准备不到位,没能正确认知体育教学中的品德教育、没能准确定位课堂知识点、没能准确把握教学理念与目标、没能抓住课堂教学中的教育契机进行适时的德育教育,以使体育教学"育人"功能没有得到充分的发挥。主要原因是教师课前未能充分做好单元、课时教学计划。因此,如要在体育教学过程中将学生的德育素质培养落到实处,应加强单元、课时教学的设计。教师应做到每节课通过以解决主要问题为主线,对应进行哪

些品德教育;教师做好事先预判可能出现的问题,应该在哪些方面提前做讲解,教师做到心中有数,及时抓住品德教育的契机对学生进行德育教育。在上课前教师找准知识点、品德教育点从而使品德教育有目的、有计划、有针对性地进行。

二、重视常规教学中的品德教育

(一)课的导入部分

小学生正处于朝气蓬勃,活泼好动的阶段,因此在体育课上会不自觉地将自己的坏习惯表现出来。要想上好一节规范的课,课堂常规中的德育教育是整节课的关键,这时教师可以根据授课班级的特点和具体情况进行,将讲道德、守纪律等多方面巧妙地结合起来。在队列练习中,可以养成学生遵守纪律、动作迅速、整齐划一的良好习惯。

教师可在课堂常规中穿插一些体育故事道德讲解。每节课用时不到3分钟,给学生讲一些关于体育的小历史和有关体育道德的有趣的故事。例如小故事《长征》,红军在长征的过程中,最艰苦的岁月就是渡过了大渡河后,在短短的一个月时间,先后几次翻过雪山,走过沼泽和荒无人烟的大草地。这可以激发学生的斗志和拼搏的精神,而且能吸引学生的注意力,教学效果良好。

教师还可以利用1~2分钟,用平板电脑播放一些关于体育历史的宣传短片,让学生了解运动员取得辉煌成绩背后付出的艰辛与汗水,我想教师可以充分运用这些资料对学生进行德育教育。在观看时让学生用形象的语言形容竞争的状态,对培养学生良好的体育道德精神以及激发学生爱国热情都具有很大的助推作用。

(二)队列练习中的品德教育

通过队列队形对学生进行基本训练,培养学生时间、空间概念,同时培养正确的身体姿势和团队精神以及组织纪律性。在队列的练习中,教师的统一口令和规范的动作展示会影响到每个学生,对于表现不好的学生要进行正确引导,让他们意识到文明行为习惯的重要性。为了进一步规范学生自觉遵守上下楼纪律,从课前快速过渡到上体育课的状态,上课之前体育教师要明确说明上课纪律和要求,对不遵守纪律违反要求的班级,教师采用游戏时间奖惩制度;对于表现好的班级以及未出现违反教师制定要求的班级,采用增加本节课游戏时间1~2分钟,反之减少游戏时间。在这个过程中,教师要严格执行制度,做到说话算数,可以养成学生自觉遵守纪律、动作迅速等习惯,对规范学生的纪律性有很大的帮助,也是对学生诚实守信的很好教育。

三、挖掘教材,钻研教材,挖掘教材的品德教育因素

体育运动项目丰富多样,教师在挖掘各项目的真正内涵时,对培养学生品德教育有很大帮助,不同的项目会达到不同的德育效果。

例如球类项目,体育教师要组织好班级与班级之间的体育比赛,这也是凝聚班级意

志,培养班级文化的一个良好契机,一场精彩的比赛常常让人心情激昂,激发人的斗志。集体的凝聚力在此时此刻体现得淋漓尽致,严格的比赛规则也有助于学生养成拼搏向上的竞争意识和团结合作的互助意识,更好地养成团队意识和参与意识。

又如田径类项目。现在的家庭都是独生子女,大多数学生缺乏锻炼,有的害怕长跑,有的惧怕困难,作为教师应该理解这种情况,对于这种现象,"极点"时有发生,在跑步训练时,鼓励他们通过"极"的现象发挥毅力和拼搏精神,养成克服困难,顽强拼搏的精神。此外,教师应让学生在了解道德行为的情况下,进行必要的思想教育,严格要求学生,让学生逐渐养成吃苦耐劳的精神。在跳高训练、跑步或跳跃等练习时,我们要注重培养学生勇敢、坚定、不怕困难、不怕失败的精神。教给学生自觉遵守纪律,养成好的生活习惯。保持良好的组织纪律性,避免发生事故,促进体育教育的发展。

根据教学内容合理运用教学方法是教师教学能力的基本体现。在传授知识、技能和发展学生的各项身体素质上,教师合理的选择和运用教学方法则显得尤为重要。同时,在授课过程中教师通过设立小组长以及分组教学等方式,可以很好地培养学生小组合作能力。

四、开展适合学生年龄特点的品德教育

与学生年龄特点相结合,符合学生发展实际水平,突出适切性。针对不同学段学生的特点,找到适合该水平段的学生的教学方法,进行有效的德育渗透。以小学"水平二"的学生为例:

例1,短绳的学习。三四年级的学生对于枯燥的短绳学习失去了兴趣,所以在教学中,我通过选拔"小教练员",激发学生锻炼热情,进而引导学生调整学习方式,提高他们的自主学习和合作学习能力。通过选拔"小教练员",让他们互帮互助、合作学习,可以培养同学间的合作意识及乐于助人的精神。同时,还树立起短绳技术较好学生的责任意识,不仅能够关心自己的身体健康,还可以有意识地关心其他同学的健康。"小教练员"选拔时,要经过公平的竞选环节,切实地挑选出班级中的优秀学生。本课设计结合"水平二"教材特点和学生的心理、生理特点,通过这种教学方法激发学生参与体育活动的兴趣,充分发挥学生的主体作用及"小教练员"的带动作用,在练习中培养学生自主探究、互相合作和克服困难的能力,为孩子的健康成长打下良好的基础。同时培养学生之间互帮互助的良好品质,既达到了锻炼身体的目的,又在课堂上完成了"立德树人"的任务。

五、坚持正面教育,善于发现学生品德亮点

体育课堂上的德育教育除了在课堂常规、教学内容的安排和不同的组织教法外,在教学过程中对突发事件的处理坚持正面教育是对学生进行思想品德教育最有效的途径和方法。在体育课堂上学生的活动范围大,在进行练习和游戏的过程中,同伴之间、组内的冲突,或是个人的小意外等一些偶发事件时有发生,教师应及时利用突发事件对学生进行德育教育。

例1,在进行团队比赛时,有学生在赛场上因为冲撞发生小意外后,没有任何言语和退怯,坚持进行比赛。针对这样的学生,教师应在游戏结束后及时给予表扬。这是进行德育教育的良好契机,有助于培养学生勇于拼搏、不轻易服输的精神。

例2,上体育课时,面对同学间发生小摩擦互相争执的事件,需要教师随时注意观察学生的表现,要态度鲜明而又迅速地进行德育教育。对于偶发事件应正面教育,积极引导学生,要善于发现学生的品德亮点并进行适当的批评。

六、与教师和学生的正确行为相结合

为适应新时代的发展,教师要重新梳理新时代体育教师的新形象,加强自身学习,积极与不同的知识领域结合,以提高体育教学质量。

以德育人是教师的基本宗旨。教师良好的言谈举止,是给学生传递正能量的过程,同时对学生思想起着潜移默化的作用。教师要率先示范,以身作则,身教胜于言教,及时发现学生身上的闪光点,给予肯定,提出表扬。同时启发学生之间互相帮助。

七、正确运用批评与惩戒实施品德教育

在体育教学中,对犯规行为进行惩罚也是德育教育。体育游戏一般是以最后的胜负输赢论成败。体育教师在教学中,除了锻炼学生的身体外,还要注重培养学生的心理耐受能力。这需要教师选择适合学生的游戏,通过游戏的胜负对学生进行品德教育。

例1,在接力赛时,有人不按规则做,投机取巧,没到终点就返回,教师发现后,及时对他罚停30秒。这时,教师要陪着学生。要让学生明白虽然他在受罚,但教师没放弃他。这是对惩罚者的教育,也是对未违反规则的学生的肯定。

例2,在进行名次跑比赛的过程中,针对抢跑、窜道犯规的班级采用"-2分"的形式进行。通过这样的游戏评价,让学生明白判定输赢是建立在遵守游戏规则上。评价是教育发展的指挥棒。我们用什么样的尺子衡量教育,教育最终就会变成什么样子。通过这样评价,让学生知道竞赛的规则以及公正的判罚,进而帮助他们树立公平竞争的意识,同时指导学生正确处理竞赛失败的问题,培养学生顽强意志,提高他们的抗挫折能力。

八、德育教育在小学体育教学中实施的体会

(一)培养学生健全的人格和高尚的品格,促进学生全面发展,这是教育的神圣使命,也是"立德树人"的根本诉求。"德育"是人的基本素质,它决定了我们如何对生活中的事件做出反应,是为社会做贡献还是谋取社会利益,同时它是人的道德、行为、意识、信念、态度和思想的总和。

(二)"立德树人"作为教育的根本任务,体育学科中如何把握呢?"树人"是教育的根本,只有"立德"才能成人。在体育教学过程中,融合德育教育对学生的成长事半功倍,通过严格的体育锻炼和激烈的体育竞赛的熏陶,有助于培养学生养成团队意识、参与意识和竞争意识,从而凝聚良好的班级文化,而班级文化能够直接影响学生个体发展,改变学

生的个性及行为。德育教育融合在体育活动中有助于班级文化建设中观念体系的确立，有助于班级文化适应素质教育的要求。

（三）要考虑"立德树人"要求。教师要先立德，才能树好人。"树人"除了提出要培养人才，更要明确培养具有健全人格的人才。在体育学科中贯彻落实好"立德树人"，教师的教学行为要发挥正向引导作用。

（四）课堂抓好常规教育，让学生守规矩、有纪律成为习惯。结合内容育体又育人，巧抓时机全面重视体育与健康素养培育。优选方法，精准达到"立德树人"结果。

在面临社会发展变革的新时代，小学生作为新时代的建设者，社会应该更多地将关注点放在他们自身的道德修养上。总之，体育不仅要提高学生的身体素质，对学生的思想道德教育也起着重要而积极的作用。

（作者单位：天津市北辰区实验小学）

关于在"快乐体育"教学模式下提高小学生短绳能力的研究

张亚茹

新课标提出以来,广大一线教师努力改变教学观念,提升教学理念,更加注重学生的身体健康,关注学生快乐成长,在全面发展的基础上,注重学生的个性培养。学校始终注重学生的全面发展,关注学生体质,把学生的健康放在首要位置。近年来,为了提高学生的身体素质,培养学生的健康意识,体育组在全校范围活动中广泛开展跳短绳活动,努力打造我校的特色项目。

一、"快乐体育"教学模式概述

快乐体育教学模式指在体育教学过程中,能够充分调动教师和学生的积极性,使教师乐于教,学生乐于学,达到师生融洽的教学效果。其核心理念是采用有效的措施使体育教学达到教师兴致、学生乐学的良好效果。跳短绳活动能够提高机体各个器官的机能,有助于提高学生跳跃、协调、灵敏等身体素质,促进孩子全面发展,增进孩子的健康。同时,短绳项目不受场地和天气的影响,随时随地都能开展,操作简便、有效。在教学中,提高学生短绳能力的首要目标,就是使学生能够感受到短绳带来的快乐,然后积极主动地参与到练习中去。

二、学生体质状况

学校里的大多数学生是独生子女且家庭生活富裕,学生不爱运动且体质水平相对较弱。三四年级中,每个班的肥胖学生个数相对较多。因此,学校十分重视对学生身体素质的培养。体育组为了更好地提高学生水平,将短绳教学融入大课间和课堂教学中,并发展成为我校的特色项目和校本教材。但是,在实际教学中,学生的体质参差不齐,短绳水平也不尽相同,如果让每名学生都能积极参与进来,教师就要找到合理的教学方法,努力激发学生的竞争意识,让他们能自觉地进行短绳训练。

　　小学三四年级属于过渡阶段,是跨入高年级学习的开始,也是学生学习习惯和学习态度逐渐转向定型的重要时期。三四年级的学生模仿能力较强,动作的协调性、灵敏性以及力量逐步提高,但是自我约束能力较差。因此,在三四年级的短绳教学中教师应采用多种方式教学,才能激发学生的短绳练习兴趣,培养学生短绳锻炼的习惯。

三、有效提高学生短绳练习的方法

(一)创设游戏情境,减少畏惧心理

　　在教学中,通过观察发现,水平较低的学生的自尊心较强,不敢在众人面前展示短绳,出现畏惧的心理,同时他们对短绳练习的兴趣极低,没有教师的督促,就不能自觉地完成短绳的练习。三四年级的学生对游戏的兴趣非常高,所以在教学中,我通过设计游戏的方法,让学生都能主动地参与到短绳花样的学习中来。

　　在上课前可以设置一个小游戏,让学生尽快地从课前过渡到课中。例如“踩龙尾”的游戏,一人持绳子的一端抖动,另一名同学去踩绳子在地上的那一端。这种小游戏,不管身体素质好的还是差的,都愿意积极参与。

　　在学习短绳花式跳绳时也可以设计游戏,让学生在游戏中学会技术动作。“开合跳”的教学中,孩子几人一组,将绳子按照两脚的距离平行摆放在地上,孩子以“开—合—开”的形势依次跳过绳子,这样能够让孩子更好地把握住跳绳的时机。

(二)选拔“小教练员”,激发锻炼热情

　　新课标明确提出:“要引导学生调整学习方式,提高他们的自主学习和合作学习的能力,使他们具有终身学习的能力。”通过在班级里选拔“小教练员”,让他们互帮互助、合作学习,可以培养同学间的合作意识及乐于助人的精神。同时,“小教练员”的方法还可以激发一般学生的学习热情,让他们争抢去做班级里的“小教练员”。

　　利用“小教练员”的学习形势,首先要给他们安排教学任务,让他们积极地监督、指导技术较差学生的学与练,使技术较差学生的学习效率大大提升。这样,技术较差学生对动作要领的掌握比教师说教记忆更深刻。“小教练员”选拔时,要经过公平的竞选环节,切实地挑选出班级的优秀学生。在学习过程中,一个“小教练员”每教一个学生学会一种跳绳花样,就给他们记上一分,或者发放一个纪念品,最后有一个综合评价,选出班级中最优秀的“小教练员”进行表彰。在整个学习过程中,动作不断进步的学生,最后达到优秀的学生,也可以成为新的“小教练员”。其他学生,只要进步较快,或者每学会一个花样动作,也可以计一分,或者发放一个区别于“小教练员”的纪念品,最后评选出最优秀的小学员。

(三)创新模式发展,培养锻炼兴趣

1. 采用多种方式跳短绳,提高练习兴趣。

第一种计时跳。计时跳在短绳练习中,是最基础的一个技术,同时也是最具有竞争性的技术。计时跳的方式有多种多样。例如并脚跳、两脚交替跳。在计时练习时,先从 30 秒开始,逐渐增加时间,以提高学生的耐力。在计时后,要及时地给予评价,表扬班级中最快的前几名学生和进步幅度最大的学生。

第二种定时定量跳。这种方式,要求学生在规定的时间里完成相应的个数。针对学生的不同体质,设置不同的学习层次。体质好的学生,完成的个数多;体质弱的学生,完成的个数少。练习的时间一般保持在 3~4 分钟,练习时要强调学生调整呼吸,注意跳绳的节奏,此种方法主要是提高学生跳短绳的耐力。

第三种双人或三人跳。此方法锻炼了学生间的配合能力。双人跳的方式主要有两摇一跳、双摇双跳、一带一;三人跳的方式主要有一带二。在三年级的学习中,可以采用双人跳的方式,四年级时在双人跳的基础上,再增加三人跳的方式。采用这种方式时,在基础较差时,通常不计时,只让学生挑战个数。经过一段时间练习后,基础较好配合默契时,再在规定的时间内计数比赛。

2. 制定阶段目标,逐渐提高水平。

教师根据每个班级的不同情况,提出制定目标的具体要求,让学生先总结自身的情况,再根据情况制定阶段性的学习目标,教师再给予他们修改的意见,最后确定计划。这是采用最近发展区的方式,给学生一个经过努力可以达到的目标,然后采用小步子的原则,一步步向更大的目标前进。在练习或者学习中,每完成一个目标,就在后面挑勾,找教师进行检查,每个月依次统计。通过这种方式,让学生能够看见自己的进步,树立学习的信心。

3. 适时激励,给学生自信。

小学生的学习动机主要还是附属内驱力,他们希望得到教师的赞许和认可。在教学中我们要适时地给予鼓励、表扬,激发学生进取的动机,促使他们积极主动地完成学习和练习任务,这是一种有效且有助于孩子成长的方式。而激励的方式分为教师激励、自我激励、同学间的相互激励。每个人都希望在获得进步或者做得好时得到一句赞扬或者肯定的话语,在学生体会到成功感时,教师应该去肯定和赞许。同样,对于努力但进步较小的学生,教师更应该保护他们的自信心和学习热情,运用激励的话语,增强学生的自信心,对短绳的锻炼显得更加重要了。

四、总结

短绳项目是国家体质监测的项目之一, 同时对提高学生的身体素质具有积极的作用。因此,我校将短绳项目融入大课间和课练中,在普及的基础上引入形式多样的跳法。在立足于“健康”“快乐”的教育理念下,作为一线教师应该去探索新颖、有效、快乐的方

法,在提高学生技术水平的基础上,培养学生积极参与体育锻炼的习惯和意识。随着跳绳运动的良好开展,我校学生体质有了明显的提高,在《学生体质监测》和"2+1"测试中及格率和优秀率均大幅度上升。

(作者单位:天津市北辰区实验小学)

关于小学体育课学生兴趣开发探讨

柴有明

兴趣是学生学习的内在动机,是个体对客体的态度,呈现出的表现是对某些事物和活动的倾向。在多数情况下,人的兴趣是自发的,是指在某一时期下对活动的内在需求,但通常情况,兴趣是与积极情绪有密切相关的关系,使人能够持续并积极地参与活动。体育课是小学阶段的重要课程之一,其起到的作用在小学教育中不容忽视,而通过教学实践发现,学生对体育课的兴趣程度在很大程度上与体育课的教学内容有关,学生们喜爱的活动,他们会积极参加,并表现出各种积极的情绪,而对于不喜欢的活动,则会表现出兴趣不足。

体育教学效果的好坏,与学生的学习兴趣有很大关系,对小学生兴趣的开发成为体育教育工作者的重要工作内容。学生对体育课的兴趣高低,不仅影响着学生体育成绩的好坏,对其身体素质的影响也是至关重要的。本文从学习兴趣的开发对体育学习的重要性入手,探索小学体育课学生兴趣开发的因素,从而提出开发策略,为体育教育工作者提供参考和借鉴。

一、学生兴趣资源开发对体育学习的重要性

兴趣情况由不同个体的主观意识所决定,是个体意识行为的主观体现。学生的成长环境、教育环境以及个体的性格特征,都会对兴趣形式产生影响,也就是所谓的不同的人具有不同的兴趣爱好。兴趣爱好作为主观意识,对人的外在行为具有重要的影响,兴趣爱好的形成,是对实践活动中经验的总结,因此兴趣不是天生存在的,而是受客观因素影响所形成的。兴趣是最好的老师,这句话形象地验证了兴趣爱好对学生学习所产生的影响,体育教学是一门实践性很强的教学科目,学生的兴趣倾向,对体育教学的效果具有直接影响。

在发展素质教育的大环境下,体育教学在学校教育中的地位不断提升,如何改变传统模式化、散漫化的教学方式,培养学生的体育学习兴趣,促进学生形成良好的体育意识和体育行为,是目前学校体育教学中关注的重点。兴趣爱好是习惯养成的基础,在传统体育教学的模式下,大部分学生未能全面认识到体育教学的积极作用和学习魅力,面对体育学习,大多是一种随意的、消极的态度,积极性和主动性相对较差,影响体育教学效果的同时,也影响了学生积极主动参与体育活动的意识的形成。

为了促进学生综合素质不断提升,适当地重视体育教学是非常必要的,而重视体育教学的基础就是对学生的体育兴趣进行开发培养,对体育教学的有序进行奠定基础,促进体育教学效果的不断提升,并在学生掌握体育运动知识的同时,养成终身体育的健康理念,都具有重要意义。

二、小学学生体育兴趣开发应该考虑的因素分析

(一)学生对体育项目的兴趣因素

对小学生对于体育项目的兴趣倾向进行了解,可依据学生的需求,针对性地开发体育课程资源。同时,对小学生对体育项目产生兴趣的原因进行观察,主要了解是因为体育项目自身,还是受到外界教育因素的影响,这对判断与开发学生内在的兴趣趋势具有重要的影响。学生在过往的经历与学习过程中,也许对于某一项体育项目已经具有一定的兴趣,并且在学习中掌握了基本的技能,又或者在其他外界因素的影响下,对于特定的项目产生了浓厚的兴趣,这些都是在无形的情况下产生的兴趣倾向。

学生在进行体育学习过程中,因为地域和文化的差异,导致在体育教学效果上存在一定差异,很多学生对体育项目的认知较低,没有对其产生浓厚的兴趣,但是在现实的生活里,学生因为受到周边生活环境的影响,对一些体育明星等有一定了解,这对开发体育项目具有一定的推动作用。

(二)体育课堂是兴趣开发的途径因素

如果说,对学生的兴趣倾向进行了解,是开发学生体育兴趣的依据和参考,那么学生参与体育课的态度和积极性,是判断学生兴趣的主要依据。体育课为学生与教师的交流和沟通提供了平台,因此,构建良好的课堂影响机制是影响学生体育兴趣开发的主要因素,也是目前小学体育课需要重点考虑的问题。

三、小学学生体育兴趣开发的对策研究

(一)从体育项目的认知程度上提高小学生的体育兴趣

体育课的内容是非常繁多的,体育项目也是多种多样,不同的体育项目对小学生的锻炼也是不一样的。因此,在小学体育教学中,应提高小学生对于体育项目的认知程度,

彻底了解不同体育项目的作用和意义,这样才能提高小学生对体育课的兴趣,同时也能够提高体育课的教学效果。小学生是一个非常特殊的生长时期,对于任何新鲜的事物都很感兴趣,因此,正确引导小学生对体育项目的认知,可以让小学生更加深刻地认识体育课,对于体育课的热爱也更加积极。从小学生对体育课认知度的培养上进行体育兴趣开发能够使小学生更加积极、主动学习体育,更有利于提高小学生的身体素质和学习兴趣。

(二)从体育课的作用上提高小学生的体育兴趣

体育课是小学生在学校期间进行体育锻炼最重要的时间段,因此,体育课对小学生身体素质的提高和心理素质的锻炼都有着非常重要的作用和意义,从体育课的作用出发来培养小学生的体育兴趣,是非常有必要的。在小学体育教学中,可以从以下几方面提高学生学习体育的兴趣。

1. 教学方法的创新。

教学方法是体育教学中对学生体育兴趣的形成影响比较大的因素之一。教师在小学生体育课的教学中,要不断地创新自己的教学方法,使教学方法能够适应现阶段小学生体育学习的需要。只有小学生热爱体育教师,习惯了这种教学方法,才能够对体育学习产生兴趣。现在的体育教学方法很多,而组织教学法是一种比较先进的教学方法,它能对学生兴趣的培养和开发起到很好的促进作用。

2. 丰富教学内容。

体育教学内容的改变也是开发小学生体育学习兴趣的方向之一。小学体育教师通过丰富自己的体育教学内容,来提高小学生对体育学习的兴趣,从不同的教学内容中得到良好的锻炼,多种多样的教学内容能够更加吸引小学生的学习兴趣,丰富教学内容,也是提高小学生的体育兴趣的方法之一。

3. 利用多媒体进行辅助教学。

随着体育教育改革不断深入,多媒体在小学体育教学中的应用越来越广泛。结合小学阶段学生的身心发展特点,利用新颖、现代化的多媒体作为教学手段,将体育教学中的重点做成多媒体课件,并让学生观看体育方面的相关视频,将学生带入色彩缤纷、内容丰富的教学环境中,集中学生的注意力,使学生的思想和情感主动融入体育教学环境中,对培养小学生体育兴趣具有积极的促进作用。

4. 师生之间建立良好的契合度。

在传统的小学体育教学中,教师占据着主体地位。为全面落实我国体育教育改革方针,一切体育教学计划、目标的制订与实施要坚持以学生为主体地位,教师作为体育教学中的主导者和组织者,对学生的体育学习起着指导性的作用。另外,良好的师生关系是小学体育课学生兴趣培养的重要因素。教师要与学生建立良好的信任关系,能够保证学生与教师之间及时的交流与互动。

5. 提高体育教师的综合素质。

教师作为小学体育教学中的主导者,其教学水平的高低对体育教学成果起着至关重要的作用。因此,在日常体育教学中,教师要在教学方法上不断进行尝试创新,要善于发现在专业知识、教学能力等方面的不足,不断自我提升,促进各项素质的提高。另外,教师要在教学方法上不断尝试创新,通过丰富的教学内容开发调动学生学习的积极性和主动性,有助于学生体育课兴趣的培养。

四、结束语

通过教学实践发现,学生们喜爱的活动会积极参加,并表现出各种积极的情绪,而对于不喜欢的活动,则会表现出缺乏兴趣。如果想要进一步开发学生的体育兴趣,就需要从根本上加强学生对体育项目的认知。在教学方法、教学内容上进行创新,并提升体育教师的综合素质。

(作者单位:天津市北辰区实验小学)

多媒体技术在体育课堂
教学实践中的探究

朱柏军

随着教育改革不断深入和教育现代化工程的启动,多媒体计算机将成为优化教学过程、推进课堂教学改革、提高课堂教学质量的重要载体。下面就多媒体计算机在体育教学中应用的几点体会总结如下。

一、创设情境,激发学习兴趣

从教育心理学的角度分析,人们从听觉获取的知识能够记忆的约占 50%,从视觉获取的知识能够记忆的占 25%, 如果同时使用这两种传递知识的媒体就能接受 65% 的知识。多媒体计算机系统能将文字、图片、声音和动态图像直观地展现出来,给学生提供具体可感的形象,以调动学生的视觉、听觉等多种感官,把学生的审美、认知体验推向高潮,使学生产生一种渴望学习的冲动,激发学生的求知欲。能够使学生进入主动学习,积极思维,探索知识的认知活动。

例如,在进行急行跳远技术内容的教学中,我首先利用现代化教学手段,把世界优秀运动员刘易斯参加世界比赛的精彩片段, 通过录像带转变成 NVI 格式插入所作课件的开始部分,同时配上声音和解说。让学生在观看、欣赏精彩表演的同时,边听清晰细致的解说边进入学习情境;使学生的认知活动从单调听老师介绍、讲解走向直观、多彩、可动的影视画面,从抽象走向形象,从单一走向多元。由此产生丰富的内心体验,必然唤起他们强烈的审美情感,激发浓厚的学习兴趣,让学生视、听、触觉并用,事实证明这样的教学方式提高了学生课堂吸收率,获得的知识更灵活、扎实,从而在快乐中接受教育。

二、真实展现,化抽象为形象

多媒体技术不但能展示图、文、声、像,将学生带入生动丰富的世界,还可以将教师常规示范中难以表现的动作清晰、直观地表现出来。

例如在急行跳远教学中,腾空技术和助跑与起跳结合技术,教师示范时不可能在空中让自己的动作停止,学生要想很好地学会和掌握这种技术必然有一定难度。我采用计算机二维动画制作技术,制作出急行跳远静态和动态相结合的动作演示画面,再以幻灯片的形式展示出来,使学生更直观地建立动作表象,在头脑中快速建立起正确技术概念,加之教师对动作的讲解、分析及文字说明,使学生对每一个动作的理解由感性认识上升到理性认识。

可控性是计算机的一大显著优点,交互性高,全部动画可做到控制播放,画面可以做到暂停、前进、后退、定格等,从而有助于学生对事物与现象的观察、思考和理解。例如腾空技术部分,学生往往认识不清,对空中动作难以学会和掌握。我利用计算机的显著优点,反复放动画,学生边看、边听、边思考,把整个技术动作看得一清二楚,随之无意识地支配四肢模仿动作,学生快速掌握了技术要领,达到了预期的教学效果。

三、直观生动,启发思维

重视对学生思维能力的培养和训练是现代教学的基本要求。多媒体计算机的应用,使教学更加直观生动,更有利于启发学生的思维。

例如,在急行跳远各部分技术动作演示和讲解后,安排了学生欣赏精彩教学片,其目的是让学生进一步明确动作方法和动作要求。形象生动的画面、言简意赅的解说、悦耳动听的音乐,自然增加了教学魅力,让学生保持旺盛的学习兴趣,更加清楚且直观地观察动作,增强了学生学习的自信心和兴趣。在欣赏中让同学们思考:助跑步点不准确的原因、跳不起来的原因、落地时小腿伸不出去的原因等,以及这些问题如何解决。学生们开动脑筋,积极思考,结合讲解内容,分析准确,对技术动作的理解正确到位,问题的回答正确且有条理性。教师因势利导地提出问题:为了提高腿部力量和跳跃能力,你认为有哪些锻炼的方法?学生们结合教学内容讨论非常激烈,回答非常踊跃,最后学生自己总结出许多练习方法。这样,学生充分掌握了所学的知识,锻炼了思维,开发了智力,培养了个性发展。

四、运用现代教育媒体,效果显著

多媒体辅助教学声像并用,形象鲜明,感染力强,能发挥个体学习的最大潜能,从而加快对知识理解、接受和记忆过程,体育教学中恰当应运用多媒体计算机辅助教学可达到:

(一)弥补教师示范动作

学生在瞬间难以看清动作,例如:急行跳远和跳高项目中的腾空技术以及助跑与起跳的结合动作。教师不可能将其放慢速度或停止进行讲解和示范,运用多媒体计算机进行辅助教学,以其生动形象的图像、画面和生光技术,使学生建立了正确的技术概念,为掌握技术打下了良好的基础。

(二)提高了学生的学习兴趣和学好技术的渴望

小学高年级学生的心理特点是具有强烈的好奇心，在思维特点上又以形象思维为主，而且处于形象思维向理性思维发展的阶段。在体育教学中，运用现代化教育技术辅助教学能给学生以生动、形象的感性认识，这对激发学生的学习兴趣，提高认知能力，促进积极思维，具有积极作用。

(三)培养学生自学自练的能力，互学互练的习惯

在教学中运用现代化教育技术辅助教学，使学生在 40 分钟内掌握某项完整技术动作的理论知识。从此项目发展→技术动作的组成部分→各部分技术动作要领→完整动作→错误动作的产生和解决办法→自我练习方法，这几个阶段，使学生在此基础上更好地进行实际练习，发挥主动性。另外，学生们在练习中利用自己所掌握的理论和正确的理性认识，互相学习，互相帮助，边学边练。课堂上气氛和谐友好，这样的教学充分体现了集体主义和互帮互助精神，教育效果很好。

(四)优化了课堂教学，提高了教学质量

在体育教学中我们利用比较法进行教学，如一个班利用现代化教育技术辅助教学，另一个班运用传统教学法。结果发现在技术内容上清楚，对技术要领理解比较深刻、透彻的学生，前者占 87%，后者占 65%；在练习次数上因前者无需重复讲解示范，无须过多地纠正错误，故前者比后者每节课每名学生平均多练习 4 至 5 次。

总之，体育教学中恰当运用多媒体计算机辅助教学具有明显优势：提高了教学效率，加快了课上教学节奏，加大了课堂密度，优化了课堂教学，提高了学生学习的积极性，教师还更好地完成了教学任务，大大提高了教学质量。

(作者单位：天津市北辰区实验小学)

关于实验小学开展大课间体育活动促进学生体能发展的研究

董百芬

一、问题的提出

我国历来十分重视青少年体育工作,十分关心青少年的全面发展和健康成长。《中共中央国务院关于加强青少年体育增强青少年体质的意见》(以下简称《意见》)明确指出"近期体质健康监测表明,学生耐力、力量、速度等体能指标持续下降,视力不良率居高不下……"对照《意见》的规定和要求,我校大课间体育活动时间、活动内容、活动方式、活动管理、活动质量等问题如何解决,是本研究的初衷。

二、研究目的

本研究的目的是:根据《意见》的规定要求,在摸清已有的基本经验、主要问题及其原因基础上,积极探索"全面实行大课间体育活动制度"的内涵。从本校实际出发,突出实践特色,创新活动内容,创新发展方式,创新制度机制建设,创新学校有特色的发展道路,进一步完善大课间体育活动制度,推进学校教育、学校体育改革发展,切实促进学生体能身体素质发展,促进学生的全面发展,健康发展。

三、研究对象

北辰区实验小学学生:2至4年级,每年级4个班,约400人。

四、研究方法

本研究主要采取文献资料法、调查研究法、理论研究法、行动研究法、经验总结法、数理统计法等方法。

五、研究过程和步骤

本课题研究时间:2010年9月至2012年9月完成,历时2年。

第一阶段:课题研究准备;第二阶段:课题研究与实施;第三阶段:课题研究与实施;第四阶段:课题研究与实施;第五阶段:课题研究总结。

六、结果与分析

(一)大课间活动设计理念与目的

实验小学大课间秉承"以人为本,成全生命,为学生快乐成长营造空间,为教师成功发展搭建平台,把学校办成师生自主发展、和谐发展、持续发展的乐园"的办学理念。为了落实学生每天一小时锻炼时间,现已经形成了以"一健、两全、三乐、四结合、五落实"的大课间活动模式,即以健康第一为指导思想,全体学生参加、全体教师参与;让学生乐意参与、运动中有乐趣、感受到获得成功的体验;游戏的内容与音乐相结合、学生与场地相结合、活动内容与校本教材相结合、活动内容与学生的年龄相结合。时间落实、人员落实、内容落实、场地落实、措施落实。

(二)大课间活动内容与流程

表1　实验小学大课间活动内容与流程

季节	内容与流程
春季	入场–队列–国操–自编操–特色–游戏–退场
夏季	入场–国操–自编操–兴趣活动–退场
秋季	入场–国操–自编–素质–特色–游戏–退场
冬季	入场–跑步–退场

表2　实验小学大课间活动运动量(春季)

活动阶段	活动内容	时间	脉搏次数
一	入场	7′	80~95 次/分
二	国操	4′41	90~100 次/分
三	"2+1"项目 跳长绳、短绳	14′~15′	100~120 次/分
四	退场	5′~6′	80~95 次/分

表3　实验小学大课间活动运动量(夏季)

活动阶段	活动内容	时间	脉搏次数
一	入场	7′	80~95 次/分
二	国操	4′41	90~110 次/分
三	自编操	3′	100~120 次/分
四	兴趣活动	10′	100~130 次/分
五	退场	5′~6′	80~95 次/分

表4　实验小学大课间活动运动量(秋季)

活动阶段	活动内容	时间	脉搏次数
一	入场	7′	80~95 次/分
二	国操	4′41	90~100 次/分
三	颠球	1′	100~110 次/分
四	乒乓球操	3′	110~120 次/分
五	接力、春播秋收游戏	9′	125~135 次/分
六	踏步放松、退场	6′~7′	80~100 次/分

表5　实验小学大课间活动运动量(冬季)

活动阶段	活动内容	时间	脉搏次数
一	入场	7′	80~95 次/分
二	长跑	18′	125~145 次/分
三	退场	5′~6′	80~95 次/分

(三)成效

在该校长达两年的大课间体育活动制度的实施实验研究中，研究者挑选2至4年级，各4个班，400人作为研究样本，分别在研究前和研究中对他们的体质达标情况、运动习惯、学习兴趣、自信心、表现欲、同伴间互帮互助行为、快乐体验等方面进行了调查统计和数据分析，并对体育教师、班主任、学校领导进行访谈，结果如下：

1. 进一步完善大课间体育活动对学生体质达标情况的影响。

表6　实验前后 2012 至 2014 两年学生体质达标情况统计　n=400

测试时期	优秀		良好		合格		不合格	
	人数	百分比	人数	百分比	人数	百分比	人数	百分比
实验前(10年)	62	15.5	151	37.8	137	34.2	50	12.5
实验后(12年)	121	30.3	150	37.7	129	32.2	0	0

比较实验前实验班与对照班学生技巧是否有明显差异。（a=0.05）

解：①计算 x^2 = 5.33

②查表自由度=(行-1)(列-1)，0.05 水平上 x^2=3.84

③比较因为 x^2=5.33 > $x^2$0.05=3.84，所以 P<0.05，显著差异。

由表6和上述检验可知，实验前后学生体质达标情况通过大课间体育活动两年的进一步完善有了很大提高，并且实验前后的达标情况具显著差异，这说明进一步完善大课间体育活动制度，对学生的体质达标情况提高有很明显的效果。

2. 师生对"大课间体育活动"情感态度、满意度状况。

(1)进一步完善大课间体育活动制度对学生体育活动兴趣的影响。

表7　实验前后 2012 至 2014 两年学生对参与体育活动兴趣调查　n=400

班别	喜欢		一般		不喜欢	
	人数	百分比	人数	百分比	人数	百分比
实验前(10年)	164	41	102	25.5	134	33.5
实验后(12年)	310	77.5	78	19.5	12	3

表7表明，进一步完善大课间体育活动制度实验后，较实验前更能激发学生的学习热情，进一步完善大课间体育活动制度能很好地提高学生大课间活动的积极性，对于学生学习兴趣有很积极影响。

(2)进一步完善大课间体育活动制度对于学生自信心、表现欲的影响。

表8　实验前后 2012 至 2014 两年学生对学生自信心、表现欲的调查　n=400

班别	有自信心、想表现		有时有		没有	
	人数	百分比	人数	百分比	人数	百分比
实验前(10年)	171	42.75	89	22.25	140	35
实验后(12年)	318	79.5	70	17.5	12	3

表8的数据表明，进一步完善大课间体育活动制度实验后，学生的自信心和表现欲

望达到了 79.4%,而实验前仅为 42.75%,实验后远大于实验前。实验后的学生,通过自己在进一步完善大课间体育活动制度的过程中的昂首大踏步前进,在自己喜欢项目中一点一滴收获自信,进而勇于表现,取得最终的自信,实验后对自己的满意度和表现欲也大大强于实验前的学生。

(3)进一步完善大课间体育活动制度对于学生同伴间互帮互助行为的影响。

表9　当你或他人练习遇到困难时是否能主动互帮互助　　n=400

班别	能主动		比较主动		不主动	
	人数	百分比	人数	百分比	人数	百分比
实验前(10年)	201	50.25	123	30.75	76	19
实验后(12年)	361	90.25	38	9.5	1	0.25

经过两年进一步完善大课间体育活动制度的课题研究,从前后问卷调查的结果看实验后与实验前学生对于同伴间互帮互助行为的反应截然不同。实验后的学生合作意识加强了,自主活动的时间、空间更广阔了。而实验前,学生相互合作倾向较为薄弱,这说明进一步完善大课间体育活动制度实施在达成同伴间相互合作,营造更为融洽的同伴、师生关系等学生的社会适应方面有积极的作用。

(4)体育教师的心得体会。

我校大课间体育活动开展顺利,主要取决于以下几个方面:

①加强领导,完善制度,强化管理

我校大课间能逐步走上科学化、规范化、整体化的轨道,离不开学校大课间领导小组细致的工作。为使大课间活动真正落到实处,高质量的进行,我校成立了以王维静校长为组长,体卫主任为副组长,体育教师、年级主任及正副班主任为成员的领导小组。这就为该项工作在人员、时间上提供了保障。同时,我们还制定了大课间活动的相关制度,责任到人,各负其责,做到全员参与,达到师生同锻炼共受益的目的,促进师生身心健康和谐发展。

②更新观念、提高认识,形成合力

通过形式多样的大课间体育活动实现了我校学生的"快乐学习、夯实基础、健康成长"的发展目标。广大师生进一步认识到它是素质教育不可缺少的组成部分,只有学校、年级、班级和所有任课教师等各部门通过密切配合、高度重视、全员参与、坚持不懈地努力,才能切实保证大课间体育活动的质量。

③精心设计,科学实施

在大课间活动准备、设计创编阶段,分管行政和体艺组教师、班主任深入到学生当中,参与学生的课间活动,和学生们一起游戏,了解兴趣,征求他们对开展大课间活动的意见和要求,并对此进行梳理、归纳,形成设计创编原则和思路。为了保证活动时间,让两千多名学生在最短时间内迅速到达操场参与活动, 我们精心设计不同年级的行走路线,多次召开年级主任会商讨、布置、实践，并有针对性地进行修改调整，力求做到科学有序安全。为使学生始终保持对大课间的浓厚兴趣，我们还注意及时创新活动内容和游戏形式，定期轮换班级或小组的游戏项目并鼓励师生献计献策，以此丰富大课间活动。

(5)班主任的心得体会

内容充分，安排合理，学生通过活动能够达到锻炼目的。其他科任教师愿意主动参加学校的大课间活动，愿意配合体育老师工作，对体育老师提出的要求都能做到，能主动并热情地参与大课间活动。在各种活动中，学生们所表现出来的团体合作精神、为集体争光的精神，是学生们热爱班集体的表现，适时强化这种精神品质，对班级管理方面起到事半功倍效果。

(6)领导的心得体会

大课间体育活动经历了一个由单一到多样、由自由活动到有序管理的动态发展过程。在这一过程中，我们将体育与艺术相统一，融健身与快乐于一体，把养成教育贯穿学生行为习惯之中，一直行走在不断修正、完善、更新、发展的探索和创新的历程中。

学校对大课间活动有着严格的检查评比并纳入班级考核之中。各班主任与科任教师全员参与，纳入教师工作考核之中，通过各环节的努力，有效保证了大课间活动的质量，使大课间活动水平不断提高，使之更具生命力。

(四)基本经验

我们针对学生多、场地小的现状，对大课间活动进行周密部署。目前，学校大课间活动水平提高了，师生的体质增强了，教育关系也变得和谐了。全国二十几个省市的教育专家来学校交流，对大课间活动给予高度评价，我校落实大课间活动，增强师生身体素质的经验如下：

一是及时调整大课间活动内容，增强师生的体育兴趣。在大课间活动中，我们以师生的兴趣为基础，不断优化大课间活动内容，学校将整套大课间活动的内容进行编辑，将不同的活动赋予不同的乐曲，师生按照不同的乐曲进行自主活动，丢沙包、踢毽子、跳皮筋舞、跳长绳等活动，校园里呈现一派和谐景象。

二是学校领导、教师带头。校长、副校长、主任，每天和教师学生一起参加活动，入场、做操、活动、退场每个环节都认真示范，班主任、副班主任雄赳赳走在班级队伍的最前列，就连后勤的教职员工每天都能参与到课间活动中来，做到活动参与率百分之百。

三是加强安全教育，保证活动有效有序。学校对各班学生站队、下楼、活动提出严格的要求，并严格按照要求执行。各年级组长、主任深入学生活动中，发现安全隐患及时排解，保证大课间活动安全、有效。

四是以有效的评价促进大课间活动的开展。学校建立了保证大课间活动的评价机制，将教师参加大课间活动情况列为"和谐办公室"评选的主要内容，学校督评办公室根据各办公室的活动效果进行评价，评价以年级组为单位，在各自办公室设置评比栏，学校督评办公室每周进行一次汇总，结果显示在评比栏内，对活动效果好的在办公室学校进行表扬和奖励。学生的活动情况有值勤教师和学生负责,按照制定的检查细则,逐项检查,检查结果列入星级班评选中,并对出现的问题及时反馈解决。

七、结论与建议

(一)结论

1. 大课间活动,其生命力在于师生的浓厚兴趣与积极参与。大课间体育活动组织形式应多样化,不同年龄段的学生在生理、心理、认知、技能等方面都有差异,我们在设计活动内容的时候要充分考虑学生个体的差异性。再者,大课间活动的开展不能只是一种形式,多样新奇的组织练习形式更能引起更多学生的参与兴趣。在开展大课间活动过程中,我们应重视组织形式上的多样性和创新性,以便激发和保持学生的体育活动兴趣。

2. 学校建立的大课间活动制度,从政策上提升了大课间活动的地位,保障大课间活动的有序实施。

3. 学校建立了有效的大课间活动评价机制,按照制定的检查细则,逐项检查,检查结果及时反馈、公示,为有效开展大课间活动提供了保障。

4. 针对学校场地和器材利用不足等现实,可以勤动脑筋,多动手操作实践,还可把身边的闲置物品充分利用起来,并与现有的场地、器材进行整合,对体育与健康课程的场地器材资源进行开发与合理的利用,使体育设施资源能够做到物尽其用的最佳效果。这些有待于今后充分发挥教师和学生的聪明才智,使得进一步完善大课间体育活动制度更好的实施。

(二)建议

1. 加强对教师的培训工作,促进教师更新教育理念,提高对课程场地器材资源的认识,并建立有利于课程场地器材资源开发与利用的政策、法规、经费保障、教学管理体制。

2. 教育部门可把当前开发和利用体育资源工作纳入体育教研工作之中,克服懒惰和消极情绪。为实现课程资源开发利用信息和成果共享,建议有关部门召开体育课程场地器材资源开发与利用经验交流研讨会,推动此项工作深入开展,不断提高体育课程资源开发利用的整体效益。

(作者单位:天津市北辰区实验小学)

实行体育作业评价反馈
培养学生终身锻炼习惯

韩凤枝

学校体育是终身体育最重要的组成部分，其作用不言而喻，《体育与健康课程标准》更是对中小学生体育发展提出了更高的要求，那么，如何才能够达到课程要求？仅仅依靠体育课堂的 40 分钟难以改善学生体质。给学生布置体育家庭作业，这是学校体育向家庭延伸的重要途径。学生在完成体育作业过程中，既增强了体质又丰富了校外生活。体育家庭作业对改善学生的休闲方式，增强家庭休闲健身具有重要意义。然而在具体操作中发现，影响体育课外作业发展的主要因素是学生体育作业的反馈问题，我校针对问题采取了有效措施，保障了学生体质全面提升。

一、利用网络数据加强反馈

"反馈"是课后体育作业监督的具体形式。为了使体育作业布置与反馈更方便、更系统、更清楚，学校引进网络数据系统，对学生回家练习情况进行有效反馈，保障了学生回家练习的效果，方便了数据的上传，为体育作业完成评价奠定基础，为学生健康成长保驾护航。

（一）加强微信平台反馈

学校体育作业依据体育课程的需要、体质监测项目的需要、学校体育特色发展的需要等，不断更新与完善，每次更新都是通过微信群提前把体育作业内容、评价标准、练习的运动量与密度对照表发送给学生及家长，让学生在练习时有目标、有对照、有成绩提示，形成有效的练习环境，全方位为学生服务，同时加强家校沟通，不断听取家长意见和建议，不断完善体育作业质量，让学生的锻炼更有针对性。

(二)加强网络数据反馈

为保障体育作业完成质量,方便家长上传,得到其预想的效果,学校采用网络数据管理模式。根据体育作业要求,每天练习、每周上传的模式,每到周六、日学生家长会通过扫描二维码的方式,把学生在家一周练习中最好的成绩上传到网络平台,学校根据学生上传的数据进行系统分析,并告知各年级班主任老师。

(三)加强网络报道反馈

为了让全校教师明确体育回家作业的重要性,学校每月对体育作业完成情况进行报道。对优秀班级、年级进行表扬,报道中提供真实、有效的数据,方便班主任查询,对于未收到表扬的班级,班主任要自己分析本班体育回家作业问题原因,及时改正。连续2个月没有整改的班级,报道中会直接点明批评,凡是被点名批评的班主任,根据实际情况在月绩效考评中,扣除相应的得分。目前学校网络报道已成为学生体育作业完成率的潜在动力,也是提高学生体质的重要环节。

二、利用检查比赛加强反馈

(一)与德育手册相结合进行反馈

体育教师要经常检查学生的课后体育作业完成情况,通过学生课上表现,充分利用德育小手册与家长及时沟通,对体质进步大的学生,在手册上及时给予表扬。

(二)利用体育课教学进行反馈

通过上课检查、不定时抽查、安排体育委员或小组长进行检查等手段,对学生完成作业的情况进行检查和督促。查出的问题要尽快解决,个人问题利用谈话方式解决、班级问题充分利用学校报道方式解决,全面提高学生锻炼身体的意识和决心,避免让课后体育作业成为学生的负担,科学利用课堂教学对体育回家作业进行检查,对结果进行等级评价,表扬先进,鼓励争先,使学生在自觉完成作业的过程中养成体育锻炼的好习惯。

(三)利用班级对抗对学生体育作业进行反馈

学生通过在家中不断练习,掌握的技能水平也在不断提高。比赛作为检验课后体育回家作业最有效的方法之一,为他们营造了展现自我的平台,对体育课后作业的发展起着至关重要的作用。例如1分钟跳短绳比赛,可采用班级对抗方式,哪个班跳得多,哪个班就获胜,获胜组再进入第二轮的比拼。以此类推,直到产生班级冠军,结合德育评价、报道、升旗表彰等形式对优秀班级进行宣传。通过比赛模式,加强学生练习的积极性与主动性,培养学生集体主义精神和坚持不懈的品质。

三、反馈的效果

(一)评价质量提升

"评价"能有效发挥课后体育作业布置与监督的激励功能。首先,教师根据所学内容定期进行展示、小测验、小比赛等,为学生营造展示自己课后锻炼成果的平台,及时引导学生汇报展示交流,激发学生的积极性,进行总结。其次,对个人体育作业的完成情况较好的学生进行鼓励,评选"小健将""小能手""进步星"等。结合"体育课后作业统计"进行有效评价,从作业内容的完整情况,数据的上报、课堂表现、比赛成绩等进行综合评定。当然,教师也要注意区别对待、循序渐进的原则,满足不同学生同等提高,对完成作业稍差的学生要积极鼓励、加强教育,使其明确体育作业的目的和意义,树立终身体育锻炼的意识。

(二)体测成绩全面提升

体育作业的实施全面提高了学生的身体素质,而及时、方便的反馈也为学生体质提升奠定了基础,每年学校在体质监测前期都是在体育作业中增加 1~2 项体质监测项目的练习,如仰卧起坐、跳绳等。让学生在进行体育锻炼的同时,进行有针对性的锻炼。通过学校体质监测数据分析看到, 体育课后作业对学生体质提升起到了至关重要的作用,学生合格率比以前提高了 5%, 良好率提高了 3%, 每个学生都能熟练掌握 1~2 项体育技能,为学生养成终身体育习惯打下基础。

(三)学生技能水平全面提升

加强体育课后作业的反馈,使学生技能水平有了明显提高。特别是跳绳项目效果显著,以四年七班为例,以前在课上练习时每分钟 70~100 次人数占 95% 左右,通过回家作业 1 个月后,全班跳绳成绩明显提高,班级每分钟平均 140 个,全班 38 个人,33 人达到 100 以上,10 人达到 180 以上,学校跳绳队 5 人,在区市比赛中获得前 3 名。

(四)家长支持度全面提升

体育作业初期,很多家长不理解体育作业目的,上报虚假数据。学校通过加强反馈、评比、督促、宣传等,家长的态度改变了。从而有很多家长与孩子一起完成体育回家作业,与孩子一起体验体育带来的活力和快乐, 也品读出学校的教育理念和体育的育人价值,同时学到了体育锻炼的新方法,慢慢地家长们都变得了解学校,认同学校,支持体育运动,表示以后会继续重视体育活动,让孩子以饱满的激情去追求运动带来的愉悦。很多家长通过与孩子一起完成体育回家作业感悟很深。四年七班李颜宏的家长说:"由于工作原因,我很少与孩子沟通,通过每天与孩子一起锻炼,让我看到了孩子顽强拼搏的另一面,看到他们健康快乐地成长,让我们理解了学校'以人为本,成全生命'的办学理念的含义,课后体育作业让我的家庭生活又多了一份快乐、一份和谐,感谢学校、感谢体育老师们辛苦的付出！"

通过与家长沟通和反馈，现在的体育作业已经成为很多家庭体育运动的契机，由学校体育作业带动家庭体育发展已成为我校的一种时尚。越来越多的家庭认识到体育运动的重要性，并参与到体育运动中来。

总之，加强体育课后作业的反馈，充分体现出学校对体育工作的高度重视，对学生健康成长的高度负责，更是突显体育教师担当品质。为了学生能健康成长，学校应不断进行实践探索，不断学习，为加快推进体育强国而努力奋斗。

(作者单位：天津市北辰区实验小学)

社会参与篇

加强德育五个统筹
增强德育工作实效性

温广金　韩淑丽

一、课题的选择视角及研究意义

(一)课题选择视角

从我国德育工作的几十年历史和目前状况看,学校德育工作的途径、方式和方法基本上有如下 3 类:

1. 知识性(理论性)德育课程,如公民课、法律基础课、思想品德课、政治理论课以及各种集会和活动中的道德谈话等。在这种德育课程中,被用来教给学生的是被编成各种形式的教材和学习资料中的"有关道德的"知识或观念,只是一种智育范围内伦理学的知识性教育和学习,是一种"特定的问答教学"。

2. 活动性(实践性)德育课程,如课外和校外各种班、团活动及其他校内外德育活动。这种活动形式在多数情形中经常会变成各种单纯的道德行为"练习"的活动,而实际效果不大。

3. "各科教学"中的德育因素,即有关学科的课堂教学中的德育功能。这种德育教育模式经常因为它是隐蔽的或无形的而被有意无意地忽视了。

知识性德育课程、活动性德育课程以及学科德育没有得到很好的统筹,处于无序、分离、碎片化状态,这种德育教育既不利于内化为学生的德育认知和德育情感,更不利于外化为良好的德育行为。

从欧美国家德育课程发展史看,学校教师、校长对学生进行的比较零碎的劝诫、说教、讲演,到《圣经》学习、公民课、社会课、道德哲学、哲学探究等比较系统化、理论化的德育课程,都属于从知识、理论角度入手培养学生道德品性的知识性德育课程。这种传统的知识性德育课程及其具体的实施方法直至 19 世纪末 20 世纪初一直在欧美学校中普遍存在着,也正是从那时起,由于社会的变化和发展等因素才受到人们的批评和否定。当时,从理论角度对这种"传统品格教育"提出批评的主要是杜威。在《道德教育原理》等论著中,杜威批判"传统品格教育"中直接讲授道德规范或美德知识的方法和方式实质上是将道德教育变成了"特定的问答教学""有关道德的功课",因而是不合理的,也是无效的。在20 世纪 20 年代中期,美国哥伦比亚大学教授哈桑和梅领导的"品格教育探究会"对当时的德育——"品格教育"进行了科学探究,并得出了否定的结论。这一探究发现:人们在口头上主张老实是道德的价值,但和他们的实际行动毫无本质关系。一些要欺骗的人在口头上会和不欺骗的人一样或者更激烈地反对欺骗;教师在班级内认为的老实的人数和实验测量出来的人数不相符。

这一科学角度的探究和前述社会变化、理论家批评等因素结合在一起,不仅证实了传统德育教育,非但是知识性德育的不合理性和无效性或低效性,而且直接导致或加剧了传统德育教育在学校中的被否定和消失。

(二)研究意义、价值

在认真分析传统的和现行的知识性德育教育不足的同时,我们提出本课题的研究。旨在从学校德育工作整体入手统筹课内外各种教育载体,坚持系统设计,重点突破,整体规划育人各环节,搭建学校德育教育框架,整合利用各种资源,统筹协调各方力量,实现全科育人、全程育人、全员育人。

本课题的意义在于通过研究找到如何使学校德育工作有实效的方法,通过研究从理论上弄清提高德育教育实效性的重要性、必要性和紧迫性。了解当前学校、家庭、社会在学生德育教育中所扮演的角色,找出存在的问题,从理论上阐述学校、家庭、社会如何相互配合以取得德育教育的最大效果,探讨学校各部门及班主任、科任教师之间如何相互配合以提高学校德育教育效果,摸索学校有效开展德育教育的最佳方法。

在实践上,一是通过研究探索建立学校、家庭和社会相互配合互相促进的学生德育工作网络机制,使家庭和社会的教育与学校的教育相互协调、良性互动、形成合力。二是通过德育工作网络机制,学校各部门之间、班主任与各科教师之间要共同承担起育人的责任,要形成有机整体,协同作战,共同开展德育工作。三是通过研究探索提高德育的途径和方法,采用灌输与渗透相结合,正面教育与反面警示相结合,普遍教育和个别辅导相结合,德育内容与学生心理接受性相结合。总之,通过本课题研究从理论和实践上找到提高学校德育教育实效性的最佳途径和方法,切实提高学校德育工作的实效性,使学生形成主体性道德素质或自律素质,充分保证学生在接受文化教育的同时,接受良好的道德教育,学会做人,学会求知,学会合作,学会生存,促进学生全面发展、健康成长。

二、指导思想和研究目标

(一)指导思想

以马列主义、毛泽东思想、邓小平理论、"三个代表"重要思想和习近平新时代中国特色社会主义思想为指导,以《中小学德育工作指南》为根本,坚持立德树人,以人为本,努力为学生提供适合的教育。通过对课题的研究,培养学生良好的行为习惯,提升学生的综合素养,做社会需要的合格小公民。

(二)研究目标

1. 整体构建优化的大德育观,融学校、家庭、社会为一体,形成教育合力,提高德育实效性。

2. 探索适合本校校情的德育方法和途径,构建"以学生为中心""以体验为中心""以活动为中心"德育模式。

3. 促使班主任工作从经验型转向理论型,从盲目性转向科学性,从零散性转向系统性,从随意性转向规范性。

4. 培养锻炼一支优秀的德育教师队伍。

三、研究内容

(一)分类统筹德育教育内容

1. 以爱国主义教育统筹语文、道德与法治、品德与社会以及天津与世界等校本课程,融合学校开展的主题教育活动,形成学生思想教育体系。以爱国主义为核心,积极培养和践行社会主义核心价值观,让学生熟知并了解社会主义核心价值观三个层面的内涵,并能在实际中主动践行。

以国学经典诵读活动为契机开展"学习优秀文化 传承传统美德"活动。通过学科整合、活动整合,让学生了解、感受我国丰富的优秀传统文化,了解中国近代遭受外强侵略屈辱历史,激发爱国情感,从小立志实现强国梦想,使爱国主义自小就融入学生思想中。

2. 以公民意识教育统筹法制、安全教育,融合行为习惯养成教育和礼仪教育,形成学生行为教育的体系。加强学生行为习惯养成教育,将养成教育与礼仪教育、安全教育、法制教育结合起来,以"五尊五不五远离"教育和少先队闪闪童星争章评选活动为依托,培养学生遵纪守法、诚实守信、孝敬感恩、团结友善、文明礼貌等行为习惯。

3. 以劳动教育强化责任教育和意志品质培养,融合学生劳动岗的落实和劳技课教学,形成劳动教育体系。制定学生自理劳动、家务劳动、学校劳动、社会劳动要求,在各种劳动实践中,培养学生社会责任感和吃苦耐劳的品质。

4. 将心理健康教育与德智体美教育相结合,突出德育导向作用和体艺教育感染熏陶作用,形成生命健康教育体系。树立育人必先育心的理念,将心理健康教育融于班主任工作和任课教师的各项教育教学活动中,培养学生积极乐观的阳光心态和健康心理品质。

5. 以生态文明教育统筹"三节"教育、环保教育,积极倡导低碳节俭绿色生活方式,形成生态文明教育体系。以"三节"教育为突破口,开展"三餐吃好要光盘""节水、节电我能行""变废为宝小制作"形式多样的教育实践活动,将环保教育与生态文明教育有机结合起来并渗透在学校教育的各门学科、各个环节。增强学生环保意识,养成低碳节俭生活方式,培养学生健康的生活态度和生活习惯。

(二)探索设计多种德育教育途径

德育落实的重要载体是课程。只有将德育目标、内容、方法、管理与评价等纳入学科课程、活动课程、隐性课程构建的大课程体系之中,与课堂教学相连接,充分挖掘学科德育功能,才能扎实推进全科全程全员育人工作。

1. 统筹以品德与社会、道德与法治、天津与世界、语文、艺术、体育为重点的人文学科,充分发挥人文学科的独特育人优势。不断提升数学、科学、信息技术等课程的育人价值。加强学科间的相互配合,发挥综合育人功能,不断提高学生综合运用知识,解决实际问题的能力。

2. 统筹实践课程,增强学生的实践和体验,提高活动育人效果。

(1)以养成教育为主线,以自我管理自主发展为目标,开展以诚实守信、文明礼貌、遵纪守法、勤劳好学、节约环保、团结友爱等为主题的系列活动。使学生在活动中得到体验和感悟,不仅明白事理,更能学会方法,掌握技能。

(2)以社会实践活动为载体,充分利用博物馆、科技馆、纪念馆等社会基地,定期组织学生开展参观体验、专题调查活动;组织学生参加"学雷锋"志愿服务和社会公益活动;指导学生完成好"三岗实践",即自我劳动岗、学校责任岗、家庭劳动岗。在实践中开拓学生的视野,锻炼学生的劳动能力,培养学生的生活技能和适应社会的能力。

(3)以校园艺术节、科技节、体育节、爱心义卖活动为载体,开展多种社团活动,为学生提供展示自己的平台,促使学生在活动中得到锻炼,收获成长。

3. 统筹以学校文化、班级文化为核心的校园文化建设。加强校园文化建设,将社会主义核心价值观与办学理念、育人目标、班级名片有机结合,彰显于校园的每个角落。让静态环境变成"能交流"的动态环境,进而化成师生高度自觉的意识和行为。

4. 统筹干部、教师、家长、社会人士、专家学者等力量。围绕育人目标,协调各方力量,发挥各自在教书育人、服务保障、研究引领、参与监督等方面的作用,构建家庭、社会、学校三位一体的德育管理网络,形成育人合力。

5. 统筹课程标准、内容安排、考核评价等环节。以提升学生核心素养,促进学生健康成长为目标,研究探索适合学生发展的科学的综合评价体系。

四、研究成果

(一)评价内容和评价方法

1. 评价的内容:爱国主义、小公民意识、劳动技能、生态文明、心理健康等五方面。

2. 评价方法。

(1)依托《学生思想品德素质评价手册》,结合学生行为表现,各科教师和家长每周对学生进行评价。

(2)班主任利用每周的评价课时间进行自评和组评,然后进行汇总,月末进行月汇总,按得 A 章数量进行排序。

(3)学校每学期结合《学生思想品德素质评价手册》A 章汇总排名情况,每月进行四次三级童星评选,按月发放三级胸章。

(4)各班每月对当选的童星进行张榜公布表彰。第一阶段:每班评选 8 名班级童星;第二阶段:每班评选 8 名班级童星,4 名年级童星;第三阶段:每班评选 8 名班级童星,4 名年级童星,4 名校级童星;第四阶段:每班评选 8 名班级童星,4 名年级童星,4 名校级童星,同时评出金牌童星。

(二)胸章兑换成长树牌方法

1. 兑换周期:每学年兑换一次。

2. 兑换标准:每学年上下两个学期均获得三级胸章的学生,凭借胸章兑换纪念品。

3. 兑换方法:上交胸章领取钥匙链纪念品。首次兑换本年级纪念品,之后逐年依次兑换其他年级纪念品。

4. 兑换地点:实验小学德育处。

(三)基于生活,让爱国主义教育触及学生灵魂

国无德不兴,人无德不立。而爱国是民族的德之魂,我校德育工作的首要任务就是进行爱国主义教育。小学生年龄小,认知水平低,认知特点一般是由近及远、由具体到抽象、有感性到理性,因此,我们将爱国主义教育浸润于学校日常工作,贴近学生生活,从身边的小事做起,将爱国之心落实到学生的细小行动中,让爱国主义教育慢慢地触及学生灵魂深处,让庄严的种子在幼小的心中生根发芽。

1. 念亲情,传承孝悌之道,打好德之根基。

古语云:"百事孝为先,孝者德之本。"孝是善之首,德之源。一个人只有懂得了孝敬父母,才有可能尊重他人、关心集体、感恩社会。《公民道德建设纲要》中指出:各种重要节日、纪念日,蕴含着宝贵的道德教育资源。我们充分挖掘中国传统节日文化中的孝悌元素开展活动。利用"三八国际妇女节"开展"用心灵去倾听母亲的声音"探究式活动;在重阳节开展"爱在行动中"体验式活动;在中秋节、春节、元宵节、清明节等传统节日开展寻根

式节日文化活动,引领学生走进传统文化,感悟传统文化的内涵。挖掘传统节日中亲情教育的积极元素,引导学生用实际行动孝敬父母,感恩亲人,凝聚亲情,传承家风家训。让中华敬老孝亲的美德在学生心灵深处扎根。

2. 聚班情,培养核心意识,发展德之枝叶。

班级文化是班级大多数学生共同的价值取向和行为方式的反映,是班级整体精神面貌的集中体现,积极的班级文化能够让班级学生意识到自己对班级应尽的义务和责任,感受到集体的要求和期待,学生集体责任感、团队精神、核心意识、大局意识在班级文化建设中得到发展。

每学期我们运用积极教育理念开展班级特色文化创建工作,力求特色班创建活动成为学生成长的平台。学期末都要以动态化呈现方式进行汇报展示。展示要做到两点要求:即一个中心:特色班级奋斗目标。两个基本点:"一个不能少"和"自主选择"。结合各学段的特点,德育处开学初明确活动形式和展示时间。活动的内容、展示形式,则充分发挥学生的主观能动性,围绕班级奋斗目标、班训等确定内容进行排练。这项活动充分调动了学生的主动性,学生们积极编剧本,抽空去背词,动脑借服装,带病去排练,感人的事例说不完;活动调动了家长的积极性,有些家长主动做道具、借服装、当导演,家长的热情让老师感动;活动更调动了老师的积极性,他们用心指导学生,精心设计展演,唯恐班级落后。学生、家长、老师为班级荣誉而战的热情空前高涨,学生的集体责任感和团队精神得到发展。

3. 诵乡情,锻炼责任担当,涵养德之花朵。

家乡是每一个人精神家园的归所,是涵养民族精神之所在,深入挖掘家乡的教育资源,让每个学生滋养浓厚的乡情,是爱国的根基。为了培养学生爱家乡的情感,我校依托校本教材"我爱北辰",利用班会课开展"北辰历史大家谈""北辰名人知多少""北辰村名之趣""家乡畅想"等主题教育活动,让每个学生主动了解北辰的发展史,名人轶事;开展公益活动如"慰问送奶工"、走进社区"文明小使者在行动"环保活动、"杨连弟公园祭扫"等;开展实践活动"舌尖津味""天津民俗知多少""天津三宝"等,让学生多角度了解家乡的历史和发展变化,培养爱家乡的情感,萌生建设家乡、报效家乡的情怀,把对家乡的热爱化为实际行动,听好每一节课,做好每一份试卷。

4. 话国情,树立宏图远志,积淀德之硕果。

开展国情教育的资源是浩瀚的,面对每周一节的班会课和学生有限的课余时间,学校要进行合理的规划选择,把爱国主义教育同我国历史近现代史教育、国情教育结合起来,以一根红线一以贯之,这根红线就是"学习榜样"。

学习榜样,就是学习英雄人物、先进人物、美好事物,在学习中养成好的品德追求。党的十八大以来,习近平同志多次就培育和践行社会主义核心价值观作出重要论述、提出明确要求,为我们培育和践行核心价值观指明了具体方向。挖掘历史人物、革命英雄人物、各行各业的先进人物的事迹,引领学生了解他们的事迹,明白他们的精神追求,促使学生立他们为心中的标杆,向他们看齐,追求美好的品德。如学习张衡、鲁班不断探索勇于创新的精神;辛弃疾、范仲淹胸怀天下报效国家的情怀;江姐、杨靖宇无所畏惧的革命精神;钱学森、杨利伟等科技工作者为国家富强恪尽职守的奉献精神;李明素、林秀贞等当代道德模范精神等。

每一个人物就是一个榜样,学生在了解名人事迹过程中,"见贤思齐焉,见不贤而思内省也"。对国家的前途命运和荣辱兴衰更加关注,立足当下刻苦学习、发奋图强、报效国家的积极健康的情感得到进一步增强。

"纸上得来终觉浅,绝知此事要躬行。"爱国主义教育要落到实处,离不开具体而实在的生活,只有立足日常的身边小事,学生喜闻乐见的事,才能让爱国主义教育深入人心,今后我们还将在这条路上不断探索。

(作者单位:天津市北辰区实验小学)

社会主义核心价值观
在教育工作中的渗透

王懿颖

"爱国、敬业、诚信、友善"是从个人行为层面对社会主义核心价值观基本理念的凝练,是公民必须恪守的基本道德准则,也是评价公民道德行为选择的基本价值标准。它为我们的时代规划了价值标准,是我们做好新时代下未成年人思想道德建设的行动指南。作为教师,我们将如何在落细、落小、落实上下功夫,完成好对学生的社会主义核心价值观的教育工作呢? 现将工作中的尝试总结如下:

一、营造环境氛围熏陶人

环境对学生的身心发展起着重要的作用,学生在良好的环境中,才能形成良好的品质,而学校班级是学生最主要的生活、学习环境。因此,加强校园道德氛围建设,优化核心价值观教育环境,才会使学生在思想上受到启迪,情操上得到陶冶,从而使他们品质得到升华。

(一)利用校园环境的教育氛围

营造良好的校园环境,可以让学生在社会化、人性化和科学化的环境中潜移默化地受到核心价值观教育。我们在校园环境建设中注意营造核心价值观教育氛围,精心设计,让每一个地方,每一面墙壁,都能说话,使校园形成潜移默化和具有导向性的学习教育场所。宣传栏、教学楼每层走廊墙壁上都悬挂有关"爱国敬业诚信友善"这一主题的名人名言;楼道走廊悬挂伟人、学者、英雄的照片及事迹,具体诠释核心价值观,教师指导学生在参观阅读中完成对核心价值观的解读,让核心价值观教育无处不在,无时不有。学校充分利用校内广播、校园网站、公众平台等媒介大力宣传,使全体师生了解核心价值观的基本内容、要求和重要意义,让核心价值观入脑入心,形成"人人知"的良好氛围,为"人人讲"打下理论基础。

（二）创设班级环境的教育氛围

班级也要创设具有特色的环境氛围。如在班级文化的布置上,班级黑板报、班规、专栏等都围绕核心价值观教育的内容。开展核心价值观主题教育,如"我身边诚信小故事"创编和讲故事比赛,评选"班级诚信之星""我和乒乓有个约会"练技能比勇气,赛意志活动,让国球精神激励学生获得克服困难的勇气和力量。开展活动的过程中,在班内形成积极向上的舆论氛围。教师还可以引导学生不断进行总结反思,体验成就感,增强社会责任感,让各种美德真正内化为学生的自觉行为习惯。

二、吟唱优秀诗歌鼓舞人

朱光潜先生曾说:"自从有了诗歌,人生就不是一件枯燥的东西。"作为班主任,我们应该充分地利用先辈留下宝贵的财富,让优秀诗词和经典红歌成为学生思想教育的重要载体。

（一）诵读经典

经典诗词中所蕴含的情感美,能使学生感受到中华民族自强不息的民族精神、坚贞不屈的浩然正气,有意识地培养学生对真善美的向往,对理想和未来的追求,使他们成为一个有责任感、使命感和高尚情趣的人。

根据学生年龄的特点,筛选经典诗词,开展人人诵经典活动,坚持晨诵,以诵读经典开启美好的一天。以中央电视台诗词大赛的形式展开诵读大赛,激发学生兴趣和参与热情。开展大型诵读展示活动,各年级以吟唱、表演、朗诵等形式参与。学生们在杜甫的《茅屋秋风所破歌》,白居易的《卖炭翁》,李绅的《悯农二首》中,感受到了诗人悯世之心、仁爱之情;在王昌龄"黄沙百战穿金甲,不破楼兰终不还",文天祥"人生自古谁无死,留取丹心照汗青",秋瑾"拼将十万头颅血,须把乾坤力挽回"诗句中,接受爱国主义教育的洗礼;在李白"长风破浪会有时,直挂云帆济沧海",范仲淹"先天下之忧而忧,后天下之乐而乐",杜甫"会当凌绝顶,一览众山小"的诗句中,领略诗人志向高远、忧国忧民及大刀阔斧勇往直前的魄力。这句句诗文中挺立着一个个民族的灵魂,琅琅书声中,学生们激情澎湃,民族正义感、使命感、责任感不禁油然而生。

（二）唱响红歌

红歌的歌词健康向上,音乐旋律优美动听、铿锵有力。当学生听到红歌时就会觉得非常激动,会不自觉地跟着唱上几句,随着旋律的起伏和歌词的传唱,学生的心灵得到了振奋,久而久之会受到潜移默化的教育。

学校根据小学生的学习和生活特点,选择了20余首歌曲供学生选择演唱,其中包括《义勇军进行曲》《歌唱祖国》《学习雷锋好榜样》《妈妈教我一支歌》《红星照我去战斗》《爱我中华》《团结就是力量》《红旗飘飘》《走进新时代》等。我们利用音乐课和课余等时间让音乐教师教唱、学生传唱;每周四晨诵时,坚持集体同唱一首红歌,营造"班班唱红歌、人人唱红歌、红歌满校园"的浓郁氛围;班级广播开设"每日一歌"节目,每天中午都会准时播放一首经典红歌歌曲,同时穿插介绍经典红歌的文化背景和革命故事,帮助学生更好理解红歌所蕴含的思想和精神,以歌声潜移默化地熏陶学生。学校组织"校园红歌"合唱比赛,让学生在参与中品味红色文化,汲取精神营养。

三、讲述真实故事教育人

一个好人一盏灯,一个典型一面旗。一个善举就是一块"道德酵母",给社会发酵出强大正能量。

充分利用好榜样模范故事,将"感动中国"人物事迹作为教育素材引入课堂,运用多媒体讲述还原事件真实,拉近与榜样的距离,从他们工作生活的细节中感受高尚。如"无臂钢琴师"刘伟与命运抗争,向梦想飞翔,用自己的奋斗向学生诠释了刚毅、坚强与执着;"信义兄弟"孙东林孙水林为尊严承诺,为良心奔波,使得"诚信"二字铿锵有力;雕刻火药的大国工匠徐立平,琴弦上的放歌者阎肃,中国首位诺贝尔科学奖的获得者屠呦呦,他们在各自领域中默默耕耘,踏实工作,用自己出色的表现告诉学生什么叫作敬业;"铁榔头"郎平和她带领的女排姑娘在赛场上用女排精神唤醒了大国梦想,在一次次倒地和跃起中,把拼搏精神如钉子般砸进人们的心中。历史的车轮滚滚向前,在今天,她们将"爱国"赋予了更丰富的内涵……一个榜样,就是一本鲜活的教科书,给人精神激励,给人信心动力。从他们的行动里,在我们的感动中,学生们得到了一次又一次心灵的洗礼,更加深化了对社会主义核心价值观的深刻理解。

四、开展多彩活动吸引人

社会主义核心价值观教育不是一个抽象的概念,要达到入脑入心,必须坚持实践第一的理念。实践的方法就是活动,活动是一个体验、感悟的过程。通过活动,让学生们在实践中去体验,在体验中去感受,在感受中去思考,通过自我思考不断对自己的思维和行为做出评判、做出修正,从而使自身不断完善、不断进步。这才是最贴近学生的德育教育。

作为教师要有活动意识,充分利用好各种资源把握时机开展丰富多彩的实践活动。学生在实践活动,树立社会主义核心价值观,完善人格。比如通过志愿者服务、小手拉大手等实践活动,让学生走出校园,在实践中丰富社会阅历,奉献爱心。通过爱国主义教育基地参观学习活动,引导学生深入了解国情,了解社会,教育学生正确看待祖国的历史和现实,意识到自己的责任和义务,增强对祖国的感情和责任感,并最终自觉将青春力量落实到实现中国梦的爱国行动中。通过"魅力家长进课堂"活动,请家长带领学生进行职业体验,使学生真切体验"纸上得来终觉浅,绝知此事要躬行",在职人员爱岗敬业的工作态度深深地感染和激励着学生。通过辩论大赛更深刻地认识到诚信是一个人的立身之本,也是踏入社会的通行证。在与人打交道中明白友善在生活中的重要性。在活动中指导学生学会与人有效沟通、和谐相处的方法。

社会主义核心价值观既要坚持理论教育,又要结合实践活动。这些学生喜闻乐见的活动,践行了知行统一,使核心价值观内化为信念、外化为行动。

五、创新班级管理训练人

社会主义核心价值观中所提到的敬业是一种崇高的品德,是人们对所从事的职业充满热爱、珍惜和敬重之情,全身心投入,不惜忘我地付出与奉献。敬业精神不仅是个人生存和发展的需要,也是社会存在和发展的需要。培养小学生敬业精神,除了培养他们专心致力于自己的学业外,我认为还要培养其强烈的责任感。这种自觉主动把分内的事情做好的能力需要教师为学生提供训练场。

比如,在班级管理中,树立主人翁意识,为每个学生提供适合的岗位和参与的机会。改变传统的封闭型班级管理体制,进行班级工作招标制。根据班级实际情况设立不同类型的岗位,学生根据自身特点及兴趣自主选择。工作开展引入管理学中"部门化"的理念,打破传统的班委制,在班级成立一些部门,把常规事务分解到各个部门,再由部门进行二次分解,分工或合作完成任务。每个部门由负责人(原班委)和若干组员组成。将工作单位由个体变成小团队,改变了学生单兵作战或者在工作中相互推诿的现象。班内人人有事做,事事有人管,人人抢事做,事事能做好。让学生在班级这个小社会中初步进行角色体验,帮助学生找到角色定位和施行角色转换,在管理与被管理中,逐步提升责任感。

实践证明,这种管理体制好处很多,让学生感到他们是班级的主人,更重要的是在做主人的同时,培养了学生的"敬业精神",使敬业精神充盈每个学生的心田。现在班级内迟到的学生少了,提前到校的学生多了;上课讲话的学生少了,认真听课的多了;同学间闹矛盾的少了,团结友爱的多了;让老师费心的学生少了,热爱班集体的学生多了,学生的敬业精神真正得到了培养和提高。

正如习近平总书记所说:"一种价值观要真正发挥作用,必须融入社会生活,让人们在实践中感知它、领悟它。"作为教师,一定要正确认识当前小学生思维活跃、个性张扬的现状,将核心价值观有机融入有特色、有创意的活动中,从学生的生活实际出发,有针对性地进行教育,从而将社会主义核心价值观的教育落实到每一个细小处。

(作者单位:天津市北辰区实验小学)

信息技术，
让品德与社会的课堂更加高效
——浅谈信息技术在品德与社会课程中的应用

李　欣

　　当今社会,信息技术在不断改变我们生产和生活方式的同时,也为《品德与社会》的课堂教学改革提供了得天独厚的土壤。《品德与社会》课程标准中指出:学生是学习的主体,教师应由单纯的知识传授者向学生学习活动的引导者、组织者转变。教师在开发和利用课程资源的过程中,要注重利用网络、电影、电视、广播、报纸、杂志等信息媒体,为学生的自主学习创造空间。正是因为有了信息技术的支撑,教师可以使传统的教学活动打破时间与空间的局限,使原有固化的内容变得更加直观、立体。在实际教学中,信息技术的注入,可以发展学生的思维能力、认知能力、动手能力以及辨析能力。这样巨大的变化,无疑能够较大幅度地提升《品德与社会》课程教学的实效性。

一、创设情境,激发主体主动参与

　　教育家苏霍姆林斯基说:"如果教师不想办法使学生产生情绪高昂和智力振奋的内心状态,不动情感的脑力劳动就会带来疲倦,学习也就成了负担。"《品德与社会》课程的最显著特征就是时代感强,因此,我们利用信息技术在课堂教学中创设情景。变无趣为有趣,变抽象为具体,让学生有身临其境的感觉,把学生引入时代生活,让他们了解中国、了解世界。这样学习情境的创设,可以引起他们的学习兴趣,激发其主动参与学习的欲望,促进学习效果的达成。

　　例如在讲授《战争风云下的苦难》一课时,世界各地的战争、冲突离学生的现实生活有一定距离,课前学生探讨话题,利用网络搜集到了大量相关信息,这实际上就是学生主动参与、感知的过程,帮助学生将视野投射到社会生活更广的范围,使千里之外、遥不可及的形象再现,填补了学生感性认识上的空白。大量的数据、新闻、图片拉近了学生与探讨主题的距离。课堂上导入部分——"非常关注"新闻发布会,我选用了中央电视台新闻联播节目的背景音乐,再配以相应动画演示,为学生创设出一种如同坐在电视机前观看新闻联播一般的学习氛围,而此时两名小播报员所发布的战争、战乱信息学生听来就再自然不过了。

正是因为有了信息媒体的支撑,使原本很有距离感的话题,一下子拉近了很多。距离近了,继续深入地探讨、研究,也就变得水到渠成了。

二、丰富材料,引发主体主动探究

《基础教育课程改革纲要(试行)》明确指出,教育过程是师生交往,共同发展的互动过程。在教学过程中,要处理好传授知识与培养能力的关系,注意培养学生的独立性和自主性,引导学生质疑、调查、探索,在实践中学习,使学习成为主动的、富有个性的过程。在上课过程中,作为教师要在课前精心为学生们设计课前活动的内容,甚至要预设到学生都会有哪些发现,并在此基础上衍生出我们的课前预设。

在《战争风云下的苦难》一课中,主题活动一:从儿童眼中看世界。教材选编了一张战争中哭泣的伊拉克小男孩的图片,为了使图片更具有真实感并撼动人心,我在课前多方查找相关资料,将这个悲伤故事完整地讲给学生,触动学生内心中最柔软的角落,让学生们听音乐、看图片、知故事,就如同这样的惨剧就发生在身边一样。有了这样的学习积淀,学生们也乐于将自己课前搜集、了解到的战争中儿童的故事在小组内交流。通过对资料的了解、学习的过程,学生会对战争有了更深层次的认知,会乐于主动去探究、了解战争到底会带给人类社会怎样严重的影响,这实际上为冲破本课的教学重难点打开了大门。

三、提供机会,启发主体主动发展

提供参与机会,启发主体主动完善,这是强调课堂教学的整体原则。利用现代化的信息教学手段,不但为学生提供了认知的感性材料,同时还能在此过程中提升学生的分析、概括、运用的能力,甚至可以以此为基点,使思维纵向延展,主动深入发展。

小组学习,作为新课程改革中倡导的三大学习方式之一,它在形式上是有别于传统教学模式的,它追求的不是表面上的热热闹闹,而是要在教师的主导作用下,小组成员能够群体研讨,协作交流,以实现知识技能的互补。这样的学习方式,为学习主体的发展提供了良好的氛围和条件,同时也培养了学生之间团结、协调、合作的精神,对学生将受用终身。

例如在讲授《风格迥异的风俗习惯》一课时,课前由学习组长负责组织、协调,本组成员结合这一话题提前做好课前准备。每组成员自己拟订课前导学卡片,内容可包括周边国家名称、位置、特点、风俗习惯、禁忌等。另外,在课前的资料搜集、整理过程中,还可以根据实际情况进行添加。最后,各小组要将自己调查了解到的内容制作PPT(电子演示文稿),在课上进行演示。起初我们可能会认为这样的活动形式过于繁杂,学生做起来有很大的困难,但事实却出乎意料。11个学习小组,每个小组都制作出了我国周边某一国家的风俗习惯的展示课件。课上,他们从饮食、服饰、建筑、艺术、宗教等多角度进行了展示,虽然内容详尽不同,但可以看出,在这次的小组合作探究式学习中,每个学生都有收获,学生们学会了如何筛选信息要点,学会了如何把图片、文字、音频、视频等文件插入自己的电子演示文稿中来。

这样的学习方式已经不再是传统的我找你看、我讲你听的授课模式,而是真真正正将课堂的主动权交还给学生,让他们成为学习的主人,在主动参与、探究的过程中不断得到发展提升。

(作者单位:天津市北辰区实验小学)

积极建设班级文化
构建学生精神家园

李淑静

　　班级文化是一个无形的磁场,弥散在学生心中,指引着学生前进的方向;是"无声的润物",滋润着学生的心田;是班级这个"小社会"角落里的"社会环境",影响并制约着每名学生及集体的发展趋势及前景。作为班主任,应在新课程的指引下,积极建设班级文化,构建学生精神家园,为学生提供健康、和谐的学习生活空间,使学生健康、快乐地成长。如何才能使班级文化焕发生机和活力,使班级的每个成员精神振奋,身心愉快呢?本文以创建良好和谐的班级文化为核心,以班主任工作的实例为依据,浅谈班级文化建设的新境界。

一、制度文化:让学生的言行自觉完善、精神逐步提升

　　英国伟大的教育家斯宾塞在《教育论》中指出:"记住你的教育目的应该是培养成一个能够自制的人,而不是一个要别人来管的人。"制度的基础在于共同的"约定",否则它始终只是一种学生外在的"束缚"。基于此,为了加强班级管理,建立良好的班风班貌,培养同学热爱集体、关心集体、团结互助的良好品质,努力争创五星班级,文明班级。开学初,我便与学生制定班级公约,并让同学互相督促,共同遵守。但在制定班级公约时,班主任切忌制度性条文过多,束缚性过大。如"不准做什么""违者罚""禁止""不许"等。要让班级公约充满着浓浓的"人情味""文化味"。如在制定班级文明公约时,我班制定了"一滴水就有一朵花的故事"的警示语,意在提醒学生节约用水;制定了"它默默地承载着我们的重量,即使我们的重量一天天增加。你忍心听到它痛苦的呻吟,看到它残缺的肢体吗?"警示语意在唤醒学生保护桌椅,爱护公物的良知。在这样的启发与诱导下,学生就会超越一个自然状态下的旧我,精神的自我完善也就水到渠成了。

二、行为文化：让学生身心快乐舒展、个性自由发挥

班级文化中最活跃的因素莫过于开展各类文化活动，它不仅反映了班级的精神风貌，同时还反映了班主任的教学作风和管理水平。经常组织一些有趣味的班集体活动，能使学生舒展心灵、放飞想象，能增长学生策划、组织、主持活动的才智与能力，提高良好班级文化建设的时效性。如在中秋节前后，我班召开了与中秋节有关的联欢会，联欢会上我们举行了知识竞赛，包括抢答题和必答题，并设立了相应的小组奖励机制，调动了学生兴趣，使他们兴趣盎然地投入到活动中，并争先恐后地回答问题。答题环节过后便是中秋故事会，每一小组派代表讲与月亮有关的故事，小观众们情不自禁地为他们鼓掌，使整个活动高潮迭起。期中考试后，我班又开展"跳绳比赛""拔河比赛""胯下传球比赛""广播操比赛"等，把学生活泼好动的天性，引导到健康愉悦的运动中来。同时，也释放了学生身心的"多余能量"，调节了紧张的心理，磨炼了学生的意志，增强了学生的体质；培养了学生开拓、进取、勇于克服困难等健康的心理素质和竞争意识；陶冶了学生的情操，发展了学生的特长。

三、书架文化：让学生诵读千古美文、品味百变人生

书香教室是一种氛围，一种风貌，是班级文化的集中体现。班主任应打造一个充满浓郁文化气息的"书香班级"，让孩子亲近书籍，享受阅读带来的快乐，陶冶高尚的情操，获得智慧的启迪，汲取知识的营养，使阅读成为学习生活不可缺少的一部分，引领学生成长。开学初，我在班级的墙角处设立班级书架，鼓励学生把自己看过的图书捐到班级与同学们共分享。所有的图书陈列、分类和更新都由学生自己来管理，学生既可以在教室里看，也可以带回家看。他们看到同学阅读自己捐来的书籍时，有着分享的快乐。同学们翻阅了彼此为班级捐来的图书，充满着新奇。一时间，班级出现了读书的热潮，每当下课时，学生们都到书海里徜徉，尽情地品读古今中外的名篇名著，品读名人成功历程，还能根据自己所读书目写出感想。这样坚持下来，学生不仅爱上了读书，班中纪律也在潜移默化中好转了，因为他们都知道良好的读书环境对他们吸取知识是多么重要。走进我们的班级，你会感到书卷的气息扑面而来，书香的芬芳溢满教室，浓郁的文化氛围油然而生。

四、墙报文化：让每一面墙壁都与心灵飞舞

教室里是展览室，学生每天都在发展，我们要为他们提供发展创造的平台，作为班主任，要让每一面墙壁会说话，让每一个角落都具有良好的育人功能。在我们班级后面的墙壁上有一块黑板，我会定期为其添加适当的内容。如在三月份，我会以"学习雷锋精神"为主题设置板报；六月份，我会以"祝孩子们节日快乐"为主题设置板报；十月份我会以"祖国，我爱你"为主题设置板报。在这些板报文化的熏陶下，学生们不仅了解了相关的知识，还受到了美的熏陶和享受。

班主任不仅要学会利用设置板报，还要利用班级墙壁的每个角落对学生进行文化熏

陶。比如春节到了,班级的墙壁上张贴了学生们亲手写的春联、剪的"福"字,让教室里充满节日的喜庆,成为知识的天地。墙壁上,或贴上植物的集合,或动物的世界,或宇宙的奥妙,或人类登上月球等图片,无一例外吸引着学生们的眼球。

五、沟通文化:架起爱心桥梁,共建和谐班级

针对小学生社会交往的现状和特点,我还在平时的教学中加入了一些有关交往的内容,课下向学生推荐一些有关交往方面的书籍,让学生去阅读。同时加强对学生社会交往的教育和行为实践的指导,使他们对人际交往具有正确认识和积极评价,激发情感体验,促进学生积极参与社会交往,培养积极自主的社会生活态度和良好的社会交往能力。

在平时的工作中,我还做学生的知心老师。我会鼓励学生以书信或小纸条的形式与我交流,在书信中,我会耐心地为学生分析存在某些问题的原因,告诉他们正确地进行人际交往的方法。长此以往,他们很高兴与我交谈,很高兴给我写信,因为他们虽小,也会有秘密,也需要找人倾吐,他们也会迷茫,感到无助,因此,为学生创造温馨、安全、宁静的空间,与他们倾心交流,告诉他们解开心结的方法,这也是培养学生人际交往能力的好方法。这样下来,班级变得更加和谐,同学之间、同学与教师之间又多了一层信任和理解。

六、活动文化:启智陶冶学生情操

班级文化除了温馨的环境、完善的制度外,更具魅力的,就是那些关注学生发展、引导学生成长的班训践行活动。班训的践行应以活动为依托,在活动中得到诠释。为此,我们围绕班训的践行开展了精彩纷呈的班级活动。开展了"想挑战吗"系列活动,如挑战自我、挑战朗读、挑战满分等,让学生在挑战的过程中提升自信,赢得快乐。开展了"凡人凡语"接龙活动,每周一个主题,如自信篇、快乐篇、学习篇、成长篇等,让学生在遣词造句的过程中感悟自信,体验快乐。开展了"今天我值日"活动,通过角色转换与换位思考赋予他们爱心、自信心与责任心,让他们在班级管理的舞台上尽情地饰演不同的角色,体验到不一样的班级生活。同时,由任"值日班主任"的学生、教师与学生家长共同书写《班级成长日记》,真实地记录开展班级活动过程中的学生的感悟、教师的鼓励以及学生家长的支持。抓住节日的契机,利用手抄报、文艺汇演、故事会、实践体验等多种活动形式,开展勤俭节约、感恩回报、保护环境等,把节日打磨成闪闪发光的教育珍珠。抓住每一个教育契机启智陶冶学生的情操。

综上,班级文化,它是一个无形的磁场,弥散在学生心中,指引着学生前进的方向,作为班主任,应在新课程的指引下,积极建设班级文化,构建学生精神家园,为学生提供健康、和谐的学习生活空间,使学生健康、快乐地成长。

(作者单位:天津市北辰区实验小学)

营造民主氛围 构建和谐班级

王 然

　　培养具有竞争意识,独立性强,富于创造精神的开拓型人才已成为新时代教育的主旋律。提高学生的全面素质也已成为教育领域面临的十分紧迫的课题。传统的班级管理,班主任"家长式"唯我独尊的作风,往往造成师生僵持不下的局面,很难达成教育目标。因此,增强班级管理的民主意识,营造民主的育人环境,使班级每一个成员都以主人翁姿态参与班级管理,显得尤为重要。那么,如何凸显民主的管理,构建和谐班级呢?

一、民主制定班规,心服口服

　　俗话说,没有规矩不成方圆。一个健全的班集体必定要有一套人人应该遵守的制度来约束,不然,会成为一盘散沙。虽然有《小学生日常行为规范》《小学生守则》等制度,但仍然要量身定做适合自己班级的班规。

　　班规的制定,要让每个学生参与,让他觉得每个人都有权利和义务,这是大家共同的事。我班的班规是依据《小学生日常行为规范》和我班具体情况而制定的,很多条款是其他班所没有的,比如不在教室里吃早点,每周五天都穿校服;有的同学课桌周围有纸屑末捡干净但又找不到扔纸屑的人算违纪等。这些规则都是班干部收集了大多数同学的意见,由同学们表决通过(人数占 2/3 以上算通过)后才正式成为班规的。虽然有些班规较为苛刻,但同学们没有意见,因为这个决议是经过他们自己认可的。我班几乎每一条新班规的出台都是按照这种程序产生的。

　　有了这样铁的制度,班级的面貌也就变得有模有样了。学校的各项日常工作主动落实到位。平时依托班干部、小队长抓好对学生的课间操、卫生、午休、纪律等督促检查和考核登记。如小干部把班级的所有劳动细化分工,细化到一到二楼的楼梯是张三的劳动岗,一到二楼的墙壁是李四的劳动岗,一到二楼的楼梯扶手是王五的劳动岗。这样,每个学生都有自己明确的、可在15分钟内完成的责任岗,保证在晨读前顺利完成。一人一岗,甚至一人多岗,相互协调,互相制约。这样,分工明确了,责任自然分清了。班主任则对班级管理中的组织、协调工作进行突击检查,随时关注,掌握第一手材料,有的放矢地加强动态管理,及时教育学生养成良好习惯。和谐的班级氛围有了充分的保障。

二、民主选举干部,充分利用

我们千万不要低估了学生,他们的心中都有一杆秤,知道哪些人适合做他们的领头羊。因此,班干部的任用要民主,必须真正是学生心目中的领军人物,这样才能服众,便于开展工作。

(一)重选举,严把关

每次竞选班干部,要求每位同学提六名班干部名单,具体到班长、学习委员、纪律委员、劳动委员、宣传委员、体育委员,各一位。如果自认能够胜任哪一个职位,也可选填自己。当然在选举之前,必要的宣传是不可少的,如要对班级、对自己负责,要善当伯乐,善选人才,严惩把选举作为交易的同学。这样经过公开唱票写票,选出该职位票数最多的同学来,但不一定能当选,因为我班规定要有超过2/3的人同意方能当选。比如第一次投票,只有张三、李四超过2/3的人数当选,其他几位委员的选票均未达到全班人数的2/3,那么只能再选,从该职位选出投票票数最多的2位作为候选人,再次选举,直到有一位超过2/3,才算过关。如果两名候选人票数都达不到2/3,则推迟选举,另找一个时间,由两位选举人准备竞选发言,根据发言及平常表现再由同学们重新投票选举。这样选出的班干部很受同学们欢迎,这是民主治班的关键。

(二)教方法,练能力

在我班,班干部实行定期轮换制,人人参与班级管理,增强主人翁意识,培养他们管理班级的能力。这样,学生干部的潜能得到了极致的发挥。

对于班干部的培养,既要扶又要放,做到"扶上马送一程"。一方面,让他们大胆管理,放手做事。晨读、收取饭费、出板报、开队会、庆元旦等活动统一一手操办,既锻炼他们的能力,又形成班集体的凝聚力。班主任则深入了解情况,发现问题,采取定期召开班干部会议,分析研究根源、提出建议。另一方面,对班干部的职责具体分工,做到人人有权、人人有责、相互协调,使班级管理有了良性的互动。

比如从三年级起,我就手把手地训练学生,一人收钱,一人记账,一人监督。刚开始,从教"他们同样面值的钱放在一起,数完后,再加总数"做起,确实是又费心又费力。渐渐地,学生找到了一些门路,做得有条不紊,配合得相当默契。记得三年级下学期的一次,我刚在家长会后通知学生第二天交115元的饭费,可放学后又临时告知明天要外出听课。说实话,虽然小干部们对收费已经轻车熟路,但这次的数额较大,我还真有些不放心。总之,这一上午竟然有些恍惚。好容易挨到中午,我怀着忐忑不安的心走进教室,没想到,这几个学生把一沓整齐的钱和记录一并交给我,分毫不差。不仅如此,其中一个小干部居然想出让同学们在大票上,用铅笔轻轻写上自己名字的一个字,以防出现假币;而且,怕出什么意外,竟然想到把这笔"巨款"交给副班主任保管。当时,我感动得说不出话来。

(三)拓领域,展风采

尝到了巧利用班干部的甜头,我更加放手,努力尝试在不同的领域发挥他们的才能,锻炼他们的能力。学期末的家长会,我班打破了"家长会上老师一言堂"的传统,首开我校"学生主持家长会"的先河。当然,幕后的工作依然不清闲,要做到合理分工:担任主持工作的两个小干部写串词;汇报班级工作的干部,积极总结一学期的班级工作;介绍期末试卷的干部负责摸清全班、甚至全年级的情况;导引家长的干部要有礼貌,落落大方。会上,几个小干部大大方方走上讲台,在全体学生、家长面前展示自我,表扬他人。那清晰的话语,抑扬的节奏,精彩的内容,一下子赢得了家长的心。家长们瞪大了眼睛,或欣赏,或羡慕,不时爆发出一阵阵热烈的掌声。其效果比老师滔滔不绝强百倍。而下一次的家长会上,我又会以"老"带"新",让更多的新面孔呈现在家长面前,给更多小干部创造锻炼的机会,让家长重新认识自己的孩子,从而更好地支持我们的工作。

三、民主对话制度,拉近距离

班干部是为同学服务的,没有任何特权,只能站在班级整体利益上去管理同学,并且要特别注意搞好同学之间的关系,否则,即使负责任,也有可能遭到指责。所以,在每一任班干部上任之前我都要进行一个星期的培训,帮助他们树立服务同学、锻炼自己的思想意识,强调德行第一,在这个前提下,让他们放手去做。当他们工作中遇到了困难或阻力时,一是为他们鼓劲儿,从精神和感情上予以支持;二是具体指导他们如何去做,在指导他们做的时候提高他们处理班级事务的能力。

我们班每月有一次班干部和同学们对话的班会课,在这节课上,班干部都站在讲台上,同学们就班级管理上的问题对他们发问,点到谁,谁就必须回答。这对班干部的要求很高,要对自己所负责的事既要知其然还要知其所以然,更要有胆量、有口才,对他们可谓是全方位的锻炼。

另外,班级的博客也是民主对话的主阵地。进入了网络时代,引导学生正确利用网络这一先进的手段服务教育,也是很有必要的。班干部和同学们开诚布公的对话拉近了班群之间的距离,有利于班级工作的开展。

四、民主解决问题,化解矛盾

在班级理念上,我非常认同这样的理念:积极的人像太阳,照到哪里哪里亮;消极的人像月亮,初一十五不一样。俗话说:十个手指不一样齐。说实话,哪个班里没有几个暂时落后的学生?在他们的身上,或多或少存在纪律、学习以及性格上的与众不同。涉世不深的孩子,由于家庭背景不同,性格特点不同,难免产生摩擦。我班解决问题从没出现过简单粗暴地压制某一方,而是耐心地了解事情的来龙去脉后,把问题交给学生,展开讨论,让学生在辩论中,形成积极的人生观、价值观。

记得那是 2016 年接任二年级的时候,班中有个叫肖娟(化名)的孩子,是一名转校生。她家境贫寒,父母都患有残疾,母亲还有精神分裂症,一家人仅靠补助生活。肖娟刚开始不仅学习跟不上,没有卫生习惯,还很孤僻,更令人气愤的是,还有撒谎的坏毛病。有一次,我查出少了一本作业,面对全班询问谁没交作业,没有一个举手。最后,只得用全班起立对名字的笨方法,查出原来是肖娟。我一眼瞥到她,那朴素的衣服,甚至有些凌乱的头发,充满泥道子的黑脖子,尤其是和我无意中碰到的眼神,是那么无助。我家访时听说,一到休息日,她还要推着残疾的妈妈外出。她不过是个八九岁的孩子,却要承担如此的重担。我若是这时雷霆大发,当着全班同学批评她,她在班中怎么立足?于是,我定了定神,决定利用我班已经营造出的平等、友爱的气氛,采取"暖处理"的方法,把问题交给学生,让他们通过思考、评价,达成共识,再充分辅以班规的约束力形成"出现一个问题,促进全班发展"的局面,从而更好地稳定良好的班风。

主意已定,我把这个棘手的刺球抛给学生,让他们谈谈看法。一下子,班中的沉默被打破了,同学们各抒己见,有的讲写作业的意义,有的说撒谎的害处,有的直接对话肖娟,奉劝她做一个敢于承担责任的人。见到肖娟的表情有所缓解,我又适时讲出来她孝敬父母的事。这下,触及她的心灵了。她先是很惊异,然后主动说出了没写作业的原因——她基础不好,不会写当天的作业,又怕老师和同学笑话,只得期望用这一拙劣的手段隐瞒,后来一错再错,造成了现在的局面。情况弄清楚了,我又把问题抛给了学生:怎么解决?后经同学提议,班委会审议,全班一致通过了事情的处理意见:(1)肖娟本人按班规写 100 字左右的违纪报告,描述她当时的违纪心理,请大家注意心理报告书不是保证书更不是检讨书,求得全班师生的谅解。(2)由一名小干部与她结成"一帮一"的对子,负责帮助她的学习;(3)由她家附近的几个同学组成互助组,利用双休日帮她做一些力所能及的家务劳动。实践证明,事情得到了圆满的解决,不仅化解了当时的矛盾,与当事人沟通了思想,还促进其他同学形成了正确的观念,不会再犯类似的错误。

五、民主协商管理,家长参与

每学期,我班除了学期末召开家长会,还经常邀请有共同特点的学生家长来校开恳谈会,如教育心得交流会、管理经验推介会、帮扶家长见面会。会上,我有时会介绍一些新的教育理念和教育方法,或将自己读到的一些教育小案例讲给家长听;有时,就一个问题我们进行深入的研讨;我还会针对家长的意见和建议,思考改进教育教学策略。这样的教育活动是双向的、互动的。家长们也会敞开心扉:有良好习惯的匡可盈(化名)的奶奶畅谈自己培育孩子的有效做法;孙启泽(化名)的妈妈倾诉自己教育过程的烦恼;于宛廷(化名)的妈妈则倒出自己的培养孩子遇到的疑惑……会上,家长们取长补短,及时沟通,热烈有序。这样的讨论会,因为针对性强,实效性也很强,很受家长的欢迎,大大增强了教师与家长之间,家长与家长之间的"合力教育",使得班级纪律稳定,各科成绩也有了显著的提高。

　　作为一名现代教师,一名称职的班主任,要圆满地完成教育使命,就应该为学生营造一种民主和谐的氛围,让他们参与班级管理。这不仅使他们的能力得到了发挥,心理得到满足,而且有利于激发他们的进取心和积极性。

　　我相信,通过民主管理,班级会更和谐,集体会更团结,学生会更精彩。

(作者单位:天津市北辰区实验小学)

立足点滴生活，落实感恩教育

鲍春妹

古人云，"知恩图报，善莫大焉""投之以桃，报之以李""滴水之恩当涌泉相报"。感恩是一种生活态度，是一个人应具备基本素养。然而，现在的学生大都是独生子女，是家庭的中心，他们"衣来伸手，饭来张口"，心中只有自己，没有他人，因此变得骄奢任性，蛮横无理。鸦有反哺之义，羊有跪乳之恩，更何况被称为"万物之灵"的人类呢？现在的青少年学生感恩之心去哪里了？

为此，我在日常教学工作中，抓住一切契机，对学生进行感恩教育。

一、率先垂范，时刻关注学生，让感恩的种子在学生心中萌发

"谁爱孩子，孩子就会爱她，只有爱才能教育孩子。"我关爱每一个学生，愿意和学生一同经历，一同成长。

在与学生日常接触中，我发现学生们走进教室见到老师，并没有主动问好，然后旁若无人地在老师面前走来走去，忙着自己的事，有些"目中无人"。我知道，他们并不是不喜欢老师，而是没有养成问候的习惯。我认识到，感恩教育首先要从一声亲切的问候开始。课上，我先利用几分钟和学生们进行沟通，让他们认识到一声问候是一个人拥有文明素养的体现。我率先垂范，当委托学生帮我发作业时，我会说声"谢谢！"当请学生帮忙擦黑板时，我会说声"辛苦你了！"让学生们认识到一声不起眼的问候可以发挥神奇的作用，让对方感受到被尊重，且能带给别人温暖。让我们每一天从一声温暖的问候开始！学生们心领神会，每天校园、楼道、教室里都能听到一声声亲切的问候，我觉得这一声声问候便如同一颗颗感恩的种子，在学生们的心间萌发。

我班的责任区是车棚，位于校园的死角，每逢遇上大风天气，树叶、垃圾被风吹进每辆自行车、电动车之间，清扫起来难度大。而六年级的学生学习任务重，教室里其他学科

老师会准时开始上早自习。为了能够让责任区值日生早点上楼学习,每天清晨,我总是早早地来到班级责任区,拿起笤帚、簸箕率先开始清扫,等值日生到校了,我们一起清理余下的部分。这样,可以为这几个值日生节省了时间,提高了效率,让他们能有更多的时间去学习。如果赶上好天气,车棚并无太多垃圾,我会自行简单进行处理,无须值日生帮忙。天冷时,我会嘱咐他们戴手套,没戴手套的孩子,我会分一只给她。有时身上弄得脏兮兮的,我们也不会在意,会相视一笑。我很享受和学生们在一起的时间,我愿意与他们同甘苦。无论严冬酷暑,从不间断。因此,我班的值日生个个训练有素,经常是第一个完成责任区清扫任务,准时参加早自习的学习。

班内有几个比较特殊的学生,父母不在身边,日常起居由爷爷、奶奶或姥姥、姥爷负责,隔代人之间不可避免存在代沟。我理解老人,因为他们承担了本应该由孩子父母承担的责任;我也同样理解孩子,谁不愿自己的父母常伴身边,不错过自己成长的每一个瞬间。但是,现实往往不如我们所期待的那样。面对现实,我能做到的仅仅是多关心一下而已。杜某自出生起便和姥姥、姥爷一起生活,姥爷几年前患上了半身不遂,家里的担子都落在了姥姥身上。由于两位老人对杜某百般宠爱,使得杜某的性格变得胆小怕事,做事缩手缩脚,毫无主见。在一节体育课上,他在跑步时不慎摔倒,造成鼻骨、颌骨骨折,而杜某又说不清是什么原因,两位老人既心疼又愤懑,无处宣泄。我给予充分的理解,尽己所能,安抚老人的情绪。从跑医院垫付药费,到多次家访关心孩子的病情,我的行为感动了两位老人,使老人的情绪慢慢平复下来。让我欣喜的是,杜某也发生了改变,复课后,他变得懂事多了,学习也更用心了。让我无比欣慰的同时,也认识到,如果我们的关心能给学生心里带来一些温暖,甚至一些改变,那我们有什么理由不去做呢?

不知不觉中,我和学生们的感情增进了许多,我也从学生的身上发现了一些变化:每天早上,我们都是从一声声亲切的问候开始;课堂上,能够看到他们专注的神情;对于自己的任务,他们会尽心尽力完成;见到操场上的垃圾,他们会主动捡拾;谁有困难,大家会争着帮忙……我看在眼里,喜在心上。

二、结合班级文化主题,以班会课为载体,强化学生感恩意识

"环境是一种教育力量。"我班的班级文化主题是"感恩教育",墙报上张贴着一个个感恩励志的故事,一段段催人奋进的感恩名言,如春风化雨般滋润着学生的心田,在不经意间,一棵棵感恩的幼苗已经悄然生长。

一个孩子不懂得感恩,没有担当,没有责任感是最可怕的。孝敬父母、回报父母是每一个子女应尽的义务。我深知,空洞的说教,肯定起不了多大的作用。于是,我另辟蹊径,在班会课上,我确立了"了解父母的职业"这个话题,并借题发挥,对学生们进行爱父母的教育。很多学生在提到自己父母工作的时候,都很动情,王某的父亲在自己的店里没日没夜地工作,再加上应酬多,很晚才回来;范某的妈妈负责给一些单位送货,每天疲于奔波;米某的爸爸是一名人民警察,经常加班,有时半夜里接到任务也要马上出发,毫无懈怠……让我印象最深刻的是王某和魏某,这俩是让人头疼的淘气包,刚刚因为违反纪律受

到我的批评,我特意让他们来谈一谈自己的父母。魏某是单亲家庭,每天和母亲生活在一起,他说:"我的妈妈每天上班很辛苦,回家后还要管我的学习……"说到这,孩子哽咽了,"妈妈特别有上进心,为了考取会计师证,她每天在我入睡后,还在电脑前学习,妈妈这么辛苦,我还经常让她着急……"说完,他羞愧地低下了头。王某还没开口,已经泣不成声,从他断断续续的讲述中,我们知道了他的爸爸原来是一名军人,一周才能回来一次,有时很长时间都看不到父亲。他是由姥姥和妈妈带大的,内心特别渴望父爱。孩子提到的这一幕让我特别感动,他说:"听妈妈讲,有一天深夜,爸爸风尘仆仆赶回来,我已经睡着了,爸爸来到床前,望着我,深情地吻了我一下,就不得不匆匆赶回部队去了。"望着那么多同学眼中闪着泪光,我也非常感动,我对学生们说:"父母养大我们不容易,我们回报他们的方式有很多种,我们可以为他们捶捶背,洗洗脚,做做家务,努力学习,每天进步一点点,让父母的脸上多绽放一点笑容,让父母以你们为荣!"整节课,虽然只谈了一个话题,但是我认为是值得的,很多学生不是不爱父母,而是不懂得用什么方式去回报父母,正如同天下许多父母不懂得怎么去爱自己的孩子一样。

恰逢"三八"国际妇女节,我布置了一项特殊的作业,请同学们为自己的母亲、姥姥或奶奶做一件力所能及的事,并写在日记里。陈某是个特别内向的女孩,她用自己的方式表达对妈妈的爱。她在日记中写道:

今天是"三八"国际妇女节,我站在窗前焦急地盼望着妈妈早点回来,心里寻思着能为她做点什么。

劳累了一天的妈妈终于回来了。虽然脸上带着笑容,但难以掩饰内心的疲倦。"今天我做一次按摩师,一会儿您给打个分啊!"妈妈高兴地躺在床上。我先将妈妈的头发散开,用手轻轻地捋着。一根根头发从我指缝间穿过,我感觉妈妈的头发好硬,硬得有些扎手。哎呀,我还发现有几根白头发在开会,它们紧紧地聚在了一起,我把它们统统拔下来了。妈妈说:"别拔了,拔完还会长,妈妈老了。"妈妈说得看似轻松,可我知道妈妈很怕衰老,因为她爱美。我模仿着按摩师的样子将食指弯曲,用力地刮着眼眉,从眉峰到眉梢,一下接一下地刮着。接着,又顺着鼻子从上到下捏,这时,妈妈的表情很放松,可我的胳膊也发酸了。我将手伸直,轻轻地拍打着妈妈的脸颊,"啪啪啪"听着声音挺专业的。最后,我从耳朵根往耳垂方向边捏边揉,边揉边拉,耳根向上提,耳朵中间向外拉,每次都拉三下。怎么样?够内行吧?这是我看"健康大学堂"时学的。

给妈妈按摩完了,虽然自己累得浑身是汗,但看到妈妈开心,我更开心。我暗暗发誓:不仅仅是今天,以后,我要为妈妈做更多的事,让她永远幸福、快乐。

孩子们懂事了,长大了,懂得用实际行动去回报父母,我的心无比安慰。

三、注重实践,汇聚家庭、学校、社会力量,促感恩行动落实

感恩教育不是理论教育,而是要在实际行动中彰显和施行。我更清楚,只有家庭、学校、社会三方合力,教育效果才是最佳的。

"水滴筹"是网络上一个救助平台,我也经常关注,时常尽一点绵薄之力。那天,我被

一条救助信息吸引住了。患者是我校三年级的一名学生，孩子得了一种罕见的疾病，叫"非霍奇金淋巴瘤"，肿瘤长在孩子的脑袋里，需要多次化疗才行。身为人母，我能够体会患者父母的心情，我捐了 100 元，聊表心意。接下来发生的事让我意外而感动。第二天早上，当我正准备进入校门的时候，被班里几个早早等候的家长拦住了。带头的是荣奶奶，她一人将孙女带大，甚是辛苦。此时的荣奶奶将 1000 元塞到我手里，紧紧握住我的手说："我昨天听说了咱们学校三年级学生患病的事，心里很难受，不知道怎么去帮助她，这是我的一点心意，请您代为转达。"话音刚落，其他几位家长纷纷将爱心款都塞入我手中。握着这些带着体温的钱，我竟一时语塞，一股暖流涌动心间。回到班里，我将这件事告诉学生们，意想不到的是，有许多学生表示自己和家长已经知道此事，并献出了自己的一点爱心。当我将这些爱心款和捐款人名单递到这个患者班主任的手中，班主任提出想要让患者家长写一封表扬信的时候，我婉言谢绝了。因为这些好心的家长曾特意交代过，怕受捐助的学生家长心里有负担，不愿与患者家长见面，他们更不愿意张扬此事，仅仅是为了表达心意。我的心久久不能平静，相信在这些善良家长爱心的熏陶感染下，我们的学生会常怀一颗感恩的心，更好地回报家长和他人的关爱。

诚然，感恩教育光靠家长和教师的教育是不够的，因为学生除了参与家庭生活和学校生活外，他们还是社会的一员，感恩教育也应该在社会中进行。

朋友去新疆旅游，得知喀什市莎车县的几所小学的孩子们急需过冬物资，于是想发起爱心捐助活动，号召大家捐出自己的过冬衣物等物品。我得知后，觉得这是一件善举，必须要支持，同时也号召班里的孩子一起参与，这也是一次实践感恩教育的契机。在师生的共同努力以及家长的大力配合下，班内先后发起了两次捐助活动，学生们共计捐出棉衣裤上百余件，书包十几个，书本、文具等更是不计其数。

学生们怀着一颗感恩的心，懂得去关爱他人，懂得回报社会，这将是学生们一生中宝贵的财富。此时，我俨然看到，一棵棵感恩的幼苗在阳光的照耀下，正茁壮成长……

感恩教育是一个起点。把感恩教育贯穿于德育工作的始终，使学生常怀感恩之心，感恩那些有恩于我们的一切事物和每一个人。让学生学会知恩感恩，先"修身齐家"，再"治国平天下"；先学会做人，才能真正成为有用之才。让感恩意识融入学生的思想观念里，体现在日常生活中的具体行动上吧！愿感恩之树常青！

(作者单位：天津市北辰区实验小学)

用心打造班级"瀚林"文化

张 瀚

翰墨文香传《礼》,林钟音悦接《韵》。

这是一副对联,更是一个男人与三十八个孩子一起打造的第一批"瀚林学士"之后,对打造班级"瀚林"文化的总结。

班级文化是一种隐性的、长效的教育力量,是班级发展的内在动力。良好的班级文化,有助于学生良好习惯的养成;良好的班级文化,能形成班级正能量,对学生起到潜移默化的教育、浸润、凝聚作用;良好的班级文化能减轻班主任的工作压力;良好的班级文化能促使学生自我教育、自我激励、自主发展。因此,我把班级文化建设作为"立德树人"的重要抓手,不断丰富德育工作内容,努力提升班主任水平,精心打造独属于我与学生们的"瀚林"文化。

围绕瀚林文化的建设,首先确定班级核心价值理念,那就是读书。通过读书让学生明理懂礼,通过活动让学生协作发展。下面,我将对这一核心价值理念做出解读,围绕瀚林文化构建班级文化体系。

一、"瀚林院"之"翰"——精神文化建设

我们的班名叫"瀚林院",我们的"瀚林"与古时的"翰林"发音相同,同时也是因为本人名字中有一个"瀚"字等因素,我将翰林文化变成了"瀚林文化",让学生与老师之间的距离更近一些。更希望自己带的每一个班都能形成独属于我们的"瀚林文化"。

翰林一词最早出现在汉代扬雄的《长杨赋》中,翰林院的意思是文人聚集的地方。

翰林院从唐朝开始设立,初时为供职具有艺能人士的机构。宋朝后成为正式官职,并与科举接轨。明以后被内阁等代替,成为养才储望之所,负责修书撰史,起草诏书,为皇室成员侍读,担任科举考官等。

我之所以取名"瀚林院",就是希望学生能踏实学习,育才储德,为自己的未来打下坚实的基础,同时也期望每一个孩子在自己的未来都能有一番作为。因此,我们总结了踏实学、认真做的院训;明礼、协作的院风;做出彩的中国人,做最有魅力的自己的奋斗目标。

通过与学生们的共同商议,我们找到了一个身着古代状元服的卡通人物,我们叫他"瀚林院大学士",他是我们的院徽和吉祥物,代表着学有所成。我们共同设计了院旗,院旗以古代书院大门为背景,牌匾上书瀚林院三字,左右是一副对联,在打造了瀚林文化之后,我们将院旗上的对联换成了"翰墨文香传《礼》,林钟音悦接《韵》"。

上联"翰墨文香传《礼》",说的是学生读书学习,传承文明礼仪,"礼"就是《礼记》,希望孩子们能知礼、懂礼、守礼。下联"林钟音悦接《韵》",说的是学生参加音体美等活动,"韵"是《笠翁对韵》,是熟悉对仗用韵、组织词语的启蒙读物,院里的学生每天早晨要一边读韵一边练字。

我们以《志成学子之歌》作为"院歌",每到学校的班班唱时间,我们都要认真地唱一唱"院歌",希望我们的瀚林学子如歌中唱到的那样,堂堂正正一辈子。

二、"瀚林院"之"林"——环境文化建设

为了打造"瀚林"文化,我们对教室也做了针对性的布置。正面以黑板、国旗和学风为主,左侧挂着《小学生守则》,后侧是以每月更换一次的主题板报,由师生一起完成。右侧是"院务栏",其中一块张贴了"院规"、公约、责任岗、小组分配等,另一块是学生的作品展,有练字本、手抄报、"知识树"等。

教室的四角各有不同,卫生角,卫生用品一应俱全,并按要求摆放整齐。制度角,张贴了最具班级文化特色的积分制度、细则。生物角,摆满了孩子们的绿色植物,大部分是孩子们亲手种的凤仙花。读书角,课外书供同学们阅读,由专人负责管理借阅。

楼道里布置的是学生的作品展,我们将最棒的作品都展示在这里,供全校同学参观。比如,我们通过数学实践活动制作的知识树,通过语文实践活动绘制的手抄报,漂亮的软笔书法等。

三、"瀚林院"之"墨"——班级制度文化建设

在"瀚林院"的院规、公约和奖惩制度都是师生一起制定的,并将其细化为"瀚林院"特色的积分制度。

积分制度的目的是为了提高学生学习的主动性、积极性,规范学生的纪律和言行举止。学生每符合一项细则要求就要进行相应积分的加减。下面列举其中的一部分。

表 1 积分制度加分明细

细则	积分
1.不迟到、按时做卫生、准时交作业,三样全齐。	每天+1
2.参加学校活动。	每项+1
3.参加学校组织比赛获奖,一等奖。	每个+5
4.参加学校组织比赛获奖,二等奖。	每个+3
5.参加学校组织比赛获奖,三等奖。	每个+1
6.练字规范认真。	每次+1 至 3
7.作业字迹工整,完成情况优秀。	每次+1 至 3
8.任意一科考试满分。	每科+5
9.任意一科考试达到优秀(满分 100 分,90 分以上)。	每科+2
10.劳动积极,依照安排认真搞好教室公共区域卫生。	每次+1
11.午餐安静有序。	每次+1
12.文明课间,不做危险游戏,不在楼道里追跑打闹。	每次+2
13.大课间卫生小组及时开窗通风。	每次+1
14.最后离开教室关闭电扇和门窗。	每次+2
15.注意个人卫生,每周一检查。	每次+1
16.做操标准到位。	每次+2
17.不带有玩具性质的装饰品和文具进学校。	每次+2
18.收拾书包比赛,第一名。	+3
19.收拾书包比赛,第二名。	+2
20.收拾书包比赛,第三名。	+1
21.参加班级活动,表现突出。	+2
22.练字字迹工整有体。	+3
23.练字字迹工整。	+2
24.午餐无剩饭。	+1
……	……

根据瀚林院的积分制度,我们将不同积分设置了不同的名称。如 0 分是白丁级,达到 10 分晋升童生级,达到 20 分晋升秀才级,达到 40 分晋升举人级,达到 80 分晋升进士级,达到 120 分晋升探花级,达到 240 分晋升榜眼级,达到 480 分晋升状元级,达到 960 分晋升大学士级。960 分以上,我们称为圣人级。

每一个学生都朝着达到大学士级的远期目标努力着。从白丁级开始,学生每天看着自己的积分是多少,在自己的心里就会设下一个近期要达到多少积分的目标,比如现在是白丁级,那么他的第一个近期目标就是达到童生级。每一个级别都有一个相应的卡通人物,凡是达到积分要求,就能换取相应的卡通人物贴纸,并粘在书的封面上。

在一个学期里,积分最多的学生能够达到榜眼级。在学期末,我们将院徽制成了钥匙扣,发给达到榜眼级的孩子,这不但增强了学生的自信心,更增强了孩子们对积分制度的认同,也增强了孩子们对"瀚林院"的认同。

四、"瀚林院"之"钟"——组织文化建设

"钟",取其集中、专一的意思,将全班同学组织成一个整体。

我们的班干部是通过全班不记名投票选举产生,明确分工,各司其职。全班有六个小组,由小组成员通过讨论推举出一名学习组长和一名卫生组长。学习组长主抓组内跟学习有关的全部工作,比如帮助同学学习、课上组织讨论问题等。卫生组长负责与卫生有关的全部工作,比如分配卫生任务、检查卫生是否合格等。

同时,每个小组根据组员特点,组建了属于他们自己的小社团,有的小组每个成员都擅长画国画,他们就组成国画社团;有的小组成员都擅长书法,他们就组成书法社团。

五、"瀚林院"之"文"——课程文化建设

"文",古时有文武双全,文,便是学习文化知识,"瀚林院"之文就是孩子们学习的课程。我和任课老师开发了很多属于瀚林院的特色课程。

读书练字。这是"瀚林院"的传统,每个学生进入教室的第一件事,就是静下心来,取出练字本,开始对照黑板上《笠翁对韵》的部分内容进行练字,目的是培养孩子们的耐性。

阅读指导。与语文老师合作,目标是通过语文课加强学生们的分析文章和阅读理解水平。

养蚕种植。利用科学课中"养蚕"和"种植"两个单元的内容,让学生们亲身经历养蚕和种植的过程。蚕是通过网上购买得来,种植的植物是科学老师带来的凤仙花种子。学生们在家养蚕中凤仙花,在科学课上学习养蚕和种植的方法,与其他同学交流养蚕和种植的心得。

魅力家长。班会课让"魅力家长进课堂",把家长请进课堂,教给学生们在学校里学习不到的知识。有些家长喜欢做饭,就为学生们讲解烹调知识,有些家长喜爱鼓弄花草,就给学生们讲种花知识。

在学期末,学生们都能写出一笔不错的规范字,阅读水平有了明显提高。学生养的蚕已经产卵,种的凤仙花也已经开花。更有很多学生与家长的关系,更加亲近了。因为他们发现,自己的父母,也非常有"魅力"。

六、"瀚林院"之"音"——活动文化建设

每一次活动都有欢声笑语,每一次的欢声笑语,汇聚成"瀚林院"之音。我的"瀚林"学

子们活跃在校园每一次活动中。

结合学校的小小百家讲坛活动,学生在全班展示自己的读书心得。"我与阳光有个约会"活动,挑选天气最好的一天,让学生在阳光下进行各种小型比赛,增进学生之间的友谊,培养团结协作的意识。参加学校组织的趣味运动会,所有同学们都有自己的比赛项目,在每一项比赛中,都能看到学生们团结协作、奋勇争先的身影。参加春游活动,是我与孩子们最欢乐的时刻,大家一路开心一路笑。参加六一义卖活动,学生们精心制作了宣传海报张贴在班级的摊位上,那一刻,尽显他们的商业头脑。

"瀚林院"内部也经常会开展一些个性活动。如开展给校园拍张照活动,每到春天和秋天,组织学生们到校园里转一转,拍下学校里美丽的景色,拍下自己在校园里的足迹,感受季节的美。开展养蚕种植活动,通过种植凤仙花和照顾蚕宝宝,体验动物和植物的生命周期,并将养蚕种植的过程写成日记,在科学课上进行交流,培养学生们对动植物生长的观察能力和责任心。开展知识树绘制比赛,将数学书上的每一个都绘制出一个知识结构,既要美观又要精炼,考验学生们的大脑思维。

每一个活动都有我班学生们全身心投入的身影,每一个活动都让孩子们收获良多,孩子们正是在一个个活动中,慢慢成长起来。

七、"瀚林院"之"香"——信息文化建设

花香酒香让人迷醉,通过班级空间和家长微信群看到孩子们的成长时,更让家长们迷醉。

班级空间为教师、学生、家长提供了广阔的互动交流平台。学生在这里展示自我,家长在这里倾听孩子的心声,老师在这里育人育心。通过班级空间,在各项活动中,学生积极参与,及时记录,构成了学生的成长记录。我在家长微信群里倾听家长的心声,收到了许多家长的留言,这样更易处理家校之间、师生之间、同学之间遇到的一些问题。

八、"瀚林院"之"悦"——文化建设效果

悦,本意是高兴、愉快。在"瀚林院"里,我看到了学生每天一点一滴的进步,我看到了学生改变的每一个细节,我感到很高兴。"瀚林院"的积分制度,配合小组合作,总会在你不经意间,看到让人意想不到的情景。

早晨,教室里只有沙沙的写字声和学生们低声交流的声音。课上,总能看到学生们专注的神情和思考问题时皱起的小眉头。课间,经常见到组长给待进步生耐心地讲解问题。楼道里,经常是学生们笑着向老师问好。操场上,总有学生们矫健的身影和整齐的队列。活动中,更有他们精彩的表现。

这就是我们的瀚林院,这就是我的瀚林学士们,我们会因自己的精彩而欣喜,更会以自己的进步为动力,向那更高更远的目标,昂首前进。

(作者单位:天津市北辰区实验小学)

从点滴处，
将环保理念植根于学生心中

王 辉

对学生进行环保意识的教育是必不可少的。我们班在这个学期开展了一系列环保主题活动，根据我班学生的特点，对他们进行了相应的环境教育。

一、因地制宜，用社区的自然环境和设施启蒙学生环保意识

在主题活动中，我带领学生来到小区的公园，投入大自然的怀抱，在草地上游戏、玩耍，领略大自然的美好风光，享受青青绿草带来的清新空气。同时，也带领学生参观小区的垃圾场，让学生谈谈哪里的环境美，通过观察、比较，让学生知道保护环境是每个人应尽的责任。在此基础上，帮助学生树立保护环境光荣、破坏环境可耻的观念。在学校里，我们利用种植园地，设立植物观察角，为学生提供一个了解植物与环境关系的机会，让学生能近距离地观察动植物，从而激发对大自然的喜爱之情。

二、动员家长，让学生和爸爸妈妈一起行动起来

"父母是孩子的第一位老师"，指出了家长是不可忽视的力量。因此老师要努力加强与家长的沟通，让家长了解学校对学生的要求，取得家长的支持和配合。要求家长加强自身的环境教育素质，做到处处为学生榜样，从一点一滴做起，用自身的言传身教去影响学生，教育学生。通过爸爸妈妈们的身体力行，让学生有了良好的学习榜样，意识到环保行为其实就在我们的周围，人人都可以为环境保护贡献一点力量，从而让学生萌发出热爱大自然，保护大自然的积极情感。

三、把握良机，开展多种形式的环保教育活动

如果想让学生树立环保意识，必须根据学生的年龄特点，教育他们要从自己做起，从

小事、小环境做起。老师在日常生活中,密切注意学生的一举一动,及时进行环保教育。如发现学生平时乱摘花、乱丢纸屑、随地吐痰或下课后高声喧哗等现象,老师应及时地动之以情,晓之以理,让学生既改正了自身的不良行为又增强了环境保护的意识。

四、融会贯通,在平时的教育教学中渗透环保教育

在学校的教育教学中,随时都可以渗透环保教育。本学期,我们开展了以下环保专题活动:"我身边的污染""我爱我家"等系列活动,让学生了解身边的环境污染现状,从自家做起保证环境整洁;结合学雷锋活动开展了"我是环保小卫士"活动,从身边做起,为改善小区生活环境尽自己的一分力量;开展了"环保资料收集""手抄报制作""环保标志我知道""环保标语指示牌制作"等活动,提高学生的环保意识;开展"环保小制作"活动,让学生利用废弃物制作各种简单实用的小物品及装饰品,建立废物利用的概念,培养学生的创新精神和动手能力。在这些活动中,学生通过充分的观察、思考以及动手操作,学得更生动、有趣,且符合他们的年龄特点,从而获得良好的教育效果。

通过几个学期开展的一系列环保主题活动,我们发现环保教育重在学生自身习惯和内在意识的形成,但外在环境的影响也不可忽视。对学生而言,这些影响主要来自身边人,特别是老师、家长和同伴。因此,我们都有责任、有义务在他们面前树立良好环保意识和行为规范。总之,环境保护教育应该从小抓起。通过经常持久的环保教育,使学生树立环保意识,形成环保观念,提高环保觉悟,增强环保责任感,成为真正的"环保小卫士"。

五、取得的荣誉

环保特色班的创建,促使我们班连续两次获得校特色班创建一等奖;推动我们班学习成绩名列年级前茅;提高了学生们参与集体活动的兴趣;使得我们班在上一学年度被评为校级三好班集体,我个人被评为校级优秀班主任;本学年度被评为区级三好班集体,我个人更被评为区级优秀班主任。

事实证明,我们在特色班创建过程中,选择了一条正确的道路,我们将矢志不渝地走下去。

(作者单位:天津市北辰区实验小学)

如何在低年级数学教学中培养学生的"奇思妙想"

——浅谈低年级学生创新能力的培养

董艳红

培养创造能力必须从小抓起。由于年龄特点,低年级的学生充满了强烈的好奇心。在这种好奇心的引领下,他们常常会有与众不同的新发现,并以激动的心情和执着的行动,投入到探索数学奥秘的学习活动之中。这种在活动中涌动着的"奇思妙想",对于低年级学生来说就是创新。我们在课堂上要加倍呵护学生的这种情感和态度,而不要认为这与数学无关,就不理会,应该让小学生长久保持这种积极探索的心向,促使其创造性思维的形成。

低年级数学课堂教学应该从学生的认知发展水平和年龄特征出发,使每一个学生都能认真听讲,积极思考,发展创造性思维。通过教学过程,让每一个学生的创新潜能、个性特征得以展现,进而激发学生学习数学的兴趣。

一、利用好奇心唤醒创新意识,引发学生的"奇思妙想"

好奇心是培养学生问题意识的开始,也是唤醒学生创新意识的前提。《数学课程标准》指出,"学生自己发现问题和提出问题是创新的基础,独立思考、学会思考是创新的核心。"数学课堂上要鼓励学生的"奇思妙想",不同的学生对问题有不同的看法,会发表与众不同的见解。

强烈的好奇心是低年级学生的特点,他们常常会对一些问题产生兴趣,进行质疑,这正是创新意识的萌芽。创设良好的教学情景,合理设计多种多样的活动,激发学生学习的主动性和积极性,应从学生入学的第一天开始就鼓励学生说与众不同的话,学习 1~10 的认识时,鼓励他们用小棒摆出各种不同的图形;学习 20 以内进位加法时我常常提出一些疑问:"你能根据 9+几的计算方法计算 8+几,7+几吗?""35+2、35+20 你发现了什么?"……一个个疑问的产生,引发学生思考,进而萌发其探究、验证的意识。

"学起于思,思源于疑"。疑问是指有怀疑和不理解的问题,思从中应运而生。例如我在讲《找规律》这节课时,让学生观察书中的情境图找规律。有的学生陆续发现了彩旗、灯笼、做游戏的小朋友的排列规律,我表扬了他们认真观察、积极思考、大胆发言的同时,又提出新问题:"如果不说出来你要怎样告诉别人这些规律?""有没有比较简洁的方法来表示这样的规律呢?"学生投入到积极的思考当中,有的说画出来,有的说写出来,有的说圈一圈……产生疑问,引发思考,学生们个个跃跃欲试,开始了新知识的探索,创新正是从这里起步。

二、宽容"错误",鼓励"不同",使学生敢于"奇思妙想"

现代教育中的师生应当是相互尊重、相互信任、相互依赖的关系,这将有利于教师走进学生的内心,聆听心声,更好地完成教学任务。低年级的学生虽然年龄小,理解和分析能力尚不成熟,但作为一个独立人与教师是平等的。教师要尊重每一个学生,要学会放下架子,走入学生的内心世界,蹲下来与学生平等交流,和学生建立相互信任,民主和谐的师生关系,让每个学生都能取得更大的进步。

教学中,学生回答问题难免有错误,此时教师应充分理解和宽容学生,允许"犯错",消除学生的畏惧心理。因为教学中学生对问题的答案有时乍一听似乎是错的,但换个角度考虑,也不无道理,对这样的情况不能一概否定,应给予肯定,并加以指导,要为学生创设一个轻松、和谐、民主的课堂环境。教学中允许有不同的答案,鼓励学生敢想、敢说、敢问,培养学生的求异思维也是创新的途径。例如在教学一年级下册《分类与整理》一课时,我引入主题图——气球图时问:"你能用自己喜欢的方法进行分类,并把结果清楚地表示出来吗?"学生先独立思考,再小组讨论分类的方法。在这个环节中,学生选择的标准不同,分类的结果也不同。教师都应充分肯定学生的想法,保护学生的积极性。

三、疑中思,思中学,使学生会"奇思妙想"

课堂教学中应重视师生之间的对话,学生和教材的"对话",学生和学生间的对话,每一次都是思维的碰撞和融通。在师生、生生的自主探索、合作交流的过程中,产生探究新知的兴趣,课上要多些允许、多些等待、多些鼓励学生的"奇思妙想",让课堂充满活力,营造创新的氛围,充分展示学生的个性。教学中巧妙的设计、精心的设疑是培养学生创新的有效途径。

在讲《两位数减一位数退位减法》一课时,学生在操作小棒时发现,6减8不够减,这时有的学生说:"把3捆拆开和6根合在一起就是36根了,再拿走8根就剩28根了。"我首先肯定了他的思考方法是正确的,再问同学们:"还有比这更好的解决方法吗?"很快,又一个学生站起来说:"我把一捆拆开和6根合起来就是16根,16-8=8,8+20=28。""真聪明"我对这个同学大加赞赏。片刻,又有一位同学站起来说:"我是这样想的,我先拆开一捆,拿走8根,也就是10-8=2,再加上剩下的26根,也就是2+26=28。""太棒了,这个办法也不错。"在我的一再肯定下,学生们探究的热情越来越高,又一位学生说:"我是这样想的,先拿走 6 根零的,再把其中的 1 捆拆开后拿走 2 根,就剩下 28 根了。"

在不断的肯定中,教师将学生的思维引向深入,根据学生已有的经验和认知发展水平,在独立思考、合作交流中所形成的方法、提出的设想等,就是学生的创新。在参与学习的过程中,学生们正是走了创新的道路。在数学活动中,既增强了学习知识的能力,又增长了提炼知识形成方法的智慧。

四、体验创新的快乐,使学生爱"奇思妙想"

课堂上,教师一定要演好自己的角色——引导者,让自己少说一些,引导学生积极参与,留给学生独立思考和发挥想象的空间和时间,教师应全身心的配合鼓励学生主动探究问题,在合作交流中体验创新的快乐和成就感,因此在课堂教学中,我常常提出这样的问题,"你有什么好方法来验证这个结论是正确的?""谁还有更好的办法""这个想法真棒"……让每一个学生都愿意展示自己的学习成果。

如在《探索规律》这一单元,数列的规律 2,5,8,11,14,17,学生们总结出搭桥的办法去发现规律;图形与数字,学生们总结出了,列算式、圈一圈、标一标等办法来找出规律。教师要多赞扬和肯定学生们在独立思考和合作交流中得出的结论,保护和激励他们所有的想象和尝试。用自己对学生认同和包容引发学生积极的情感体验,让学生们在数学课堂活动中常常能体验到主动参与,积极思考,学会思考等创新的核心思想。

五、家校合作,保护学生的"奇思妙想"

学生的一些"奇思妙想"往往会让有些家长认为没必要、浪费时间、不务正业等,教师要和家长做好沟通,保护学生的创新意识,让家长知道创新意识是学生一生的学习基础,是现代数学教育的基本任务。家长应当理解和支持,并注意引导,可以参与其中并不要过多干涉。任何能力的培养都不是一朝一夕、一蹴而就的,需要教师、学生、家长三方长期的共同努力,才会取得成果。

总之,为了适应现代社会对人才培养的需要,要特别注重培养学生的创新意识,学生从进入校门开始就要从说话表达方面培养孩子的"奇思妙想",鼓励他们的"与众不同"和独立思考,对于低年级的学生认知和活动,只要是新颖独特的,有思考的就要予以肯定和鼓励。同时要以教师真挚的情感和丰富的教学活动,以及数学知识本身的艺术魅力感染和激励学生们的"奇思妙想",从而促进学生创新能力的发展 。

(作者单位:天津市北辰区实验小学)

十年树木　百年树人

——"成长树"实践活动促学生身心共发展

吴　丹

　　实践活动,是学生能够直接体验社会生活的学科活动。它通常是把学生感兴趣的内容作为学习的对象,学生在亲身实践体验中,自然而快乐地学习。在这个过程中,充分体现了学生的主观能动性。学生能够主动投入、主动合作、主动探究、主动创造。教师的教育也于无形之中,真正做到了"随风潜入夜,润物细无声"。那么,在多姿多彩的社会活动中,教师要善于挖掘身边的教育资源,为学生搭建研究性、实践性学习活动的平台显得尤为重要。为此,我结合学校的德育课程——"成长树"综合实践系列课程,以德育教育为载体,对学生进行综合而全面的教育,促进学生不断丰富知识,引领学生精神成长,使他们身心共发展,以增强教育的时代性、实效性。

一、家校合作——激发亲子参与意识

　　《管子·权修》中有云:"一年之计,莫如树谷;十年之际,莫如树木;终身之际,莫如树人。"教育是百年大计,不但需要从一点一滴做起,更需要有长久的计划。其实植树和育人是相通的。我们常说,学生就像小树,在成长的过程中,需要教师和家长像园丁一样辛勤培育,细心呵护,修剪枝叶,使其茁壮成长,成为栋梁之材。而这个过程中,教师、家长、学生必须形成合力,才能起到更好的效果。为此,在活动之初,充分调动家长的力量,让家长带动学生,最终激发学生的主动参与意识,提高学生的主观能动性。

(一)亲子选树

　　在学生的教育中,教师与家长都承担着教育的责任,而有些家长,会因平时工作的原因而忽视了对孩子的陪伴。因此,亲子选树活动是非常有意义的。亲子选树活动,能帮助家长建立主人翁意识,激发家长积极配合的态度。家长不仅阅历丰富,而且在参与过程

中,能够给予孩子合理的建议,让孩子在搜索树木时节省时间,同时也能更深入地与孩子进行沟通,参与孩子的成长。

天津的气候条件和土壤条件适合种哪些种类的树,各种树种的特点和习性是什么,学生们知道得很少。所以,为了调动他们的兴趣,做到由不了解到了解再到熟知,在选定"年级树"的时候,我在班级充分调动家长的力量,给家长讲明活动的目的和意义,让他们带动自己的孩子,上网搜集资料,询问身边对树木知识较了解的亲朋好友,结合北方的气候和土壤的条件来确定自己推荐的树种。有了家长参与,学生们的热情被充分调动起来了,他们会主动搜集资料,深入了解各种树木的特点及习性,并反复对比最适合的树种,初步确定了山楂树、碧桃、红叶石楠等树种。

这样的活动,让学生了解了树,不仅培养了学生搜集信息、筛选信息等多方面的能力,同时激发了他们主动参与的意识,调动了参与活动的积极性。

(二)集体议树

在春日的暖阳下,我邀请了班级家委会的代表,带领学生参观了学校留园,也就是学校专门为学生们开辟的种树场地。学生和家长们对"年级树"都充满了期许,对留园的未来充满了设想。

接着,我利用班会时间广泛开展"议树"活动。每个学生充分畅谈了自己初选的"年级树"树名、选树的理由、树木生长的条件以及个人与"年级树"的关系。家长代表也应邀发言,他们也谈了自己选树的理由,及对孩子们寄予的希望。在广泛交流的过程中,根据学生选树的情况,年级协调统一,遵循少数服从多数的原则,最终选定了山楂树为我们的"年级树"。

"议树"活动,让学生和家长从最开始对树的不了解到了解很多树的知识,"年级树"——山楂树的形象也在交流过程中深入到每个孩子的心中。

二、劳动体验——提高学生责任意识

在学校教育中,劳动教育是德育教育的一个重要方面,是素质教育的重要一环。劳动教育对培养德、智、体、美、劳全面发展的人,对提高学生的责任意识有重要的意义。为此,结合成长树活动,丰富学生的劳动体验,能够起到事半功倍的效果。

(一)热情栽树

植树节期间,学生期待的山楂树运到了学校,栽树活动热火朝天地开始了。学生有的用铁锹挖坑,有的拿着树苗往坑里放树,他们小心翼翼地扶着树苗,生怕弄断了枝丫,还有的同学填土、浇水,配合得十分默契。不一会儿,豆大的汗珠便滚落下来,但他们没有一个人喊累,一张张脸上洋溢着幸福的微笑。由于学生多而树的数量有限,有一部分同学在旁边观看,尽管只做观众,但依旧很高兴。他们期待着"年级树"快快长大,谈论着"年级树"光辉的未来。没有亲手栽种"年级树"的同学还商定,以后浇水的任务就是他们的了。

学生表示,一定要好好照顾小树,让它茁壮成长。此时,责任意识已经在他们的心底生根发芽。

(二)合影留念

接下来与"年级树"合影留念的环节,更让学生们心花怒放。他们站在小树的身旁,仿佛那就是他们的伙伴。他们还说,以后每年都要和小树合影留念,让小树和他们一起成长。山楂树不仅种在了留园,也种在每个孩子的心中。接下来的日子里,总看到一些孩子到留园去观看,尽管围栏很矮,孩子们很容易迈进,但从来没有看到孩子们随意践踏留园,每个孩子都在用心呵护着与留园、与"年级树"——山楂树的不解之缘。

(三)知识讲座

为了让学生更深入地了解"年级树"的习性和养护方法,学校聘请了懂得相关园林知识的学生家长,为全体学生做如何种好"年级树"知识讲座。我们的学生不仅了解了山楂树,同时也表示,照顾山楂树就是自己的责任,以后一定精心呵护。

我还结合学生了解到的知识,在班级开展了"年级树""心愿大家谈"活动,孩子们在交流中展望未来,同时也达成了共识——要想让"年级树"茁壮成长必须付出真心和汗水。

这些实践体验活动,为学生提供了劳动锻炼、参与社会实践的机会,提高了学生的责任意识。

三、学科融合——促进学生综合素质提升

开展"成长树"实践活动,对于启发学生潜能,对于学生体验人生,关注社会,解决实际问题,培养创新精神和实践能力有着重大而深远的意义。同时,这一活动与我们的学科课程也是互相补充,互相渗透的。为此,在学校的倡导下,我们各科老师都尝试着把实践活动与学科课程整合,把"成长树"的内容渗透到不同学科,实现了学生能力和综合素质的提升。

(一)"测树"活动

数学学科组织学生开展"年级树""测树"研究性学习,启发学生积极探究测量树干树高的方法,比一比,赛一赛,看谁的方法多,看谁的方法简便易行。数学知识与校园活动的有机结合激发了学生的参与热情。他们翻阅资料,上网查看,实地测量,学习的主动性空前高涨。

(二)绘画、创意大赛

美术学科开展了"年级树"绘画大赛,比赛分初赛、复赛、决赛。全员参与,全员展示。展示的作品成了班级文化亮点,一幅幅作品深深地吸引了孩子们,他们时而佩服,时而惋

惜,时而后悔,最终评出一二三等奖进行表彰。此次绘画大赛,学生结合"年级树"的实际特点,运用儿童画技巧进行设计、构图、着色,孩子的创新思维与绘画能力得到了锻炼。

此外,作为班主任的我还与美术老师一起组织了"年级树"树牌创意大赛。比赛要求全员参与,初赛在班中进行,人人展示作品,评出两份优秀作品进行年级内复赛,最终决定出"年级树"牌。在"年级树"牌的绘画展示过程中,经常看到三五成群的孩子在展示作品前驻足观看、交流。学校还与广告公司协作,在尊重原创的基础上制作出美观漂亮的"年级树"牌,安放到相应的"年级树"附近,留园又多了一抹绚丽的色彩。此外,学校德育处还为我们做了山楂树树牌的钥匙扣,在"童星评比"时作为奖励纪念品发给学生,学生们都非常喜欢。

(三)与语文学科有机融合

语文学科开展了"成长树"征文大赛。我利用语文课与学生一起探究"年级树"在成长过程中遇到哪些困难?它又是怎样克服的?联系自己的成长过程中克服困难的经历,体会生活的哲理。经过初赛、复赛、决赛的层层选拔,评选出一二三等奖,优秀作品在升旗仪式上进行宣讲展示,让全体学生感受到"年级树"对自身成长的重要意义。

此外,在山楂收获之际,我带领学生们来到留园,一起把红彤彤的山楂摘下来,洗干净放在盘子里,大家一起分享果实。我们边吃山楂,边上关于"分享"话题的语文活动课。我与五年级《落花生》一课整合,先回忆落花生一课的写作顺序:种花生、收花生、品花生、议花生;接着我带领学生回忆我们从种树到收获果实的过程;最后让学生说一说现在吃着自己亲手收获的果实的心理感受。学生们在这个和谐、放松的氛围中,边吃山楂,边讲自己的感悟。他们品味着"年级树"成长历程,感恩学校、老师的精心培养。

在这样的实践活动中,学生们体会到了劳动的真谛,收获的快乐,分享的意义。同时在与《落花生》一文有机整合的过程中,学生们潜移默化地学到了表达和写作的方法,他们写出了一篇篇美文佳作,可谓收获颇丰。

"十年树木,百年树人。"种树、育人都在于点滴的培养和教育,所以,"成长树"系列活动还在继续和延伸。相信这样的实践活动一定会为教改带来活力,让学生感受到开放自主的痛快,让学生在实践中获得感受,在实践中获得新知,也在实践中形成意识,锻炼能力,让学生的身心在实践中共发展!

(作者单位:天津市北辰区实验小学)

把该做的事做成习惯

——浅谈小学生的劳动教育

尹　丽

一、现状分析

"家庭是社会的细胞,是人生的第一课堂。""父母是孩子的第一任老师。"现在,许多家庭衣食无忧,家长对孩子的期望值很高,总怕孩子输在起跑线上,只专注孩子的学习;有的家庭忙于工作赚钱,把孩子托管在爷爷奶奶那里,上一辈对孩子更加溺爱、娇惯;有的家庭不和谐、不和睦,家长对孩子不管不顾。这些现象都影响了孩子身心全面发展,使孩子劳动意识淡化,缺乏生存、交往、自理、独立等良好的品质。

目前,部分孩子严重缺乏劳动意识。在校接受教育的学生可能会好一些,在老师的引导下会做一些擦地、擦黑板、扫地等简单的劳动,但还是缺乏技巧性和主动性。当学生回到家中,普遍做起了"小皇帝""小公主",衣来伸手,饭来张口。不爱劳动,不懂得珍惜劳动成果。相当一部分学生还不知劳动是什么滋味。它给学生带来负面影响将是十分深远的。

二、劳动价值

恩格斯认为,人之为人,正因为劳动,是劳动创造了人本身。那么远离劳动,也必然造成人的退化。一个没有经过劳动磨炼的人,是不会懂得生活真谛的,他也注定无法担当"大任"。劳动使人知道生活是怎么回事,劳动培养人的坚韧与毅力。正如罗斯金所说:"只能通过劳动,思想才变得健全;只有通过思想,劳动才能变得愉快,两者是不能分割的。"所以说,劳动创造了一切。劳动促进了手与脚的分工,使人学会了制造和使用工具;劳动促进了语言的产生,加速了信息的生产和传播;劳动促进了大脑和机体的进化,加速了信息的积累与处理。因此,人类离不开劳动。学校教育中的班主任,对学生进行劳动教育和培养是不可忽略的任务。

三、习惯养成

小学生在学习任何事情的过程中,最缺乏的就是恒心。在劳动过程中也一样,他们往往会因一些困难或挫折半途而废。作为一名班主任,应怎样培养学生的劳动意识和劳动习惯呢?我认为,让学生参加劳动,掌握一定的劳动技能,进而培养学生的责任心,从而养成爱劳动的习惯。激发劳动兴趣只是一时的,责任心和习惯才能陪伴永久。

(一)强化措施,持之以恒,助习惯养成

1. 给机会,尝试劳动。

大胆放手,让学生在实践中学会劳动。为了给每个学生提供尝试劳动的机会,构建学生自主劳动的责任意识,我班建立班级劳动责任岗制度。也就是说,把班级每个卫生区域划分为一个个劳动岗位,并分配到每一个学生身上。每人一岗,人人有岗,人人有责。全班同学轮流担任值日班长,每天一人,轮换进行。值日班长主要负责擦黑板、倒纸篓、负责班级内卫生情况。通过这些细化的劳动岗位,任务相对固定,时间相对固定,学生做起来不会感到有负担,而且这样一来给每个学生提供了机会,在尝试劳动中养成习惯。

2. 给时间,学会劳动。

良好的劳动习惯并不是一朝一夕就能形成的,它是一个长期的、复杂的过程。教师要有足够的耐心等待学生学会劳动。开始会出现帮倒忙的现象,要接纳孩子从不会到会的渐进过程。仅靠简单的说教是无济于事的,因此,要培养小学生良好的劳动习惯,必须重视日常劳动教育。教师要舍得花时间和空间参与自主劳动。教师要教育引导学生知道日常生活中自己的事情自己做,如自己洗衣服、自己整理书包、我自己打扫卫生等,让小学生在实践中学习劳动技能。通过长期训练,把所学的劳动技能运用到劳动实践之中,让学生收获成功,收获喜悦,为养成良好的劳动习惯打下了基础。

3. 给方法,提升劳动。

学生养成爱劳动的习惯,首先要让他们感受到劳动的快乐,主动参与到劳动中。如果他们在劳动的过程中遇到困难,想退缩的时候,我们要交给他们方法,引导他们想办法解决困难。

比如,有的孩子拿笤帚不分反正;有的孩子扫地从中间向两头扫;有的孩子拿着簸箕扫一点撮一点。每项劳动我都亲力亲为地教学生,先让感兴趣的学生试一试,让部分学生先学会用工具,其他同学进行模仿。比如学生在扫地、拖地过程中,换水相对来说是一件比较累重的活儿,因为要提着水桶到厕所打水,厕所较远、水很重,而且不小心还容易把水弄到身上。我发现每天小组值日时,大家都不愿意干这件事,推来推去,怎么解决这个问题呢? 我在班会课上与同学们进行讨论,找出此项工作的困难,并引导学生想办法解决。最后我们想到制作一个小拉板,把水桶放在小拉板上,这样就容易多了。在学校后勤老师的帮助下,小拉板做好了,同学们感觉很新鲜,而且解决了提水重的问题,各组值日生自觉排好顺序,轮流换水。班主任在劳动的过程中,注重提升劳动方法,养成习惯。告诉学生困难和挫折并不可怕,只要我们不断总结经验,继续前行就会走向成功,感受到劳动的快乐,从而喜欢上劳动。只有爱上劳动才能主动去参与劳动,只有主动参与,才能形成一种习惯。

4. 给要求,落实劳动。

学生在积极参与劳动的过程中,教师必须要提出要求。就像上面的例子,有的学生只是认为小拉板很好玩,所以才抢着去换水,但劳动效果并不好。这时教师应及时提出劳动要求:水桶要摆正,水位一半即可,路途中要轻拉慢走,保证安全。劳动结束后,把小拉板放在"停车位"上,不能乱丢等。训练日常化,持之以恒的坚持,才能使学生劳动意识和劳动能力得到提高,劳动的有效性得到落实。

5. 给规则,体味劳动。

没有规矩不成方圆,制定一个劳动奖罚规则,让孩子看到自己劳动带来的荣誉,也能体验懒惰带来的后果,促使孩子最终爱劳动,自觉劳动。在开学初,我们利用班会课时间讨论班内卫生情况,并制定班级卫生公约:(1)室内地面整洁、无污渍、无纸屑。(2)室内桌椅排整齐,桌箱内无杂物。(3)卫生工具摆放要有序。刚开始我会随时提醒孩子们按照公约要求检查自己周围的卫生,不乱撕纸,发现地面上有纸主动捡起来,中午吃完饭后清理好自己的饭盒和桌面等。我也会以身示范,做好榜样。慢慢地,我和学生都形成了一种习惯,课间时学生发现废纸就会主动地捡起来,随时摆正自己的桌椅。在不断评比、激励中,学生逐渐体会到了劳动的价值,也慢慢地懂得了珍惜他人劳动成果。

(二)多彩活动,注重体验,让习惯落地

良好的活动载体是实现小学生自我劳动能力提升的有效途径。从课内到课外,从校内到校外,引导学生通过生活自理、帮助同学、学做家务、学校实践活动以及参加社会实践活动等方式,增强学生劳动责任意识,形成良好的劳动习惯。

利用学校提供的学生素质评价手册,建立与家长之间的联系。鼓励学生结合家庭实际,认领一项家庭劳动责任岗。比如:扫地、擦桌子、倒垃圾、关灯、浇花等。认领的责任岗按月可以更换。同时,每周末家长要根据孩子一周完成情况给予评价。孩子如果能顺利出色地完成一周的劳动任务,家长就可以给 A,到学校孩子就可以相应的得到一枚 A 章,加入综合素质评价之中。这样,让每一位家长都积极参与进来,教师取得家长的配合支持,也是培养学生劳动能力的重要方法。

利用班队会课,向学生进行热爱劳动的教育。宣讲劳动美德故事、观看劳动视频、参与劳动实践等形式,丰富学生劳动体验,提高兴趣,促进劳动习惯形成。利用家长进课堂时间,开展"我是劳动小能手"评比活动。学生有的制作花样面点,有的制作水果拼盘,在展示中互比互看,促进学生劳动技能的发展。在校园里,我们还开展护绿种花劳动实践活动。同学们亲身参与劳动过程,自己播种、浇水、等待发芽……在这个过程中可能会满手泥巴,可能会弄脏鞋袜,但同学们体会到了通过自己的劳动为学校环境美化出一份力的喜悦。我们还利用寒暑假和周末时间,组织学生积极参加社区实践活动和"我在家中显身

手"劳动实践活动。在丰富学生的劳动生活的同时,培养学生的劳动习惯。

多彩活动的开展也可以在"线上"进行,我们利用班级微信群,把孩子们在学校在责任岗认真劳动的照片分享给家长,平时也鼓励家长们把孩子在家参加劳动的身影记录下来,分享到微信里。在这样一个交流平台上得到老师和家长们的肯定,孩子们的劳动积极性更强了,共享劳动带来的快乐,品味良好劳动习惯带来的变化,使劳动教育习惯养成落地生根。

总之,切实培养学生良好劳动习惯和劳动能力势在必行,培养学生良好劳动习惯和劳动能力的教育任重道远,需要我们每一位教育工作者不断探索研究。

(作者单位:天津市北辰区实验小学)

劳动教育 从小抓起

李 然

劳动创造人类,劳动创造美,劳动是打开幸福之门的钥匙。在现实生活中,我们却发现学生普遍存在的现象:在生活上独立性差,衣来伸手,饭来张口,不爱劳动,不懂得珍惜劳动成果。同时,由于从小深受家长的溺爱,不能从事力所能及的劳动,有的学生甚至失去了基本的生活自理能力,高分低能的现象也普遍存在。

教育心理学奠基人乌申斯基说:"教育不但应当培养学生对劳动的尊敬和热爱,还应必须培养学生劳动的习惯。"小学是学校教育的起始阶段,对于人生习惯的养成具有重要的奠基作用。如果不从小学阶段入手培养他们良好的劳动习惯,训练他们的劳动技能,无论是对他们本人,还是对国家、民族的前途和命运,后果都将是非常危险的。因此,我们的家庭、学校和社会应该担负起这种教育的责任。

一、以身作则,浸润心灵

我国自古就有注重身教的传统,孔子说:"其身正,不令而行,其身不正,虽令不从。""不能正其身,如正人何?"一名老师,如能"以身立教",教育将显"其身亡而教存"的巨大影响力。儿童以自己的视角在观察社会,观察老师,不但听老师怎样说,更在看老师怎样做。小学生性格天真、单纯,他们总是把教师的一举一动"奉若神明"。教师的一言一行,举手投足,无不使学生视为楷模、诚心仿效。因此,如果教师养成了热爱劳动的习惯,直接对学生起着潜移默化的作用。教育学生不怕脏、不怕累,教师就必须做到亲自动手,做好学生的带头人。在劳动中要求学生做到的,教师首先做到,而且做得更好,更具有示范性,在无形之中为学生树立榜样。

记得刚接班不久,那是一个中午,刚刚吃过午饭,突然"哇"的一声,小王同学吐了一地,一股难闻的气味立刻充满整个教室。小王同学脸色苍白,汗珠从额头上滚下来,痛苦地趴在桌子上。见他这样,我的心紧紧地揪在一起。同学们的表现呢? 有的捏鼻子,有的扇着书驱赶气味,有的竟然起哄:"熏死了,臭死了!"我疾步走到小王面前,掏出纸巾,一边帮他擦汗,一边询问他的情况,确定他无大碍后才松口气。随后,我拿起扫帚和簸箕,清扫呕吐物。"身教重于言教",教室里很快就静下来,学生们的目光都集中在我身上,捏鼻子的学生把手从鼻子上挪移下来;起哄的学生哑口无言,满脸羞愧……接下来,有一位学生去打水,有两三个人去拿墩布。随后在师生的共同劳动下,地面又恢复了它本来的"容颜"。我立刻让学生写一写刚刚发生的呕吐事件,在学生们的字里行间,我体会到我的劳动触及他们的精神世界,达到了"以劳辅德""以劳益美"的效果。在每一次大扫除中,为了使每个人都能认真、负责地完成任务,我带头劳动,力求干得完美。行动是无声的语言,不需要任何鼓动性的语言,学生都能自觉地完成自己的责任岗,并且还与老师比,看谁干得又快又好。劳动习惯正是在这样的一种充满友谊和情爱中悄然而至。

二、树立观念,情感认同

让学生认识劳动,热爱劳动,树立劳动是美德的信念。劳动(包括体力劳动和脑力劳动)是人类社会活动的基础。小学生要通过劳动了解社会、了解在社会主义社会劳动人民的主人翁地位和作用。在劳动中体验劳动人民的思想感情,珍惜劳动成果,爱惜公共财物,尊重劳动成果。认同心理指个体对组织目标的认同从而产生的一种心理状态,这一心理状态可产生肯定性的情感,成为客观目标的驱动力。情感是人对客观事物是否符合自己需要而产生的态度体验。让学生产生"劳动最光荣"的心理情感认同。

我充分利用德育课、语文课和主题班队会活动开展一系列劳动主题教育活动,如:通过"劳动最光荣"主题活动,让学生逐渐认识各行各业的劳动者,知道他们的劳动对社会的重要性。这样就可以深入浅出地讲清劳动的意义和价值,让学生懂得劳动光荣,不劳而获可耻,每一个人都应该劳动,不仅用脑来劳动,而且要动手劳动。抓住每一个契机鼓励学生"自己来""我会做""我能行",渐渐让学生萌发对劳动的热爱,培养学生吃苦耐劳,自强自立的精神。为了激发学生的劳动兴趣,培养学生的劳动能力,我还指导学生开展各种各样的游戏,比如帮助同学系鞋带、收拾书包比赛、比比谁的桌椅擦得最干净等,让学生在喜闻乐见的形式中培养能力,树立正确的劳动观念,学生的劳动态度自然会发生转变,也就更乐意劳动,主动去享受劳动的快乐。

三、开展活动,激发兴趣

兴趣是最好的老师,这句话在学生劳动习惯的培养中同样适用。根据小学生的年龄和心理特点,激发孩子对劳动的兴趣,是培养孩子劳动习惯的一个策略。比如结合"三八"国际妇女节开展《三八节我为妈妈送礼物》《妈妈您辛苦了——我来为您捏捏肩,捶捶背》《培养劳动习惯,成就美好人生》等征文活动等。《评选最洁教室》的活动中,学生们纷纷想办法、出主意。有的学生很有想法,他认为教室中的劳动用品太多,要给它们做个"减法",将不好用的或没用的物品收拾好,打造"简约干净"的家;有的地方要做"加法",如图书角中没有字典和词典要及时添上。有个学生将一块块抹布平平整整的搭在暖气管道上,彩色抹布成了一道亮丽的风景。还有个学生把扫帚按照颜色、大小分类,整齐有序规律的摆放在卫生角,真是赏心悦目。我校开展种"成长树"活动,每一个年级都种有"成长树",它预示着和学生们一起成长,印证校歌中"今天是幼苗,明天将是参天大树,为了21世纪,励志做栋梁,双肩要挑重担"的美好期许。每次维护"成长树"的劳动,班中的学生兴致勃勃,踊跃参加,当看到亲手种的山楂树开花、结果的时候,学生们乐开了花,与树合影,写出一篇篇与树共成长的感想。极力为学生创设到社会上参与劳动的机会,班中的小队定期到所属的居住小区,捡垃圾、擦运动器械、打扫卫生,在我区创文创卫的活动中,贡献着自己的力量。今天他们扫小家,明天就能"扫"天下。

四、落实岗位,积极评价

要创造一个干净、整洁的教室环境十分不易,而一直保持着这种干净、整洁则更难。基于这种状况,我们班建立了劳动岗位负责制。具体地说,就是把班内卫生区域划分为一个个劳动岗位,并分配到每一个学生身上,每人一岗,人人有岗,人人有责;每日一组,按组轮流,这样,学生的劳动岗位相对固定,既提高了劳动效率,保证了劳动质量,又使得每一个学生每期都能扎扎实实地掌握一种劳动技能。

1. 明确要求,制定公约。学习我校的"五净三齐"要求,依据这一要求,组织学生讨论,制定班级劳动公约,签字,张贴生效。

2. 责任到岗,抓住细节。让每个学生都知道自己的责任岗和任务。如:收拾自己的书箱、擦自己的桌子和椅子等。学生在值日组中有责任岗,如扫地、打水等。学生在大扫除时有责任岗,如打扫室外卫生区、擦楼道等。学生在校的责任岗张贴在班务栏中,便于检查和评价。在班级卫生时班主任要注重细节指导。作为值日生知道自己的具体分工,如扫哪一组,擦哪一组,谁打水,谁换水,谁倒垃圾等,并清楚值日的标准,自己的岗位量化程度,达到什么程度是合格。一日三次卫生,清楚卫生开始和结束时间,培养按时完成的好习惯,避免窝工。

3. 重用组长,奖罚分明。有些学生天生热爱劳动,有精力,有能量,很愿意为大家服务,可以任用他们做劳动委员或值日组长,他们会把班级卫生工作当作自己的事情来做,发挥他们的带头作用。班主任要及时培训这些小助手,指导他们的工作。师生一起制定奖惩制度,按照奖惩制度进行奖励和惩罚。奖励以争"A"章的形式进行。制度性的约束虽然也能收到效果,但是发挥学生的主观能动性才是根本。时时评价,天天评价,周周评价,让学生在评价中自我约束、自我管理、形成劳动意识,有责任感,积极参与到劳动中来。老师要有一双慧眼,时刻发现班里卫生的变化,相机进行口头表扬和奖励"A"章,在班级群里发表扬短信。学生之间使用《我的成长记录》册进行互评,在班级博客中留言表扬班中的"劳动之星"。小组间采取一个组值日,其他组监督,为前一天的卫生打分的方式,表扬突出的小组拍小组照发到班级群里或班级博客。这样一来,班级内的学生掀起"比、学、超"的劳动热潮。

五、家校协作，培养能力

许多家长不重视对孩子进行热爱劳动的教育，更不会落实对孩子劳动习惯的培养。因此，劳动习惯的培养必须得到家长的支持。学校要经常利用家校联系这一平台，我校每一个学生都有家校联系册《我的成长记录册》，其中"劳动技能"中的"劳动积极，责任岗完成的好"一栏中，让孩子每周确定一项具体的劳动训练项目，并由家长对孩子的劳动情况进行评价，家长依照孩子完成的情况每周进行评红"A"活动，孩子如果能顺利出色地完成劳动任务，家长就可以给予"A+"；基本完成任务的，孩子会得到"A"；不够好，但能按时完成训练项目的，会得到"A-"；完不成任务的，家长会画上黄色的"A"，一旦孩子能将之前没有完成的任务补上，家长可以将黄色的"A"描成红色的"A"。每周一次让家长反馈孩子在家的劳动表现，肯定孩子的进步，提出希望和要求。孩子也写一写自己的劳动收获。孩子们写道："我学会了洗袜子，妈妈夸我洗得越来越干净了，穿上自己洗的袜子，感觉真舒服！""通过劳动，我知道妈妈很辛苦，以后我要多帮妈妈做点事。""劳动也是一件很快乐的事情，当爸爸和我一起吃着我煮的面时，我的心里别提有多高兴了！"这样，让每一位家长都积极参与进来，取得家长的配合支持；教师也要及时检查，评价，给予肯定和回应，争取家校教育双管齐下，共同对孩子进行劳动习惯的培养，这样才能做到事半功倍。

总之，切实培养学生良好劳动习惯和劳动能力势在必行，培养学生良好劳动习惯和劳动能力的教育任重道远，需要我们每一位教育工作者继续不断的探索研究。

（作者单位：天津市北辰区实验小学）

知行合一 收获真知

——浅谈学校开发社会实践活动的研究

张 瀚

社会实践活动是培养学生创新精神和实践能力、提升学生综合素质的良好载体，是学校"综合实践活动"课程的一部分。这种活动可以使学生融入社会，感触生活，并通过参与、体验与感悟，增强对社会的认识和理解，发展学生的批判思维，增强学生的社会责任感。

社会实践是学生走向社会的一个很重要的锻炼环节，也是教育与实践相结合的具体体现。学生参加实践活动，对德智体本身来说是课堂教育的延续。我校结合五大系列与社会实践研究，开发了一系列社会实践活动，归为六大类，分别是参观体验类、技能训练类、志愿服务类、调查研究类、家务劳动类、读书观影类等。

一、参观体验类

学校充分利用清明节、"七一"建党节、国庆节等时间节点，在学生中广泛开展革命传统教育，传递井冈山精神、长征精神、延安精神、西柏坡精神等，引导青少年铭记革命历史、崇尚革命英雄、继承革命事业。学校统一组织青少年就近到爱国主义教育基地参观，或鼓励几个家庭组成小队带领孩子走进历史遗址、博物馆、纪念馆、烈士陵园等爱国主义教育基地，了解祖国的历史，了解中国革命史和中国共产党历史，进一步加深学生对革命精神的感悟，加强对祖国发展所需要担任的历史使命。让学生在参观中体验，在参观中认识并了解生活中很少能接触到的历史，亲身经历和体验那段历史，发自内心地感受到祖国如今的强大和自己身处的优越生活是靠一代又一代革命先辈用血汗换来的。

二、技能训练类

开展"系标准领巾·敬标准队礼"活动，队员们重新学习队章，重新认识身为一名光荣的少先队员的使命。正确佩戴红领巾,敬标准队礼,展示少先队员健康向上、积极进取的精神风貌,学习少先队与共青团、共产党、国家之间的关系,明确责任感和使命感。同时开展好一年级新生"入队第一课",学习队章、队知识,训练系领巾,唱队歌,增强一年级学生对少先队的归属感,更向往成为一名光荣的少先队员。

三、志愿服务类

在学雷锋纪念日、中秋节、重阳节等重要节日,组织学生广泛参与志愿服务活动,帮助他们在服务他人、奉献社会的过程中培育美好心灵、强化责任意识、提高实践能力。围绕校园环境组织学生开展志愿服务活动。围绕社区生活开展亲情关爱、保护环境、敬老助老等志愿服务活动。鼓励学生以小队形式深入社区,走进留守老人、孤寡老人的家,在特殊的日子里陪他们聊聊天,送上祝福。让学生接触群众、了解社会、融入社会、贴近自然、感触生活,增加对社会的认识与理解,促使学生对出现的一些问题的思考,并从他们的角度探寻解决的办法,加深对社会的认识。

四、调查研究类

调查研究类的社会实践既能锻炼学生的能力又让学生对周边生活有充分了解。了解老师的工作内容,了解亲人的情况,了解社会的现状,从而使学生珍惜当下。学生在老师的指引下,针对某一现象,进行查询、走访、考察,提出这一现象出现缘由、目前现状、解决办法等,进而形成自己的考察报告。

如我校开展的教师节"老师的一天"调查研究活动,学生们通过观察不同老师一天的工作、亲自采访不同老师的感受,了解到老师一天忙碌的工作不单单只有上课,还有很多其他工作。最后将收集到的所有信息进行分析整理,感受老师的一天,并对自己的老师送上真挚的感谢。还有母亲节开展的"妈妈的一天"调查研究活动,学生自己利用一天的时间和自己的母亲待在一起,妈妈做什么孩子做什么,并将这个过程记录下来,形成报告,体验母亲的一天,加深母子关系,触动学生的内心。

五、家务劳动类

家务劳动分为两种:一种是参与家务,一种是劳动实践。我校将劳动光荣的观念融入教育教学各方面,每一名学生都有自己的家庭劳动岗和学校的劳动岗,每年假期都有"我在家中显身手"活动,每一名学生在假期里都要完成自己的家庭劳动岗。学校的劳动岗为集体劳动,让学生在集体劳动中增强与其他同学的团结协作。与此同时,还大胆放手让学生从事一些校内岗位的锻炼。如校园迎宾活动、校园卫生值日的检查、纪律的维护等;也可帮助老师做一些辅助工作。如帮助图书馆进行图书的整理、登记工作,帮助实验老师进行实验仪器的整理,使学生也能体会到老师工作的繁杂,尊重老师的工作。

六、读书观影类

读书和观影是通过纸面学习和影视学习来提高自己。这类活动的目的性很强,能提高学生再学习能力。我校每个假期都要给学生推荐至少两本好书进行阅读,并在开学后进行读书汇报活动。每个学期都要组织学生统一观影,如观看《厉害了,我的国》,震撼的画面直接刺激学生的视觉。整部电影从全方位、多角度、全景式展现了我国在政治、经济、外交、文化、教育、军事等方方面面取得的成就,还展现了中国人民为这些成就所呈现出的拼搏精神、忘我精神、奋斗精神。看完电影,学生都有一种为"我是中国人"的自豪感。在真实意义上提升了学生的爱国情感和为祖国建设添砖加瓦的愿望。

总之,通过学生的社会实践活动,有效地锻炼了学生能力,提高了学生的综合素质,增强了学生社会生活能力。当然在这一过程中,也会存在一些困难,如社会实践活动的时间安排问题、教师的跟进问题、活动经费问题等。但在活动过程中,只要用心发掘资源,一定能够找到合适的方式与方法,也一定能够对学生的成长起到积极的作用。

(作者单位:天津市北辰区实验小学)

开掘地域资源
指导学生开展综合性学习

周洪芳

《义务教育语文课程标准(2011年版)》指出:"综合性学习主要体现为语文知识的综合运用、听说读写能力的整体发展、语文课程与其他课程的沟通、书本学习与生活实践的紧密结合。综合性学习应贴近现实生活。联系生活中的实际问题开展学习活动,在实现语文学习目标的同时,提高对自然、社会现象与问题的认识,追求积极、健康、和谐的生活方式,增强抵御风险和侵害的意识,增强与自然、社会和他人互动中的应对能力。"

新课标出台后,我们认真研究了关于"综合性学习"的内容,越来越觉得综合性学习对学生听说读写能力的训练、合作精神的培养、信息的搜集和处理能力、口语表达能力等具有重要的作用。

有的老师问:语文综合性学习需要查找很多资料,但许多农村的孩子家里连报纸也没有,教师怎样才能结合实际情况发掘教学资源呢?

实际上,综合性学习资源是随处可见的。在课题《信息化背景下小学语文综合性学习模式构建研究》的第一阶段,我们解决了综合性学习资源的开发问题,找到了行之有效的方法,帮助学生进行综合性学习活动。现将初步的发现整理如下:

一、利用"集市"资源,指导学生展开调查

我试着调动学生参与调查活动的兴趣点,解决学生"眼里无事、调查无门"的问题。

我们班的学生很多都来自农村,回家之后觉得生活单调,做综合性学习太难,后来我发现每到周六,镇里的中心村就有一个非常大的集,很多人去赶集,热闹非凡。利用这一资源,我请同学结合"人教版五年级语文下册"综合学习单元中的要求,自己寻找学习资源。

周一开学时,学生很兴奋,一下子把我围住了。课上的汇报也让我大吃一惊,学生的积极性充分被调动了起来。"我想调查一下这个集市兴起的原因""我想研究一下集市上

的商品与城市里的异同,从而分析一下城乡的差异""我想调查一下哪些商品在这里热销,为什么""我想调查一下这个集选址的秘密""我想调查一下集市的商贩来自何方""我想调查一下哪些是本地产品,哪些是外地产品,在这里的销路如何,从而分析消费者的购买理由""我想分析一下这个集市上三无产品的购买情况""我想看看商品的广告、品牌,比较一下同类产品的质量和价格"等等。这样一系列的兴趣点被激发出来,学生自由组合,开始了各自的准备和调查。没想到,课间喧闹的教室变了风格,三五成群讨论商量问题的比比皆是。其实只要教师仔细观察,善于发现,这一地方资源就得到了有效的开发。

二、结合本地特点,指导学生因地制宜

教师关注学生的生活空间,指导学生发现可调查资源。

有些村子里的农家文体活动很活跃,教师可引导学生去细心观察,如经常参加体育锻炼的老年人身体状况的调查、经常参加锻炼的老年人的年龄调查及坚持锻炼的原因的统计等,再分析调查结果,结合网络资料的佐证,最终得出结论。

我们班中有很多学生家在北辰区小淀村,这里的外地人口很多,教师可引导学生围绕"外地人口"展开。如,外地人口的来源地,外出务工的原因等。结合自己情况,如调查一下家长抚养我们一年的平均费用,每笔开销的原因,分析数据后汇报,在班内展开讨论,从而引导学生多方面体会。比如体会到家长的艰辛,或者用实际行动来回报家长,我们只有珍惜家里提供的资源才能让自己过得更有意义等等。这样借助于调查走访,培养学生的口语交际能力,搜集和处理信息的能力,与他人交往的能力,从而确立正确的人生观,提高学生的综合素养。

三、关注区域文化,指导学生深入人文

"语文学习的外延和生活的外延相等。"学习语文不仅要读有字的书,也要读无字的书。我们要热爱我们的家乡,我们的校志、地方志、名人古迹等都要去关注。比如天穆镇中的天穆村名称的由来,北仓的得名等。我们组织了部分学生进行实地探访,从中了解了课本以外的文化,不仅增长了知识,还锻炼了学生探究的能力以及与人交流采访的能力。

四、关注社会问题,搜集学习信息

利用社会热点问题,寻找资源,培养学生的搜集和处理信息的能力。学生们把相关的报道与同学分享交流;搜集参展各国的风土人情及科技发展信息等,进行比较交流;围绕一点"科技"园,集中汇报,展现科技世界日新月异的变化等,学生在互动的同时,也培养了他们的交流能力。

五、利用传统节日,展示学习成果

我国的传统节日形式多样、内容丰富,是我们中华民族悠久的历史文化的重要组成部分。利用传统节日开展活动,既可以让学生了解祖国历史文化长期积淀凝聚的过程,感

受传统生活的精彩内容,也切实提高了学生的实践能力和语文素养。利用"端午节""清明节""国庆节""春节"等搜集相关的文化信息,制作手抄报,讲给家长听,举办颂扬中华文化的朗诵会等;请学生的家长参与活动,讲一讲"节日文化"等;请学生参与家庭的"节日活动",写成活动方案,丰富了学生的知识,继承和发扬了前人的学习经验,获得了实践的机会。

其实,综合性学习不是负担,我们教师一定要转变观念,重视这一重要的学习形式,培养知识综合型的学生。广大农村教师也要树立问题意识,积极开发适合学生发展的资源。

(作者单位:天津市北辰区实验小学)

此文发表于《天津教育》杂志